수상한 기독교

수상한 기독교

초판 1쇄 발행 | 2018년 8월 15일

지은이 | 오사와 마사치, 하시즈메 다이사부로
옮긴이 | 이주하
펴낸이 | 신성모
펴낸곳 | 북&월드

디자인 | 최인경

신고 번호 | 제2017-000001호
주소 | 경기도 구리시 교문동 이문안로 51, 101동 104호
전화 | (031) 557-0454
팩스 | (031) 557-2137
이메일 | gochr@hanmail.net

ISBN 978-89-90370-99-0 03320

책 값은 뒷표지에 표기되어 있습니다.
파본은 구입하신 서점에서 교환해 드립니다.

수상한 기독교

오사와 마사치, 하시즈메 다이사부로 지음
이주하 옮김

북&월드

• 목차

프롤로그

　우리가 살고 있는 사회를 가장 기본적이고 포괄적인 의미에서 근대 사회라고 한다. 거시적으로 봤을 때 근대사회=서양사회로 인식하는 것이 글로벌 스탠더드로 서양사회, 즉 서양에 대한 고찰이 없으면 현재 우리가 어떤 세계에서 살고 있는지 알 수 없으며 우리가 살아가면서 직면하는 문제들에 대해서도 이해하기 어렵다.

　그렇다면 근대의 근거라고 할 수 있는 서양은 무엇인가. 물론 서양의 문명적 정체성을 이루는 특징과 역사적 조건은 다양하다. 하지만 그 핵심에 기독교가 있다는 사실은 그 누구도 부정할 수 없을 것이다. 앞으로의 대담에서도 나오겠지만 기독교는 한 단어로 정의 내리기 어렵다. 우선 로마를 중심으로 한 신교(가톨릭)와 구교(정교회)로 나눌 수 있는데 신교(가톨릭)에서 서양의 문명적 정체성을 찾을 수 있으므로 이 책에서는 신교(가톨릭)를 기독교로 지칭한다. 결국 서양이란 기독교 문명이나 다름없는 것으로 아무리 서양이 세속화되었다고 해도 여전히 기독교에 그 뿌리를 두고 있다는 이야기가 설득력 있다.

　기독교에서 유래된 다양한 발상, 제도, 이념이 서양은 물론 그 외부 사회에 전파된 과정을 우리는 근대화라고 하는데 이런 사실은 일본인들에게 큰 걸림돌이 된다. 일전에 하시즈메 다이사부로 씨와 이런 이야기를 나눈 적이 있다. 현재 어느 정도 근대화가 진행된 사회를 대상으로 근대의 뿌리인 기독교에 대한 이해도를 IQ처럼 수치화한다면 아마 일본이 가장 낮을 것이라고. 일본인들의 지능이 나쁘다는 것이 아니라 그만큼 일본인들이 기독교와 상관없는 문화에서 살아왔다는 이야기다.

서양과 충돌하는 문명으로 이슬람교를 자주 언급하는데 오늘날까지도 이슬람교의 전통을 고수하는 문명권은 서양과 상당히 다른 양상을 보인다. 이슬람교와 기독교는 서로 다른 종교인 것은 분명하나 그런 이슬람교조차도 기독교의 '일신교'와 같은 유사한 이념에서 비롯된 종교라고 할 수 있다. 이렇듯 이슬람교와 기독교의 차이는 일본의 문화적 전통과 기독교와의 차이에 비하면 사소한 것이다. 이번에는 동아시아로 눈을 돌려 중국에 대해서 생각해보자. 중화제국의 중심이라고 할 수 있는 유교는 일신교도 아니고 기독교와 전혀 다른 종교다. 이런 유교사상 또한 지리적으로 가까운 일본의 전통 문화에 비하면 기본 이념 부분에서 기독교와 비슷한 구석이 있다.

이런 예들을 통해서 우리는 일본이 기독교와 상당히 다른 문화적 전통 속에 놓여 있다는 사실을 알 수 있다. 즉 일본은 기독교에 대한 이해가 거의 없는 상황에서 근대화가 진행된 것이다. 그래도 근대사회가 순조롭게 일본에 정착했으니 실천적 문제는 크지 않을 것이다. 하지만 우리들이 살고 있는 현대사회, 이 지구는 상당히 큰 난관에 봉착해있으며 이를 극복하기 위해서는 전반적으로 근대를 상대화시켜야 한다. 즉 서양을 상대화시켜야 한다는 것이다.

이런 상황 속에서 새로운 사회를 선택하거나 새로운 제도를 구상할 수 있도록 창의적으로 대응할 필요가 있는데 이때 근대사회의 근간인 기독교에 대한 이해가 수반되어야 한다. 그런 취지에서 하시즈메 다이사부로 씨와 나, 오사와 마사치가 기독교를 주제로 대담을 진행하게 된 것이다.

우리는 대담에 앞서 두 가지 목표를 정했다. 우선 기독교와 근대사회에 대해 잘 모르는 사람도 이해하기 쉽도록 하고, 반대로 기독교에 대한 지식이 많고 다양한 측면에서 접근한 사람들 또한 본질적인 문제가 무엇인지 인식하게 하는 것이다. 언뜻 보면 서로 정반대인 것 같은 독자들을 만족시키기 위해서는 가장 기본적인 질문들을 곱씹어보는 것이 중요 – 이는 기독교뿐만 아니라 다른 지적 주제를 다룰 때에도 마찬가지다 – 하다고 생각한다. 이런 기본적인 질문들은 이제 막 공부를 시작했을 때 드는 의문일 뿐만 아니라 마지막까지 끈질기게 생각해봐야 하는 문제이다.

이번 대담에서 내가 도발적으로, 때로는 신앙을 모독하는 듯한 질문을 하고 하시즈메 씨가 그에 대한 답을 하는 방식으로 기독교란 무엇인지, 기독교가 사회 전반과 어떤 연관이 있는지 설명한다. 이렇게 역할을 나눈 것은 무엇보다도 하시즈메 씨가 일본에서 가장 신뢰할 수 있는 비교종교 사회학자로 많은 책을 집필해왔기 때문이다. 특정 종교에 대해서 우수한 연구를 한 학자들은 많지만 모든 세계종교, 보편종교를 포괄적으로 접근하여 종교의 근본을 제대로 이해하고, 사회학자로서 뛰어난 통찰력을 지닌 사람으로 하시즈메 씨를 따라올 자가 없다고 생각했다. 내가 질문자 역할을 맡은 것은 지금까지 종교, 특히 기독교를 전제로 한 논문과 책을 많이 집필했기 때문이다.

대담은 총 3부로 나누어 진행되는데 우선 기독교의 기본 이념과 그 배경에 자리 잡은 유대교와의 관계를 통해서 계시종교인 일신교에 대한 기본 개념을 제대로 이해하고(제1부), 다른 종교에서 찾아 볼 수 없는 기독교만의 특징이라 할 수 있는 예수 크리스트에 대해서 생각해본다.(제2부) 마지막으로 기독교가 후대의 역사, 문명에 어떤 영향을 끼쳤는지 이야기를 나눈다.(제3부)

나는 이 대담을 끝내고 자화자찬하지 말자고 생각했는데 막상 원고를 읽고 나니 생각이 바뀌었다. 정말 재미있는 대담이었기 때문이다. 원래 나는 내가 참여한 대담을 다시 읽어보거나 수정하는 것이 익숙하지 못한 사람이다. 내가 한 말을 문자로 읽는 것이 어색하기 때문이다. 그러나 이 대담은 내가 읽어봐도 너무 재미있어 몇 번이나 웃었다. 그러니 독자께서도 즐겁게 지적 흥분을 맛보실 수 있을 거라 자신한다.

- 오사와 마사치

제1부 일신교에 대한 이해 - 유대교의 기원

1. 유대교와 기독교의 차이

오사와 유대교가 있었기 때문에 기독교가 등장할 수 있었다는 사실은 기독교를 이해하는데 있어서 빼놓을 수 없습니다. 기독교는 유대교를 부정하면서도 유대교 정신을 기반으로 성립되었다는 이야기인데요, 2단 로켓 같은 구조입니다. 그리고 예수는 기독교라는 새로운 종교를 만들고자 등장한 것이 아닙니다. 유대교판 종교개혁으로 볼 수 있습니다. 그렇기 때문에 우리는 유대교와의 관계를 통해서 기독교를 이해해야 합니다.

기독교 스스로가 부정하고 극복하려는 것, 즉 유대교 정신을 유지하고 기독교 안에 편입시키려 한다는 점이 상당히 독특한데요. 유대교를 부정하면서도 긍정한다는 이야기죠. 이를 단적으로 보여주는 것이 바로 기독교의 성서입니다. 기독교 성서는 구약성서와 신약성서 두 가지로, 구약성서는 유대교에 대응하며 신약성서는 예수가 등장한 이후의 일들이 적혀있습니다. 재미있는 건 신약성서만 기독교의 성서로 삼은 것이 아니라 구약성서도 유지하고 있다는 점입니다.

이런 기독교의 특징은 다른 종교와 비교했을 때 더욱 잘 드러납니다. 세계적으로 영향력이 큰 종교는 갑자기 하늘에서 뚝 떨어지는 것이 아닙니다. 그 배경에는 항상 선행하는 여러 종교들이 있습니다. 그러나 선행종교를 부정하고 극복해야 한다고 하면서도 그 정신을 유지하는 종교는 기독교뿐입니다.

예를 들어 불교의 경우 그 전부터 있던 인도의 고대종교 바라문교(힌두교의 바탕이 된 종교)를 부정하면서 등장했습니다. 제3자 입장에서 보면 바라문교와 불교는 공통된 세계관이 있는 것 같지만 불교 자체는 바라문교의 흔적을 부정하는 새로운 세계관과 진리를 내세우며 등장했습니다.

이슬람교는 불교와 대조적입니다. 이슬람교는 선행종교인 유대교나 기독교를 전제로 삼아 이를 부정하는 것이 아니라 재해석하여 자신들의 세계 속에 편입시켰기 때문에 성서도 구약과 신약처럼 두 가지가 아닌 코란이라는 단일 형태로 통합된 것입니다. 그러나 기독교는 다릅니다. 유대교다운 요소는 부정하면서도 한편으로 유지하려고 합니다. 이런 이중성은 구약과 신약이라는 두 가지 성서로 명확히 드러납니다. 따라서 기독교를 이해하기 위해서는 유대교에 대한 이해가 필요하다고 보는데요. 우선 유대교와 기독교는 어떤 차이가 있는지 궁금합니다.

하시즈메 이제 막 이야기를 시작했으니 우선 유대교와 기독교에 대해서 잘 모른다는 전제하에 두 종교의 관계를 단적으로 설명해보겠습니다. 오사와 씨가 하신 질문에 답을 드리자면 유대교와 기독교는 거의 똑같다고 할 수 있습니다. 굳이 차이점 하나를 꼽자면 예수가 있느냐, 없느냐 그 점만 다르다고 할 수 있죠. 이

두 종교는 일신교라는 공통점을 가지고 있는데다가 똑같은 신을 섬기고 있습니다. 유대교에서 말하는 신은 여호와이고 기독교에서는 그의 아들인 예수를 섬깁니다. 예수는 신의 아들이며 그 아버지가 되는 신 여호와를 '아버지'나 '주(主)', '신(God)'이라 부릅니다. 유대교와 기독교가 전혀 다른 신을 모신다고 생각하면 안 됩니다.(이슬람교의 알라 역시 똑같은 신입니다.) 다른 점은 똑같은 신에 대한 사람들의 접근 방식입니다.

사람들은 신을 대할 때 신과 본인 사이에 매개체를 두려고 합니다. 그 매개체가 바로 신의 말을 듣는 '예언자'로, 구약성서를 보면 이사야나 예레미야, 에스겔이 등장하고 그보다 더 옛날에는 모세 등 여러 예언자가 있었다고 합니다. 사람들이 예언자의 말을 '신의 말'이라 생각하고 따르면 유대교가 됩니다. 기독교 역시 똑같은 접근 방식을 취하기 때문에 구약성서에 등장하는 예언자 모두를 예언자라고 인정합니다. 그러나 구약성서 말미에 예수가 등장하는데, 구약성서에 나오는 예언자들은 예수의 출현을 두고 '이윽고 메시아가 도래한다.'라고 예언했는데('메시아'란 구세주를 의미하는 히브리어로, 그리스어와 라틴어로는 '크리스트'가 됩니다), 이사야서 중후반(제2이사야의 예언)에 그런 내용이 나옵니다.

예수의 선배쯤으로 볼 수 있는 세례자 요한이라는 예언자가 있는데 예수는 그에게 세례를 받았습니다. 요한은 '내 뒤에 올 사람은 더욱 위대하다.'라는 예언을 남겼기에 사람들은 나사렛의 예수야 말로 '대망의 메시아'라며 기대했고 예수가 십자가에 못 박혀 죽은 뒤에는 '예수가 신의 아들이다.'라고 주장하는 사람들이 등장합니다.

'신의 아들, 예수 크리스트'는 예언자가 아닌 그 이상의 존재입니다. 신(의 아들)인 예수가 하는 말 그 자체가 신의 말이니 신의 말을 '전달하는' 예언자와는 그 입장이 다른 것이지요. 예수를 숭배하는 것은 신을 숭배하는 것이 되면서 구약성서에 등장하는 예언자들의 입지는 약해지게 됩니다. 이렇게 예언자가 아닌 신(예수)과 직접 연결되면서 유대교와 기독교가 분리되기 시작합니다.

오사와 이제야 확실히 이해가 됩니다. 예수의 존재가 유대교와 기독교의 차이라는 말씀이시죠? 기독교에서 예수가 얼마나 중요한 존재인지는 똑같은 일신교 전통을 가진 이슬람교와 비교했을 때 더 분명해집니다. 이슬람교에는 무함마드가 있지만 이는 예수와 조금 다릅니다. 물론 무함마드는 이슬람교에서 특별한 존재이긴 하나 '신의 아들'이거나 '크리스트(구세주)'가 아닌 예언자 중 하나이기 때문입니다. 이에 반해 기독교에서는 기존의 예언자와는 차원이 다른 예수가 등장합니다. 따져보면 예수야 말로 기독교를 이해하는데 있어서 빼놓을 수 없는 요소라고 할 수 있는데요. 그렇기 때문에 이제부터 예수란 어떤 존재인지 철저하게 분석해보고자 합니다. 우선 그 전에 몇 가지 짚고 넘어가고 싶은 부분이 있습니다.

2. 일신교의 신, 다신교의 신

오사와 기초적인 질문인데 유대교와 기독교, 이슬람교 모두 일신교잖아요. 세 종교 모두 '하나의 신'에 상당히 집착하는데 일본인들 대부분 그런 점이 쉽게 이해가 되지 않아요. 신은 많으면 안 되나요? '하나의 신'이 특별하다는 감각적인 근거는 무엇인가요? 논리적 근거가 아닌 감각적 근거 말입니다.

생각해보면 신들이 많이 존재하는 게 당연한 거 아닌가요? 역사적으로 봤을 때 일신교가 아닌 다신교 공동체가 훨씬 많았습니다. 결과적으로는 일신교 전통을 가진 공동체(사회)가 전 세계를 석권했기 때문에 '하나의 신'이라는 개념이 통용되게 되었지만 그 전에는 다신교 공동체도 많았습니다. 일본 역시 많은 신을 섬기고 있죠.

그들에게 '하나의 신'이 왜 그렇게 중요한 걸까요? 아까 하시즈메 씨가 말씀하신대로 어떻게 보면 유대교와 기독교는 크게 다르지 않습니다. 거의 똑같다고 단정 지어도 좋을 만큼이요. 그렇다면 결과적으로 기독교가 근대에 이르기까지 뭐라 말하기 어려운 독특한 영향력을 갖게 된 것도 선행종교인 유대교가 상당히 독특한 특징을 가졌기 때문이 아닐까요? 그 점을 확실히 짚고 넘어가야 일신교가 가진 의미를 이해할 수 있을 것 같습니다.

하시즈메 일본인들은 신이 많이 존재하는 것이 좋다고 생각합니다. 왜냐하면 신과 인간은 비슷한 존재라고 생각하기 때문이죠. 신이 인간보다 조금 대단할지 몰라도 어떻게 보면 '동지'라고 생각하는 겁니다. 친구나, 친척 같은 그런 존재요. 일본에서는 되도록 친구가 많이 있으면 좋다고 생각하잖아요. 친구가 한 명 밖에 없다고 하면 변변찮은 사람으로 보일 수도 있고요.

그렇기 때문에 신과 인간의 관계는 '친하게, 가깝게 지내는 것'

이라는 개념에서 출발합니다. 친구든, 친척이든, 신이든 많이 존재하고 그들과 좋은 관계를 유지하면 내 편이 되어줄 것이다, 즉 네트워크가 생긴다고 보는 거죠. 이게 일본인들이 세상을 살아가는 기본 마인드라고 할 수 있습니다. 이런 생각을 인간뿐만 아니라 신에게도 적용시켰고 일본에 신도(神道)[1]같은 다신교가 생겨난 것입니다.

일신교는 정말 신기해요. 왜 많은 신들을 버리고 '하나의 신'만 고집하는지……, 그리고 신에게 그렇게 호되게 야단맞고도 신을 따르려고 하는 이유는 뭘까요? 저는 솔직히 이해가 안 되거든요. 이해하려고 해도 이해할 수 없으니 일신교를 믿는다고 하면 좀 그래요.

그럼 일신교 입장에선 어떨까요? 일신교의 신은 인간도, 친척도 아니고 생판 남입니다. 그렇기 때문에 신이 인간을 '창조'한 것입니다. 물건을 한 번 생각해보세요. 우리는 물건을 만들 수도 있고 마음에 들지 않으면 부술 수도 있습니다. 소유하든 처분하든 자기 마음대로 할 수 있습니다. 물건은 만든 사람의 것, 즉 만든 사람의 '소유물'인 것입니다.

신이 인간을 '창조'했다면 신에게 있어 인간은 물건이나 마찬가지입니다. 즉 '소유물'이라는 거죠. 인간을 창조한 신이 인간의 '주인'이며 신에 의해 창조된 인간은 '물건=소유물'입니다. 인간을 지배하는 주인이 바로 일신교에서 말하는 '신'입니다.

일신교에서 말하는 신은 인간과 피를 나눈 사이가 아닌 전지전능하고 절대적인 존재입니다. 신은 지능도 높고 물리적인 힘도

---

1) 일본 고유의 자연종교이며 토착신앙

강합니다. 또 우리 인간은 신이 무슨 생각을 하는지 꿰뚫어 볼 수도 없고 언제 신에게 노여움을 살지 알 수 없으니 외계생명체 같이 느껴집니다. 더욱이 일신교의 신은 지구도 창조했으니 말이죠. 결론은 일신교에서 말하는 신은 무섭다는 것입니다. 신이 노하거나 인간을 멸망시킨다고 해도 인간은 이를 당연하게 여깁니다.

오사와 하시즈메 씨다운 명쾌하고 유머 넘치는 설명이군요. 하시즈메 씨의 이야기를 들으니 예전에 마루야마 마사오(丸山眞男)[2] 씨가 쓴 글이 생각났습니다. 마루야마 씨는 우주의 기원을 세 가지 논리로 설명했습니다. 그 중 하나가 신이 우주를 창조했다는 논리로 구약성서가 이에 해당합니다. 그리고 이와 정반대로 우주는 식물처럼 생장한다는 논리가 있습니다. 마루야마 씨는 고지키(古事記)[3] 등에 나오는 신화를 토대로 일본이 이 논리에 해당한다고 설명했습니다. 일본 신의 이름들을 살펴보면 '무수히(むすひ)'가 항상 들어가는데 이 '무수히(むすひ)'의 '무수(むす)'는 '시간이 흘러 이끼가 끼다.'라는 표현의 일본어 '코케무수(こけむす)'의 그 '무수(むす)'로 자연과 함께 생장했다는 의미입니다. 이렇게 극과 극에 놓인 논리 한가운데에 신이 우주를 낳았다, 즉 우주를 출산했다는 논리가 있습니다. 이처럼 마루야마 씨의 논리에도 일본과 유대교, 기독교는 서로 정반대 개념을 가졌음

---

2) 1914~1996. 일본의 정치학자로서 일본 정치사상사의 권위자. 일본이 제2차 세계대전에서 패전한 뒤 '초국가주의의 논리와 심리'를 기고, '초국가주의'를 맹렬히 비판하고 일본 제국주의를 심층 분석하였다.

3) 일본에서 가장 오래된 문헌으로 오노 야스마로가 서기 712년에 완성했다. 총 3권으로 상권은 일본 신들의 이야기, 중하권은 일왕, 황태자들을 중심으로 한 이야기를 싣고 있다.

을 엿볼 수 있습니다. 더욱이 인간이 우주와 인간을 창조한 신을 경외했다면 인간들은 어떻게 신과 교류해왔는지가 일신교를 이해하는데 있어서 중요한 주제가 될 것 같습니다.

하시즈메 네, 그렇습니다. 그럼 순서대로 생각해볼까요? 첫 번째, 일신교에서 말하는 신은 무슨 생각을 할까. 굉장히 중요한 포인트인데요, 신이 무슨 생각을 하고 있는지 알려주는 역할을 예언자가 하는 것입니다. 두 번째로 신이 생각하는 대로 행동하고 그로 인해 신변의 안전을 보호 받는다, 즉 신을 믿는 것은 안전이 보장되기 때문입니다. 신이 대단한 가르침을 주기 때문이 아니라 본인들의 안전을 위해서 신을 믿는다는 이야기입니다. 신이 대단한 이야기를 해서가 아니라 자신들의 안전을 위해 신을 믿는 것이지요.

예언자의 말은 신이 생각하는 대로 행동하기 위한 좋은 힌트가 됩니다. 이것이 바로 신과의 '계약'인데요. 쉽게 말해서 '조약'이라고 할 수 있겠군요. 유대인들이 신과 계약을 맺은 것은 신에게 자신들을 보호해달라고 부탁하는 것으로 미일안보조약[4]과 비슷한 개념입니다. 미일안보조약은 일본이 미국에게 '저희들을 위험에서 지켜주세요!'라며 조약을 맺은 거잖아요? 그것과 똑같은 겁니다.

그래서 인간은 신에게 허물없이 대하면 안 되는 겁니다. 신과 인간이 대등하다고 착각해서도 안 되고요. 항상 신 앞에서 자신을 낮추고 예의를 지켜야 합니다. 나는 신이 만든 가치 없는 존재

---

4) 일본이 샌프란시스코강화조약의 발효와 함께 독립하면서 미국과 1952년에 맺은 조약. 주 내용으로 일본의 유사시에 미군의 참전과, 일본 주둔이 가능하다는 것이 포함되어 있다.

라고 생각하며 얌전하게 굴어야 합니다. 이것이 일신교에서 말하는 신과 인간의 기본적인 관계라고 할 수 있습니다. 하지만 이런 식으로는 신과 인간의 관계가 매우 서먹하고 딱딱하겠죠. 이런 관계를 타파하고자 예수는 '사랑'을 외치며 그야말로 큰 격변을 일으킵니다. 그전까지는 아까 말한 것처럼 엄격하고 경직된 관계가 기본이었다고 보면 됩니다.

3. 유대교의 성립 과정

오사와 상당히 중요한 포인트에 한발 가까워진 느낌이네요. 다음 이야기로 넘어가기 전에 잠시 기초 지식부터 짚어보고자 합니다. 구약성서의 3분의 1 정도는 역사적인 내용이 적혀있습니다. 창세기 첫 부분에 천지창조 이야기가 나오는데 요즘 뜨거운 감자죠? '신이 인간을 만들었다.' 등의 이야기가 나오는데 이걸 픽션이라고 해야 하나, 어쨌든 신화적인 내용입니다. 그러나 구약성서는 뒤로 갈수록 실제 있었던 일들, 즉 역사를 다루게 되는데 이렇듯 구약성서는 신화와 역사, 즉 허구와 사실을 섞어 놓았기 때문에 구약성서만으로는 유대교에 대한 객관적인 역사를 알 수 없습니다.

유대교는 언제 지금의 모습을 갖추게 되었는지 궁금해지는데 냉철하게 학자 입장에서 보면 초기 유대인들도 주변 공동체와 비슷한 종교를 갖고 있었다고 봅니다. 그러나 그 종교는 얼마 지나지 않아 상당히 독특하고 엄격한 규칙을 가진 일신교로 발전하였고 신과 계약을 맺는다는 개념이 굳어지게 됩니다.

하시즈메 우선 연표를 봐주세요. (*고대오리엔트역사 도표.jpg 넣은 페이지 수 표기) 이 연표를 잘 보시면 이집트와 메소포타미아(바빌로니아와 아시리아) 사이에 팔레스타인 일대(당시에는 가나안)의 역사가 끼어있는 것을 알 수 있습니다. 이집트와 메소포타미아라는 강대국 사이에 낀 가나안 지역에는 이스라엘 민족이 살았습니다. 즉 이집트와 메소포타미아 사이에 낀 약소민족이 바로 유대인이었다는 사실을 알 수 있는데, 유대인들은 비교적 안전했던 섬나라 일본인들과 정반대 역사를 살았다고 할 수 있죠.

유대교는 하루아침에 생겨난 게 아니기 때문에 정확히는 모르지만 여호와라는 신이 처음 알려진 것은 기원전 1300~1200년경으로 추정됩니다. 그쯤 '이스라엘 민족'이라는 사람들이 이 지역에 유입되기 시작했고 수많은 신 중 하나인 여호와를 숭배하게 됩니다. 바빌론 유수(기원전 597~538년) 전후에 어느 정도 체계를 이루기 시작했고 예수 크리스트가 등장한 이후 유대교가 완전히 자리 잡은 것으로 추정됩니다. 로마 군의 손에 예루살렘 신전이 붕괴되었고 유대민족은 전 세계로 흩어지게 되었는데 신전이 사라졌기 때문에 자연스럽게 율법을 중시하는 지금의 유대교 체제가 완성되었습니다. 이처럼 유대교는 약 1500년에 걸쳐서 서서히 만들어졌다고 할 수 있습니다.

유대교는 긴 시간 동안 많은 변화를 겪었는데요. 이 시대를 바탕으로 쓴 명저라 할 수 있는 막스 베버의 '야훼의 사람들(고대 유대교)'을 바탕으로 설명하겠습니다. 여호와는 시아니 반도 일대에서 숭배하던 자연 현상(화산으로 추정)을 본뜬 신이었습니다. 파괴, 분노의 신으로 힘이 굉장히 셌던 모양입니다. 그래서

'전쟁의 신'으로 모시기에 안성맞춤이었고 당시 이스라엘 민족은 주변 민족과 끊임없이 전쟁을 치러야 하는 상황이었기 때문에 여호와를 숭배하게 되었습니다.

일본에도 이와 비슷한 하치만(八幡)이라는 신이 있습니다. 원래 규슈 구니사키 반도 근처의 신이었지만 전쟁에 강하다는 이유로 교토 이와시미즈에서 모시게 되었습니다. 가마쿠라에 위치한 쓰루오카 하치만구에서도 모시고 있으며 일본의 대표적인 전쟁 수호신으로 여겨지고 있습니다.

이런 식으로 이스라엘 민족은 여호와를 전쟁의 신으로 숭배하였습니다. 앞으로 계속 나올 '이스라엘 민족'이 본래 어떤 역사를 지닌 사람들인지 알 수 없지만 비옥한 저지대가 내려다보이는 산지에서 생활하며 양이나 소, 산양을 길렀고 인종도, 문화도 제각각인 무리들이 모여 세대를 이뤘던 것 같습니다. 개중에는 도망쳐 온 노예나 불량배, 외지인이 섞여 있었을지도 모르죠. 이들은 가나안에 정착하여 농경생활을 하던 원주민과 겨루기 위하여 서로 단합하고 여호와를 모시는 제사 연합도 결성했는데 막스 베버는 이를 '서약공동체(같은 신을 모시는 종교 연합)'라고 표현합니다. 그리고 조금씩 가나안 지역에서 세력을 넓혀 나갔습니다.

구약성서에는 모세가 사람들을 이끌고 홍해를 건너 시나이 반도를 헤맸다고 하는 출이집트기(출애굽기)나 모세의 뒤를 이은 여호수아가 예리코[5]를 점령했다는 이야기가 나옵니다. 후세에

---

5) 기원전 8000년경으로 추정되는 세계 최초의 도시. 여호수아6장은 모세가 죽은 뒤 여호수아를 따르는 이스라엘 민족이 최초로 정복한 가나안 도시가 이곳이라 적었다.

고대 오리엔트 세계

기원전	이집트	팔레스타인	메소포타미아
	신왕국 (기원전 16세기)		고바빌로니아왕국 (함무라비왕, 기원전 18세기경) 아시리아왕국 강대해짐 (기원전 14세기)
1270경		출이집트	
1230경			
1020경 1004 997 972		다윗왕 사망	
965		솔로몬왕, 이집트와 동맹을 맺고 예루살렘 신전 건립	
926		솔로몬왕 사망. 이스라엘왕국(북)과 유대왕국(남)으로 분열	
722		이스라엘왕국 멸망 ◄──	아시리아
670		아시리아, 오리엔트를 통일	
622		유대왕국 요시야왕의 개혁	
612		아시리아 붕괴 ─► 이집트, 리디아, 신바빌로니아, 메디아로 분립	
586		유대왕국 멸망 ◄── 바빌론 유수(~기원전538년)	신바빌로니아
525		아케메네스조 페르시아, 오리엔트를 통일	
334		알렉산더 대왕 동방원정 (이집트 정복, 페르시아 멸망)	
248	프톨레마이오스조 이집트		세레우코스조 시리아 파르티아 건국
63 40 4경		로마에게 정복되다 헤로데, 유대왕으로 예수 탄생	

[1. 27쪽 고대오리엔트역사 도표 넣기]

기록된 내용이기 때문에 역사적 사실로 받아들이기 어려운데 실제로는 어땠을까요? 너무 옛날 일이기 때문에 확인할 길은 없지만 이스라엘 민족이 때로는 평화적으로, 때로는 무력으로 원주민들 사이에 비집고 들어가 가나안 지역에 정착하여 그들의 국가를 만들었다는 사실을 알 수 있습니다.

이 단계에서 여호와는 아직 수많은 신들 중 하나에 지나지 않았습니다. 가나안의 원주민들은 다양한 신을 믿었기 때문이죠. 가나안의 원주민들은 농경을 관장하는 바알이라는 신을 우상숭배하였습니다. 블레셋인[6]은 다곤을, 모아브인은 그모스라를 믿으며 각각 제사를 지냈고요. 실제로 여호와 우상을 만들기도 했다는데 그 당시에 돌로 기둥을 만들었다고 합니다. 하지만 그 이후에는 금지되었는데요. 막스 베버는 유대인에게 왜 여호와 우상이 없는지 물으니 기술 수준이 낮아 우상을 만들 수 없었기 때문이라고 합니다. 한마디로 우상숭배를 하면 안 된다는 말은 억지라는 거죠.

어쨌든 이스라엘 민족은 원주민이 숭배하던 신(우상)을 믿지 못하도록 금지하고 오로지 여호와만 섬기도록 했습니다. 그래도 바알을 믿는 사람들이 매우 많았기 때문에 유혈사태도 있었습니다. 이세벨 왕비가 바알을 섬겼기 때문에 예언자 엘리야가 바알의 신도 450명을 살해한 사건(열왕기상 18장)은 상당히 유명하죠. 이야기가 좀 정신없긴 한데, 계속 유대교의 역사에 대해

---

6) 이스라엘 및 그 인근 지역을 통틀어 블레셋(팔레스타인)이라 칭하였으며 그 지역 해안가에 살던 민족들을 블레셋인이라 한다. 이스라엘 민족들과 잦은 전쟁이 있었으며 이스라엘의 초대 왕인 사울은 블레셋인과의 전쟁에서 전사했다.

서 설명할까요?

오사와 그럼요. 끝까지 듣고 싶습니다.

4. 유대민족의 수난

하시즈메 지금부터는 왕이 등장한다는 점이 중요합니다. 이스라엘 민족은 전쟁을 위해 국민들을 결속시켜줄 왕이 필요하다고 생각했고 사울, 다윗, 솔로몬을 왕으로 모셨습니다. 그럼 누가, 어떻게 왕을 선택했을까요? 사무엘이란 예언자가 사울을 추대하였고 그가 최초의 왕이 되었습니다. 사무엘에게 어떻게 그런 권한이 있었는지 궁금하시죠? 그 이유는 사무엘이 여호와의 목소리를 들었기 때문입니다. 신의 존재를 믿는 사회에서는 신이 선택했다는 이유로 군주 제도를 만들 수 있었습니다. 이렇게 여호와 신앙과 군주제는 서로 밀접한 관계를 맺게 되었고 이는 유대교 역사의 두 번째 전환점이 됩니다.

신이 왕을 임명한다고 하면 그 왕을 상대화시키는 것이 가능했습니다. 또 왕이 잘못을 저지른다면 예언자가 신의 목소리를 듣고 왕을 비판할 수 있었습니다. '지금 왕이 잘못된 길로 가고 있습니다! 신과 한 약속을 저버렸다!' 이런 식으로 연설을 하고 시위도 할 수 있었습니다.

일반적인 국가의 왕은 자신을 비판하는 사람들을 모조리 잡아 사형시키기 때문에 왕을 비판하는 지식인들에게 사회적 영향력은 없는 것이나 마찬가지였습니다. 그러나 이스라엘 민족의 왕은 신의 말을 전달하는 예언자를 즉각 사형시킬 수 없었고 그로 인해 예언자가 사회적으로 영향을 끼치게 된 것입니다. 군주제가 시작되면서 왕을 비판하는 예언자도 속속 나타나게 되었고 예언서에도 그들의 예언이 실리게 되었습니다. 예언자들은 여호와의 시선에서 이스라엘 민족이 처한 국제 정세 및 국내 정치를 바라보았고 여호와 신앙을 기준으로 왕의 행동을 평가했습니다.

이런 예언들이 계속되면서 여호와 신앙은 다음 단계에 진입하게 되는데요. 이스라엘 민족을 둘러싼 국제 정세는 더욱 악화되었고 아시리아의 공격을 받은 북부 지역이 기원전 722년에 멸망하게 되면서 솔로몬 왕 이후 북쪽의 이스라엘 왕국과 남쪽의 유대 왕국으로 분열하게 됩니다. 그런데 이스라엘 왕국의 절반을 차지하던 수도 사마리아가 함락되어 많은 사람들이 아시리아로 끌려갔고 그들은 역사 속에서 사라지게 됩니다. 그 후 신바빌로니아가 부흥하며 네부카드네자르 왕이 유대왕국을 공격, 예루살렘을 침략합니다. 왕을 비롯한 기득권 세력은 바빌론으로 끌려가게 되는데 이것이 바로 바빌론 유수입니다.

이스라엘 민족은 도대체 자신들이 왜 이런 고통을 겪어야 하는지, 왜 여호와는 자신들을 구원해주지 않는지 고민에 고민을 거듭하다 이런 생각을 하게 됩니다.

여호와는 우리들만의 신이 아니다. 세계를 창조하시고 세계를 지배하신다. 아시리아, 바빌로니아가 우리를 공격하는 것도 여호와의 명령이 있었기 때문이다. 우리들이 여호와를 배반하고 죄를 지었기 때문에 벌을 받는 것이다. 우리들에게 그 원인이 있

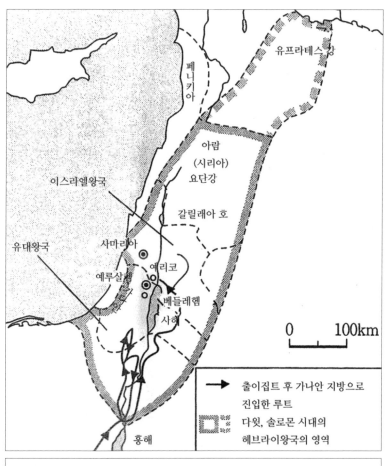

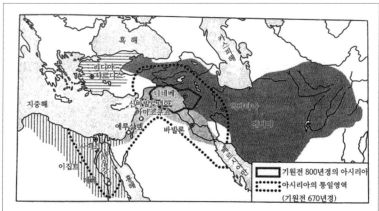

[2. 31쪽 가나안 주변지도]
[3. 31쪽 유대왕국 멸망 당시 오리엔트 세계(기원전 600년경)]

는 것이다. 이런 시련을 참고 견디며 지금까지 그래왔던 것, 그이상으로 여호와를 섬기면 분명 우리를 둘러싼 외부의 적은 사라질 것이다.

이런 과정 속에서 여호와는 단순히 이스라엘 민족이 섬기는 신이 아니라 세계를 지배하는 유일신으로 격상되었습니다. 만약 여호와가 자신들만의 신이라면 다른 민족이 다른 신을 섬겨도할 말이 없거든요. 그런데 이를 인정할 수 없으니 여호와는 유일신이며 세계를 지배한다, 여호와 이외의 신은 신이 아니라는 신념으로 발전하게 된 것입니다. 바빌론에 포로로 잡혀간 것은 여호와의 계획이며 그 나름의 이유가 있을 것이고 그러므로 견딜 수 있었다, 예언자의 예언대로 우리는 포로가 되었고 포로에서 벗어나 고국으로 송환되었으며 예루살렘의 신전도 재건할수 있었다, 여호와는 역시 위대하다! 뭐 이런 식으로 여호와에대한 믿음이 전보다 더욱 강해졌습니다.

바빌론에서 천지창조 신화나 대홍수 이야기 등이 전해져 내려왔고 이를 책에 적었는데, 성서 서두에 나오는 창세기도 이런식으로 만들어졌습니다. 대신 원래 이야기 그대로가 아니라 여호와 신앙에 어울리도록 편집했습니다. 이제 이스라엘 민족이 여호와를 어떻게 섬겼는지 알아볼까요? 세 가지 방법이 있는데 첫 번째는 의식을 거행하는 것입니다. 의식을 거행할 때는 소나양 등의 제물이 필요한데 제물을 바칠 때에도 여러 방법이 있습니다. 특히 여호와에게 바칠 때는 제물을 통째로 구웠다고 하네요. 두 번째는 예언자를 따르는 것, 마지막은 성서에 정리되어있는 모세의 율법을 지키며 사는 것입니다. 이스라엘 민족은 이

세 가지 모두 중요하게 여겼지만 이 방법들의 중심이 되는 사람들, 즉 제사장, 예언자, 율법학자의 사이가 악화되면서 새로운 국면을 맞이하게 됩니다.

예수 크리스트 시대에는 신전에서 의식을 진행하는 사람들을 사두개인, 율법을 지키는 사람들을 바리사이파라고 불렀는데 이 두 집단이 유대인 사회를 지휘했다고 볼 수 있습니다. 한편 세례자 요한이나 예수는 예언자 집단이었고 군주시대에는 예언자가 많이 등장했지만 법률이 정비되면서 예언자의 입지가 좁아졌습니다. 바빌론에서 노역 생활을 하던 사람들이 돌아온 뒤로 예언자는 더 이상 출현하지 않았습니다. 실제로 완전히 모습을 감춘 건 아니었겠지만 예언자들은 발견되는 대로 탄압되었으니까요. 세례자 요한과 예수도 당국 관계자에게 적발되어 결국 죽음에 이르렀습니다.

신전에서 의식을 진행하고 여호와에게 제물을 바치는 것은 제사장의 일로 사두개인이 이런 임무를 담당했습니다. 바빌론에 포로로 잡혀간 사이 신전이 사라졌기 때문에 제사장의 지위는 추락하였고 제물을 바치는 것 대신 율법을 지키는 일 밖에 할 수 없어 자연스레 율법학자의 지위가 상승하였습니다. 그러나 바빌론에서 돌아온 뒤 신전을 재건하자 제사장들의 힘이 다시 강력해지는 등 제사장과 율법학자는 팽팽한 긴장관계에 놓였습니다.

예수가 처형된 후 예루살렘의 신전은 파괴되었고 신전에 거점을 두고 있던 제사장이 사라졌습니다. 예언자 또한 특별히 모습을 드러내지 않아 율법학자만 남게 되었는데 이게 바로 지금 우리들이 알고 있는 유대교의 모습입니다. 랍비라 불리는 율법학자는 유대 사회에서 빼놓을 수 없는 존재인데요, 이렇게 율법을 지키며 2천 년에 가까운 역사를 이어온 것입니다.

오사와 그렇군요. 사실 저는 구약성서 내용 중 절반은 사실이고 절반은 가공된 이야기라고 생각해서 객관적인 종교사 측면에서 모든 것을 그대로 받아들이기 어렵다고 생각하거든요. 지금 말씀하신 대로 유대교가 그럴싸하게 체계를 잡기 시작한 것은 아마 바빌론 유수 전후가 아닐까 싶은데요. 그쯤 성립된 세계관이 과거에 투영되어 구약성서라는 '역사'가 만들어진 것이겠죠. 즉 바빌론 유수 이전 유대인들의 종교는 주변 공동체와 큰 차이가 없었을 거라 봅니다. 어쩌면 바빌론 유수라는 상당히 큰 역사적 경험을 통해서 오늘날 유대교의 특징이 만들어진 게 아닐까요?

5. 자신을 지켜주지 않는 신을 믿는 이유

오사와 앞서 하시즈메 씨가 하신 이야기를 듣고 신과의 관계는 '안보'라는 대목에서 무릎을 탁 쳤습니다. 종교가들은 종교의 뛰어난 가르침을 설명하면서 내재적 논리를 부여하려고 하겠지만 고대 세계를 떠올려보면 일종의 보안 개념에서 종교를 가졌다고 생각하거든요. 현대처럼 세속화된 사회에서 살다보면 종교와 국가 안전은 별개라고 생각하겠지만 고대 세계라면 이야기가 달라지죠. 신이야말로 안보 측면에서 가장 중요한 존재였을 테니까요.

그런 관점에서 보면 유대교의 매우 신기한 점을 발견할 수 있는데요. 대부분의 유대교 역사는 끊임없이 전쟁에 휘말리고 계속 패전합니다. 예를 들어서 말이죠, 미일안보조약 덕분에 일본은 상당히 안전해졌고 당연히 일본은 계속해서 이 조약을 유지하려고 했습니다. 그런데 미일안보조약에도 불구하고 일본이 외국에게 침략을 받거나 전쟁에서 졌다면 이 조약을 계속 유지할까요? 폐기하고 다른 나라와 안보조약을 맺으려고 하는 것이 일반적인 상식입니다.

그런데 아까 말한 대로 유대교 역사는 계속해서 전쟁에 휘말리고 심지어 전쟁에서 지기까지 합니다. 구약성서만 놓고 봤을 때 전쟁에서 이긴 사례는 이집트에서 노예 생활을 하던 유대인들이 모세 덕에 기적적으로 탈출하고 그 후 여호수아 도움으로 가나안에 들어섰을 때, 거의 이 시기뿐이거든요.

하시즈메 그 후 다윗 왕 시기도요.

오사와 아, 맞습니다. 하지만 다윗 왕에 대해서는 좀 생각해볼 필요가 있습니다. 분명 다윗은 이상적인 왕으로 여겨지고 그 시기 번영을 누렸습니다. 그런데 다윗 왕 이후 솔로몬 왕 시대 때 왕국 자체는 점점 성대해졌지만 하시즈메 씨가 말씀하셨듯이 예언자들이 여러 의미로 왕국에 대해 상당히 냉담해졌습니다. 굳이 말하자면 예언자들이 왕국의 발전을 더디게 했다고 볼 수 있는데요. 여호와 덕분에 왕국이 번영했다고(다윗 왕 시대를 제외하고) 보지 않습니다. 오히려 여호와를 저버렸다고 보기도 하니까요.

게다가 솔로몬 왕 이후 왕국이 남북으로 갈라져 절반은 파괴되고 그 나머지도 얼마 지나지 않아 바빌로니아에 의해 멸망하여 결국 전부 사라지게 됩니다. 그 후 기득권층은 바빌론에 포로로 잡혀갔고 후에 석방되었다곤 하지만 처음부터 잡히지 않았으면 석방될 일도 없으니 유대인들이 종교에 대해 냉담해졌다는 사실은 변하지 않습니다. 아무리 인내심이 강한 사람이라도 그쯤 되면 여호와와 맺은 안보 조약을 때려치우려 할 거예요. 사실 그래도 할 말이 없거든요. 그런데 오히려 그 시기에 유대교는 체제를 더욱 갈고닦아 거의 완성을 이뤘습니다. 도대체 어찌 된 일일까요? 이 질문에 답하기 위해 일신교가 등장한 역사적 과정을 시뮬레이션 해보겠습니다. 일반적으로 이렇게 생각할 수 있습니다. 일신교에서 숭배하는 신은 군사적으로 가장 강한 민족이나 공동체가 섬기던 신에서 출발하지 않았나 싶어요. 어느 부족이든 군사적으로 주위 공동체를 제압하게 되면 패배한 공동체는 가장 강하거나 혹은 승리한 공동체가 섬기는 신에 귀의하게 됩니다. 그때 패배한 공동체가 모시던 신도 그 강한 공동체가 모시는 신에게 종속되어 신들 사이에 계급이 생기는 겁니다. 처음에는 일종의 판테온 같은 모습을 띠지만 고대 그리스의 제우스와 여타 신들처럼 신들에게 계급이 생긴다는 거죠. 게다가 싸움에서 승리하여 패권을 쥔 공동체의 힘이 군사적으로나 사회경제적으로나 강대해지면 그들이 모시는 신에 비해 다른 공동체가 모시는 신은 이제 가치가 없다고 여깁니다. 그래서 결국에는 가장 강한 신만 살아남아 일신교가 되는 거죠. 일신교의 성립 과정이 이렇지 않았을까 추측해서 실제로도 그럴 거라고 생각했습니다.

그런데 실제 유대교의 역사에서 이와 같은 과정은 찾아보기 어려웠습니다. 주위에 강한 국가가 있었음에도 그들이 섬기는 종교, 예를 들어 이집트의 태양신 신앙이나 파라오 신앙이 오늘날까지 그 영향력을 유지한다고 할 수 없는데 유대교는 다르잖아요. 당시 가장 약소했던 이스라엘 민족이 섬긴 신이 지금까지 살아남아 역사적으로 많은 영향을 남겼으니까요. 저는 이 점이 상당히 신기하다고 생각합니다.

유대인들에게 가장 위험한 존재는 사실 주위 강대국들이 아닌 여호와 그 자체였습니다. 유대인들은 여호와가 유대인의 신이 아닌, 세계를 관장하는 신이라 생각했는데 그렇게 따지면 바빌로니아가 유대왕국을 멸망시키러 온 것도 여호와의 뜻이 되잖아요? 자신들이 믿는 여호와가 가장 큰 재액을 잔뜩 몰고 온다는 말이 됩니다.

일본이 미국과 안보조약을 맺은 줄 알았는데 알고 보니 UN과 안보조약을 맺은 거랑 마찬가지예요. 네부카드네자르 왕이 이끄는 군대가 자기들 마음대로 유대왕국을 침략하러 온 것이 아니라 사실 UN(=여호와)의 위탁을 받고 군사제재를 가하러 온 것(=침략)이란 거죠. 이거 완전 사기 아닌가요? 여호와는 UN과 같은 존재라 처음부터 유대인들만 보호할 생각도 없었고 오히려 유대인이 죄를 저질렀다며 경제적, 군사적 제재를 가하는 것이라고 말이 슬쩍 바뀌게 되는 겁니다.

유대인들은 이런 생각을 하면서까지 믿음을 지키려고 하다니 세상 물정을 몰라도 너무 모르는 거 아닌가 싶네요. 안보 계약을 맺은 신이 자신들의 안전을 눈곱만큼도 생각해주지 않는데 왜 계속해서 믿음을 지켜왔던 걸까요?

하시즈메 거기에는 세 가지 이유가 있는데요, 우선 괴롭힘을 당하는 사람들의 심리에 대해서 생각해봅시다. 이스라엘 민족은 약소했기 때문에 주위 국가들에게 많은 괴롭힘을 당했고 그걸 잊지 않고 있었습니다. 괴롭힌 사람들은 잊었을지 몰라도 당한 사람들은 기억하고 있어요. 괴롭힘을 당한 사람들은 괴롭히는 사람이 나쁘지 자신들이 잘못되었다는 생각은 안 합니다. 그래도 매일 괴롭힘을 당하면 나에게도 무슨 문제가 있는 건 아닌지 생각하게 됩니다. 입고 있는 옷이 촌스럽다든지, 말투가 이상하다든지……. 자기 나름대로 반성하고 다음날 고쳐보아도 역시나 괴롭힘을 당합니다. 아무리 노력해도 나는 괴롭힘을 당하는 존재라고 뼈저리게 느끼는 수밖에 없는 겁니다.

괴롭힘 당하는 상황 자체를 받아들이고 자존심을 지키려면 어떻게 하면 좋을까……. 그런 생각을 하기 시작하면 이 상황을 '시련'으로 받아들이게 됩니다. 괴롭히는 쪽은 어떨지 몰라도 이런 괴롭힘에는 계획이 숨겨져 있어서 이 괴롭힘을 통해서 나는 성장한다, 무조건 참는 것이 최고다, 뭐 이런 생각을 하게 된다는 거죠. 자신이 놓인 비참한 현실을 합리화시키는 심리입니다. 괴롭히는 사람한테 이런 이야기를 하면 뭔 말도 안 되는 소리냐고 하겠지만 괴롭힘을 당하는 사람에게는 이거 말고는 좋은 생각이 들지 않는 겁니다.

두 번째로 심리학에서 '어느 선에서 포기할까?'라는 실험을 한 적이 있습니다. 동전을 넣으면 바나나가 나오는 기계가 있습니다. 두 마리 원숭이에게 각각 다른 조건으로 바나나를 뽑는 방법을 학습시켰습니다. 동전을 넣는 대로 100% 바나나가 나오는 기계로 학습한 첫 번째 원숭이는 자기가 배운 것과 달리 나왔다, 안 나왔다 하는 기계 앞에서는 두세 번 시도하다가 곧 포기했습니다. 그러나 바나나가 항상 나오는 게 아니라 임의대로 나오는 기계로 학습한 원숭이는 중간에 바나나가 나오지 않아도 좀처럼 포기하지 않았습니다. 혹시 나올지도 모르니 계속해서 도전한 거죠. 이 실험처럼 이스라엘 민족은 대부분의 전쟁에서 패했지만 가끔 승리하기도 했습니다. 그러니 이번에는 이길지도 모른다는 생각을 하게 되었고 이 생각은 천년이나 지난 지금까지도 이어지고 있는 것입니다.

마지막으로 진지하게 답변하자면 이스라엘 민족이 겪은 위기가 2단계로 벌어졌다는 점이 중요하다고 생각합니다. 이스라엘 민족에게는 야곱의 아들 12명을 시조로 삼는 이스라엘 12지파가 있습니다. 그들은 서로 다른 지역에서 살았는데 남측 유대족이 비교적 넓은 면적을 차지하였고 북측에는 나머지 부족들이 살았습니다. 초대 왕 사울은 북측에 연고가 있던 베냐민족 출신이었고 다윗은 남측 유대족 출신이었습니다. 솔로몬은 다윗의 아들이니 그 역시 유대족이고요. 솔로몬 왕의 몰락 이후 북측과 남측은 완전히 분열하였고 이스라엘왕국과 유대왕국으로 나누어집니다.

그 후 아시리아가 공격해왔고 북측의 이스라엘왕국이 먼저 멸망하게 됩니다. 아시리아는 폭정을 펼쳤기 때문에 국민들은 종교의 자유가 없었습니다. 이스라엘왕국 주민들은 포로가 되어 강제 이주되었고 주위 민족에게 동화, 흡수되면서 소멸하게 됩니다. 이스라엘왕국 주민들이 떠난 땅에는 멀리서 온 이민족들이 차지하게 되는데 하나 둘 유대교로 개종하면서 사마리아인이 되었습니다. 사마리아인은 유대 종교이지만 이민족이었기 때문에 차별을 받았다고 해요. 지금도 사마리아 교단이 남아있지만 유대교와는 조금 다른 집단입니다.

오사와 예수의 우화에 나오는 '선한 사마리아인'의…….

하시즈메 네, 맞습니다. 그 사마리아인입니다. 예수 시대에도 차별이 계속되었거든요. 이스라엘왕국의 멸망을 지켜보던 남쪽 유대왕국은 상당한 위기감을 느끼게 됩니다. 아무 생각 없이 있다가 혹여 침략이라도 당하면 흔적도 없이 사라지겠구나 싶었던 거죠. 정치적 국가가 파괴되어도 민족적 정체성이 유지되도록 노력했습니다. 이사야, 에레미야, 에제키엘 등 예언자들도 이를 경고했습니다.

이때부터 유대왕국의 요시야 왕도 중요한 역할을 하는데 바로 기원전 622년에 종교개혁을 진행합니다. 이 시기 신전에서 모세의 '율법의 서'가 발견되었다고 하는데요. 이런 중요한 문서가 딱 이 타이밍에 발견되었다는 건 좀 말이 안 되죠. 요시야 왕의 명령 하에 편찬된 것이라고 봅니다. 어쨌든 사람들 앞에서 '율법의 서'를 읽어주었습니다. 그리고 여호와의 신전에서 모시던 우상을 치우고 향을 피우면서 신을 섬기는 행위를 금지시켰다고 하니 그 전까지 다신교였던 것을 정화하여 여호와 신앙을 강화시켰다고 볼 수 있습니다.

6. 율법의 역할

오사와 유대교에서 율법, 즉 법률이 상당히 중요합니다. 그런데 일본인들은 법률과 종교를 별개로 보기 때문에 율법이 무엇인지, 그리고 무엇 때문에 그렇게까지 꼼꼼하게 만들었는지 와 닿지 않습니다.

하시즈메 유대교의 율법(종교법)을 '엄밀한 규칙주의'라고 생각하시면 쉽게 이해가 될 겁니다. 유대교의 율법은 유대민족의 생활 규칙을 하나도 빠짐없이 열거하고 사람들도 이를 여호와의 명령(신과의 계약)이라고 여깁니다. 의식주, 생활 습관, 형법, 민법, 상법, 가족법 등등. 일상생활의 일거수일투족이 모두 법률이라는 이야기입니다.

만약 일본이 어떤 나라에 점령당해서 모든 일본인들이 뉴욕 같은 곳으로 끌려갔다고 칩시다. 100년이 지나도 그 자손들이 일본인의 정신을 가지고 살길 바란다면 어떻게 하는 게 좋을까요? 일본인들의 풍습을 가능한 한 많이 정리해서 법으로 만드는 것이 좋겠죠. 정월에는 오조오니[7]를 먹는다, 오조오니에 들어가는 떡은 이렇게 썰고 닭고기와 토란, 시금치를 넣는다. 여름에는 유카타[8]를 입고 폭죽을 터뜨리는 것을 보러간다 등등. 이런 내용들이 빼곡히 적혀있는 책을 만들고 이를 아마테라스[9]와의 계약으로 여긴다고 생각해보세요. 이런 규칙들을 지키면서 살면 100년이 뭐야, 1000년이 지나도 일본인의 정신을 잊어버리지 않고 살 수 있지 않을까요? 아마 유대인들도 이런 생각을 가지고 율법을 만들었을 거라고 봅니다.

모세의 율법을 정리한 모세오경[10] 중 신명기를 보면 음식 규례가 적혀있습니다. 먹어도 되는 것과 먹으면 안 되는 것을 정리

---

7) 양력 1월 1일 일본의 명절에 먹는 전통 음식 중 하나로 한국의 떡국과 흡사하다.

8) 일본 전통 의상으로 기모노의 일종. 평상복으로 입기 좋은 간편한 복장으로 주로 목욕 후나 여름에 입기 때문에 여름 축제에서도 자주 볼 수 있다.

9) 일본신화에 등장하는 태양신으로 일왕의 조상신으로 여긴다.

10) 구약성서 맨 앞에 있는 창세기, 출애굽기, 레위기, 민수기, 신명기 등 5가지의 책.

해놓았습니다. 여호와는 맑은 것은 먹어도 되나 부정한 것은 먹으면 안 된다고 했습니다. 멧돼지(돼지), 낙타, 지느러미나 비늘이 없는 생선 등 먹으면 안 되는 음식들이 여럿 적혀있습니다. 그렇기 때문에 이것저것 따지다 보면 식사를 할 수 없게 되죠. 그 외에도 안식일, 할례, 복장 등에 관한 여러 규칙들이 나옵니다.

이슬람교 역시 생활 속에서 지켜야 하는 규칙을 정리한 종교법이 있습니다. 다른 점은 이슬람교는 승리한 신을 모시는 일신교, 유대교는 패배한 신을 모시는 일신교라는 점이지요. 어느 쪽이 진정한 종교냐 묻는다면 저는 유대교라고 생각합니다. 유대교는 방어적 동기를 가지고 일신교의 원형을 만들었으니까요. 국가는 믿을 수 없다, 믿을 수 있는 것은 오직 여호와뿐이다, 여호와와의 계약을 지킨다면 국가가 소멸해도 또다시 일으킬 수 있다. 이런 생각 때문에 유대민족을 둘러싼 정치 정세가 어찌 되었든 지금까지 믿음을 이어올 수 있었고 유대민족은 2천 년이라는 긴 시간에 걸쳐 자신들의 사회를 지켜왔습니다. 유대교의 이런 전략은 이스라엘 건국을 통해 그 정당성이 입증되었다고 할 수 있습니다.

오사와 이제 어느 정도 이해가 가는군요. 방금 하신 말씀 중 반은 추측이고 반은 여러 자료를 통해 판단하신 내용이겠지만, 계약이라는 개념이 자리 잡은 것은 아마 북쪽의 이스라엘왕국이 소멸하고 남쪽의 유대왕국만 남았을 때가 아닌가 싶습니다.

여호와에 귀의했는데도 이스라엘이 멸망한 이유에 대해서 생각할 때 이스라엘 민족 입장에서는 여호와가 아니라 자신들이 계약을 지키지 않았기 때문이라고 생각하는 게 더 속이 편했을 겁니다. 그렇게 생각하면 여호와에 대한 믿음도 지킬 수 있고 이스라엘왕국만 패배했다는 사실도 쉽게 이해시킬 수 있으니까요. 이스라엘이 멸망한 것은 여호와가 약속을 지키지 않은 것이 아니라 신과의 약속을 제대로 지키지 못한 일부 사람들 때문이라고 생각하는 겁니다. 즉 신과의 계약=약속이라는 설정은 이스라엘왕국은 멸망하고 유대왕국만 남았다는 현실을 설명하는데 아귀가 맞았을 거예요. 그래서 신과의 계약이라는 개념이 정착했을 때가 이스라엘왕국이 멸망한 시점이 아닐까 싶습니다.

이스라엘왕국이 망해도 유대왕국이 남았으면 그래도 괜찮았을 텐데, 이스라엘왕국을 타산지석으로 삼아 열심히 신과의 계약을 지키려 했던 남쪽의 유대왕국도 시련을 겪게 됩니다. 약 60여 년 간 바빌론의 포로가 된 것이죠.(바빌론 유수) 60여 년이라는 시간은 한 사람의 일생, 한 세대보다 긴 시간으로 지독한 시간이었습니다. 그러니 전쟁에서 완전히 패배했어도 여호와에 대한 믿음이 남아있다는 사실은 정말이지 놀라울 따름입니다. 막스 베버의 '야훼의 사람들(고대 유대교)'도 이 점을 주요 주제로 삼고 있고요.

본래 여호와와의 계약을 지키면 안전이 보장되는데 유대인들은 계속 전쟁에서 집니다. 이런 상황을 자기들 나름대로 해석하고 인내하면서 무언가 깨닫고자 하는 심리로 바뀐 건 몇 가지 논리로 설명할 수 있는데요. 당장 지금은 졌지만 나중에는 이길 것이라고 생각했던 게 아닌가 싶습니다. 또 현실의 정치적 패배를 관념적 승리로 받아들였다고도 볼 수 있는데요, 즉 정치적, 군사적으로 승리해서 번영을 이룬 적군은 사실 타락하고 있으며 전쟁에서 진 것처럼 보이는 본인들이야 말로 오히려 정신적으로 고귀하다고 여기는 거죠. 니체였다면 이를 두고 '노예도덕'이라고 했을 겁니다. 이처럼 자신들이 패배했다는 현실을 분석하고 여호와에 대한 믿음과 자신들의 자존심을 지키는 데에는 여러 이유가 있는데, 분명한 것은 유대교가 상당히 독특한 방법으로 유지되어왔다는 점입니다.

7. 원죄란 무엇인가

오사와 방금 하신 이야기와 비슷한 특징이 또 하나 생각났어요. 바로 '원죄'라는 개념입니다. 종교 생활을 하면서 내 안의 긍정적인 정체성을 발견한다면 신앙을 갖는 이유를 이해할 수 있습니다. 보통은 그런 이유로 종교를 갖고요. 자신들을 긍정적으로, 그리고 종교 생활을 하지 않는 남들을 부정적으로 보죠. 그러나 '원죄'라는 개념은 신앙을 통해서 부정적인 정체성만 얻게 됩니다. 굉장히 이상한 심리라고 생각하는데요.

하시즈메 원죄는 기독교 개념으로 한참 뒤에 나옵니다.

오사와 창세기에는 원죄의 기원으로 보이는 내용이 없나요?

하시즈메 네, 없습니다.

오사와 창세기에는 금단의 과실을 먹었다는 이야기가 나오는데 이 이야기는 원죄 개념과는 관계가 없나요?

하시즈메 네. 상관없는 내용입니다.

오사와 그렇다면 원죄라는 개념이 생긴 건 기독교가 성립된 이후라는 말이군요.

하시즈메 아무래도 그렇죠. 유대교에는 원죄라는 개념이 없으니까요.

오사와 그래도 유대교에 원죄라는 특이한 성질이 남아 있지 않을까요? 기독교 신자들은 왜 이런 독특한 개념을 받아들이게 되었는지 궁금합니다. 물론 원죄 의식이 없었다면 예수 크리스트에 대한 속죄라는 개념도 이해할 수 없을 테지만요.

하시즈메 원죄에 대해서는 제2부에서 설명드릴 테니 잠시 기다려주세요. 우선 죄와 원죄에 대해서 설명해드리겠습니다. 그리고 왜 이런 아무짝에도 쓸모없는 여호와를 숭배하는지에 대해서도요.

애초에 죄란 '신에 대한 배반'이라고 정의할 수 있습니다. 구체적으로는 금지된 행위를 하거나(명령 위반) 신이 명령한 것을 따르지 않는 것(나태) 등이 있죠. 인간의 나태함을 부정한 행위로 본다면 결국 행위 그 자체가 죄가 된다는 이야기가 됩니다. 이에 대한 판단 기준은 신과의 계약인 율법으로 이를 어겼는지가 핵심입니다. 이런 점은 유대교, 이슬람교 모두 똑같습니다.

기독교만 여기서 원죄라는 개념을 덧붙이는 것이지요. 그럼 원죄란 무엇일까요? 원죄란 인간이 지은 죄를 좀 더 엄밀히 따져서 죄를 저지를 수밖에 없는 인간 그 자체가 잘못되었다고 여기는 것입니다. 인간 그 자체가 잘못된 것이라고 생각하는 거예요.

이렇게 생각하면 원죄가 무엇인지 쉽게 이해가 되실 겁니다. 돌은 왜 하늘을 향해 던져도 땅으로 떨어지는가. 아리스토텔레스는 돌이란 본디 대지의 것이지, 하늘의 것이 아니므로 본래의 자리인 대지로 돌아오는 것이라고 설명했습니다. 한편 천체의 본래 자리는 하늘이므로 땅으로 떨어지는 일은 없을 것이라 했습니다. 인간도 이와 마찬가지로 신을 따라야 한다고 생각하면서도 인간의 힘으로는 아무리 열심히 해도 결국 신을 배반하게 됩니다. 죄를 저지를 수밖에 없는 본성을 지녔다는 이야기입니다. 아직 어떤 행동도 취하지 않은, 이제 막 태어난 아기라고 해도 죄가 있습니다. '태어나서 미안합니다.' 뭐 이런 이야기입니다. 기독교에서는 이를 원죄라 부르는데 원죄는 행위보다 앞선 것으로 존재가 가진 성질 그 자체를 의미합니다.

인간은 신과의 계약(율법)을 지키려고 해도 지킬 수 없으므로 신에게 구원받는 것은 불가능에 가깝습니다. 그렇기 때문에 필살기를 쓸 수밖에 없는데요. 여기서 필살기란 예수 크리스트에 대한 믿음으로 예수를 신의 아들, 구세주라고 믿는 사람은 특별히 구원받을 수도 있다는 것입니다. 뒷돈 주고 입학하는 것과 마찬가지입니다. 이 부분은 뒤에서 기독교를 다룰 때 좀 더 자세히 이야기하도록 하겠습니다.

8. 신에게 선택을 받는다는 것

하시즈메 앞에 나왔던 괴롭히는 아이, 괴롭힘을 당하는 아이 이야기 기억나시죠? 그 이야기 속 괴롭히는 아이와 여호와는 어떻게 다를까요? 일단 괴롭힘을 당하는 유대민족에게 그만한 이유가 있다고 생각하니까 사실 여호와는 괴롭히는 아이가 아니라 그 모든 것을 보고 있는 담임선생님 같은 존재입니다. 괴롭힘을 당하는 유대민족뿐만 아니라 괴롭히는 아이, 즉 유대민족을 침략한 아시리아나 바빌로니아 입장도 생각한다는 거죠.

구약성서의 모세오경 중 요나서가 있는데 여호와가 요나에게 니네베에 가서 심판 설교를 하도록 명령하면서 이야기가 시작됩니다. 니네베는 아시리아의 수도로 이교도의 중심지였습니다. 거기서 여호와의 말씀을 전한다는 것은 자살행위나 마찬가지였고 요나는 그것이 싫어 니네베의 반대 방향으로 가는 배를 탑니다. 하지만 배가 태풍을 만나자 요나는 그것이 자신의 탓이라며 바다 속으로 뛰어듭니다. 그때 큰 물고기가 나타나 요나를 집어삼켰고 요나는 물고기 뱃속에서 사흘간 있게 됩니다. 물고기가 해안가에 요나를 뱉은 덕분에 목숨을 부지할 수 있었습니다. 그 길로 요나는 니네베로 가 여호와의 말을 전하며 심판 설교를 하게 됩니다. 여호와는 물고기를 통해서 자신의 말을 따르지 않으려고 한 요나에게 예언을 하도록 하였고 결국 요나는 도망갈 수 없었습니다. 참고로 요나가 물고기 뱃속에 있던 사흘이란 시간은 예수가 부활하기까지 걸린 시간과 일치합니다.

그리하여 요나는 여호와의 말대로 심판 설교를 했고 니네베는 회개하게 됩니다. 자신들의 죄를 반성했기 때문에 여호와는 니네베를 파괴하지 않았는데 이 사실을 안 요나는 화가 났습니다. 요나는 니네베가 몰락하길 기대했기 때문이죠. 그러자 여호와는 죄를 뉘우친 니네베가 번영을 누리는 것을 보는 게 기쁘다고 대답합니다. 이렇게 여호와는 모든 민족을 두루 살피는 신이 됩니다.

오사와 유대교에서 말하는 여호와는 유대인이라는 특수 민족을 위한 신이라 생각하기 쉬운데(물론 객관적으로 보면 유대인들이 모시는 신인 것은 맞습니다), 유대인의 관점에서 보면 여호와는 우주 전체를 통괄하는 모든 민족의 신입니다. 그렇기 때문에 신바빌로니아의 네부카드네자르 왕도 여호와의 말에 따라 행동하게 됩니다. 이런 유대인들의 주관적인 관점에 신기한 점이 있습니다.

여호와는 모든 민족 위에서 군림하는 신인데 왜 유대인을 선택했을까요? 유대인을 선택하고 유대인에게 구원을 약속하지만 오히려 유대인 입장에서는 이상하게 느껴질 거예요. 어떤 의미에서 트라우마가 될 수도 있고요. '여호와가 왜 우리를 선택했을까?'라는 의문을 원리적으로 이해할 수 없기 때문이죠.

예를 들어서 일본의 아마테라스를 생각해봅시다. 아마테라스는 일본의 신입니다. 그렇기 때문에 미국을 통해 일본인을 벌한다는 건 생각할 수도 없습니다. 아마테라스가 일본인을 더 아낀다고 해도 이상할 일이 아니죠. 우리 엄마가 다른 집 자식이 아닌 나를 더 예뻐하는 건 자연스러운 일이니까요.

그런데 학창시절에 담임선생님이 어떤 이유인지 말도 안하고 갑자기 저를 반장으로 지목하고 '차렷, 경례'를 시킨다고 칩시다. 그럼 당연히 '왜 나를?'이라는 생각이 들기 마련입니다. 아무리 생각해봐도 그 이유를 모를 때는 선생님이 나를 꼭 집어 선택했다는 사실이 괴롭게 다가오기도 합니다. 왜 나에게 이런 중요한 일을 맡긴 거지? 왜? 이런 식으로요.

'모든 민족의 신인 여호와가 우리 유대인을 선택했다.'라는 상황도 마찬가지인데요. 우주를 창조하신 분이 유대인을 선택했다니, 언뜻 보면 유대인이 우수한 민족으로 보일 수도 있어요. 하지만 사실은 다르잖아요. 주위 제국들에 비해 딱히 뛰어나거나 비범한 것도 아니고. 그런 유대인이 가당치도 않은 역할을 부여받았으니 이들 입장에서는 어떻게 받아들여야 할지 고민하게 됩니다. 그리고 유대인들은 끊임없이 전쟁에 휘말리고 패전하는 자신들의 상황을 여호와가 자신들을 탐탁지 않게 여기는 증거라고 생각했습니다. 그런데도 어쨌든 유대인들은 신에게 선택받은 입장이잖아요. 쉽게 이해할 수 없는 충격이었다고 봅니다. 유대인들은 이 충격을 어떻게 받아들였나요?

하시즈메 유대인들은 신에게 선택받았다는 사실에 대해서 이유는 모르겠지만 어쨌든 감사하게 여겼습니다. 여호와와 인간 사이에 예언자가 있잖아요. 예언자가 여호와의 목소리를 듣고 사람들에게 전달해야 여호와와 인간의 관계가 시작되는 겁니다. 이때 예언자들은 자신의 모국어를 사용했습니다. 그렇게 되면 그 언어를 아는 민족과 모르는 민족으로 나눌 수 있는데 이렇게 해서 선택된 게 바로 유대민족입니다.

왜 많고 많은 민족 중에 여호와는 유대민족을 선택했을까요? 그 이유는 알 수 없습니다. 하지만 대단한 일이라고 생각했습니다. 이는 유대민족이 가진 자부심의 뿌리이며 신의 은총이라 여깁니다. 다른 민족은 이교도에다가 불쌍하고 우상숭배를 하는 사악한 무리잖아요. 자칫 차별로 이어질 수 있는 것이 바로 이런 선민사상입니다. 아까 나왔던 괴롭힘을 당하는 아이의 심리는 '왜 나만 괴롭힘을 당하는 거지?'에서 '그건 나만 선택받았기 때문이야'로 바뀌어 열등감이 자부심으로 바뀔 수 있습니다. 하지만 그런 자부심이 생기면 괴롭히는 아이들은 이를 짓밟기 위해 더욱 괴롭히게 되고, 그로인해 다시 열등감이 생기는 겁니다. 열등감 때문에 자부심이 생긴 건지, 자부심 때문에 열등감이 생긴 건지 잘 모르겠지만요.

창세기에 유대민족에 대한 이런 내용이 나오는데요. 우선 여호와는 세계의 모든 민족을 다스리는 신입니다. 여호와는 인류를 창조했는데 여기서 인류란 아담과 이브의 자손을 말합니다. 즉 여호와는 유대민족 만의 신이 아니라는 이야기입니다. 그 후 여호와는 노아를 불렀고 여호와의 목소리를 들은 노아는 예언자 같은 존재가 됩니다. 그러나 노아의 가족 외에는 홍수에 휩쓸려 전멸해버렸기 때문에 결과적으로 여호와는 인류에게 말을 걸었다고 보기 어렵습니다. 노아의 자손들이 어느 정도 자리를 잡은 후 이번에는 아브라함을 불렀는데 인류에게 말을 건 건 아브라함이 최초 아닌가요?

오사와 듣고 보니 그렇군요.

하시즈메 바로 이 점이 이스라엘 민족(후의 유대민족)의 스타트 라인이 되는 겁니다. 아브라함은 처음 우르라는 곳에 살았습니다. 티그리스 강과 유프라테스 강 하류에 있던 큰 도시국가였습니다. 도쿄 같은 대도시에 살다가 '이제 사할린으로 가라.'라는 이야기를 들은 거죠. 너무 갑작스러운 일이었기 때문에 평범한 사람들이라면 이게 뭔 소리야 싶었겠지만 아브라함은 여호와의 말을 따라 고향을 버리고 가족들과 함께 연고도 없는 머나먼 약속의 땅을 찾아 떠나게 됩니다.

아브라함의 아내 사라는 아이를 얻지 못했기 때문에 하녀 하갈을 아브라함의 첩으로 들였고 하갈은 이스마엘이라는 아들을 낳게 됩니다. 그런데 그 후 고령의 사라에게도 아들 이삭이 태어났고 하갈과 이스마엘 모자는 장막에서 쫓겨나게 됩니다. 이스마엘 모자가 곧 있으면 죽게 될 것이라며 사막에서 울고 있으니 여호와의 심부름꾼이 나타나 이스마엘은 사막의 민족, 즉 아랍인의 선조가 될 것이라며 용기를 주었습니다. 이런 식으로 아랍인은 유대인에서 분리되었다고 생각합니다.

아브라함 이후 이삭, 야곱으로 이어지는 이스라엘 민족은 기근을 피해 이집트로 옮겨가고 그곳에서 외국인 노동자(노예) 신세가 됩니다. 건설 작업 등을 하며 인구를 60만 명까지 늘렸습니다. 모세가 그들을 통솔하여 이집트에서 탈출, 시나이 반도를 40여 년간 헤매며 가나안 지역(지금의 팔레스타인)으로 돌아오게 된 것입니다. 그리고 원주민들과 충돌을 빚으며 농경민족으로 정착, 12지파별로 각각의 지역에 뿌리를 내렸다고 적혀있습니다.

모세 이후에도 예언자가 많이 등장하였고 여호와는 계속해서 이스라엘 민족에게 말을 걸었습니다. 아브라함의 자손 외에는 예언자가 등장하지 않았으니 이런 의미에서 이스라엘 민족은 신에게 선택받은 민족이라 할 수 있는 겁니다.

이제 처음 나온 질문에 대해서 정리해봅시다. 여호와가 유대민족을 선택한 것은 담임선생님이 오사와 씨를 콕 집어 반장으로 임명한 것과 어떻게 다른가. 일신교는 단 하나뿐인 신을 기준으로 그 신의 기점에서 이 세계를 바라봅니다. 인간의 시점에서 단 하나뿐인 신을 우러러봐서는 안 됩니다. 그렇게 되면 반쪽자리 일신교가 되는 겁니다. 신의 눈에 인간이 어떻게 비치는지 생각하고 이를 자신의 시점으로 삼는 것이 바로 완전한 일신교입니다.

다신교는 신의 눈에 인간이 어떻게 보이는지 신경 쓰지 않습니다. 어디까지나 인간이 중심입니다. 인간이 중심인가, 신이 중심인가. 이것이 바로 일신교 여부를 결정짓는 핵심이 되는 것입니다.

신이 기준이기 때문에 일반적인 발상과 다른 점도 있습니다. 예를 들어 막대기의 길이를 물을 때 우리는 '이건 몇 미터인가요?'라고 묻습니다. 자로 재면 되니까요. 그런데 미터의 원기(原器)인 1미터짜리 금속 봉에게 '미터 원기님, 당신은 왜 1미터인가요?'라고 묻는다고 칩시다. 그럼 미터 원기는 뭐라고 대답할까요? 불쾌한 표정으로 '내가 1미터인데 뭐 불만 있습니까?' 이러겠죠. 이거 외에는 답이 없는 거예요. 그냥 저게 1미터라고 정한 거니까요. 이것이 바로 기준입니다. 지금 질문은 이런 식으로 밖에 답을 드릴 수 없네요.

일신교도 유일한 기준을 뒀다는 점에서 미터법과 비슷합니다. 일신교에서 말하는 신이 가장 옳은 기준이기 때문에 '당신이 왜 옳습니까?'라고 물어도 이유를 말해줄 수 없어요. 그냥 옳은 거거든요. 그런 겁니다. 인간의 임무는 신이 말하는 대로 따르는 것, 완벽하게 따르지는 못해도 포기하지 않고 '이 순간에도 신은 나를 보고 계셔'라고 믿는 것, 신과 끊임없이 소통하면서 신을 따르는 것, 이게 신이 가장 바라는 바일 겁니다. 인간에게 있어서 인생의 모든 과정이 시련(신이 내려준 우연)의 연속이기 때문에 그 시련의 의미를 자기 나름대로 이해해서 수용하고 극복해나가는 것이 신의 기대에 부응하는 것입니다. 유대민족도 외국과 끊임없이 전쟁을 벌이고 계속 패하는 상황이었지만 전쟁에서 이기느냐 지느냐를 큰 문제로 인식하지 않았습니다. 유대민족에게 이는 신이 내린 시련에 지나지 않았기 때문이죠. 시련이란 신이 인간을 시험하는 과정입니다. 신은 인간을 시험해도 괜찮습니다. 인간이 신을 시험하는 건 안 되지만요.

오사와 그렇군요. 일신교에서 섬기는 신과 '소통'한다는 것은 한마디로

'불가능'이라고 할 수 있겠네요. 인간의 기준에서는 불통인데 이를 신과의 소통이라고 보는 군요. 인간 사회에서 성공적인 소통이란 서로 이해하는 건데 일신교에서 신과 소통한다는 건 전혀 다른 이야기입니다. 이해할 수 없는 현상 그 자체를 받아들이는 것이 바로 신과의 바람직한 관계가 되니까요. 예를 들어서 여호와는 유대인을 선택했지만 아무도 그 의도를 모릅니다. 하지만 이유가 불명확한 것, 그 자체를 있는 그대로 받아들이는 것이 신과의 바람직한 관계라고 할 수 있습니다.

9. 전지전능한 신이 만든 세계에 악이 존재하는 이유

오사와 일신교에서 말하는 신이란 굉장히 초월적이고 전지전능하다는 점, 저는 이 점이 유대교와 기독교를 이해하는데 있어서 빼놓을 수 없는 포인트라고 보는데요. 그런 특징을 가진 신을 믿는다는 것이 어떤 의미인지, 또 사람들은 왜 그런 존재를 적극적으로 믿으려고 하는지 이해하는 것이 중요하다고 생각합니다.

물론 이미 믿음을 가진 사람들 입장에서는 초월적인 신, 그 자체가 삶의 나침반이 되기 때문에 그들이 펼치는 논리는 대개 연역적인 경향이 있습니다. 그러나 경험과학[11] 입장에서는 또 다르거든요. 사회적, 심리적 요인이 하나하나 축적되면서 사람들,

---

11) 경험적 사실을 대상으로 하는 실증적인 학문.

즉 유대인들이 그와 같은 전제를 수용하게 되었다고 봅니다. 그리고 일단 믿음을 갖기 시작하면 논리가 전체적으로 뒤집어지기도 합니다. 여호와가 유대인을 선택한 것은 분명 '이해할 수 없는' 일이긴 하나 원래 신이란 말도 못하게 위대한 존재이기 때문에 인간의 머리로는 감히 '이해할 수 없는' 존재라고 생각하게 된 거죠. 그러나 이 '이해할 수 없는' 신을 믿게 되는 과정과 사회적 메커니즘은 분명히 존재한다고 봅니다. 아니면 유대인들이 생활 속에서 그런 '이해할 수 없는' 신의 존재를 수용하는 게 얼마나 설득력 있는 일인지 실감케 하는 '객관적인' 원인이 있었을 겁니다. 이제부터 이에 대해서 알아보고자 합니다.

신이 가진 '압도적인 초월성'에 대해서 한 가지 묻고 싶은 것이 있습니다. 기독교 학계에서도 종종 화제가 되곤 하는데요. 신이 전지전능하여 그만큼 완벽하다면 신이 창조한 우리들의 세계는 왜 이렇게 불완전할까요? 신이 만든 세상에 악(惡)이 왜 있는지 자주 논의되곤 합니다.

이 의문은 중세 기독교 신학에서도 빈번히 도마 위에 올랐는데 토마스 아퀴나스 등 많은 철학자, 신학자들이 이 세상의 악과 불완전함을 설명하기 위해 다양한 논법을 열심히 주장했습니다. 이는 실제로 일신교 신자 입장에서도 이해하기 어려운 물음이라는 것을 보여주고 있습니다. 신이 창조한 이 세상에 왜 이렇게 문제들로 가득한 것일까.

인간들 눈에는 문제들만 보이겠지만 신의 관점에서는 완벽하다는 설명도 좀처럼 받아들이기 어렵습니다. 그도 그럴 것이 성서를 읽어보면 신 스스로도 실수했다고 후회하는 듯한 장면들이 간간이 나오기 때문입니다. 아까 말한 대홍수 이야기가 그 예인데요. 신은 천지를 창조했는데 왜 노아가 있는 곳에서 리셋 버튼을 누른 것일까요. 신이 살짝 실수를 했기 때문이겠죠. 여호와 입장에서는 노아가 있는 곳이 그나마 자기 생각대로 일이 진행되었기 때문에 부수지 않고 그 쪽만 피난시킨 뒤 다시 세계를 만들었습니다. 자기가 생각한대로 진행되지 않았기 때문에 다시 '수정'한 것입니다.

이것 말고 '우리들'이 여러 불행과 고난에 부딪힌다는 점도 이해하기 어렵습니다. 우리가 이런 불행에 맞닥뜨린 건 신이 잘못한 것이 아니라 '우리들'이 잘못했기 때문이라고 해도 신은 어째서 잘못을 저지르는 불완전한 '우리들'을 만든 것인지 의문이 들기 마련입니다. 이 세계에는 신이 전지전능하다는 가정과는 상당히 모순된 현상이 많이 있는 것 같습니다. 신앙을 가진 사람들은 이런 점에 대해 어떻게 생각할까요? 또 그런 사실에도 불구하고 신에 대한 믿음은 어떻게 유지될 수 있었을까요?

또 하나 궁금한 점은 이 책의 뒷부분에서도 이야기하겠지만 신이 결정한 일을 나중에 바꾸는 것이 가능하냐는 겁니다. 신학계에서도 상당히 자주 나오는 문제인데 다음 같은 상황에서 더 복잡해집니다. 예를 들어서 제가 독실한 기독교인이라고 칩시다. 그런데 매우 타락한 생활을 했습니다. 이대로라면 당장 지옥에 떨어져도 이상할 것이 없을 정도로요. 그런데 어느 날 극적인 회심을 통해 회개하여 두터운 신앙생활을 이어나갔습니다. 이 경우 과거 지옥행이 예정되어 있던 오사와는 이제라도 회개하였으니 천국에 갈 수 있을까요? 이처럼 신은 이미 정해놓은 것을 나중에 바꾸는 것이 가능한지 궁금합니다.

누구는 신이 '전능(全能)'하기 때문에 바꿀 수 있다고 하겠죠.

또 한쪽에서는 신은 '전지(全知)'한 존재이기 때문에 하루아침에 회개했다고 해서 천국에 가는 건 말도 안 된다고 생각합니다. 신이 '오사와, 자네는 생각했던 것보다 착실하게 살았군.'이라며 중간에 생각을 바꾸는 것도 이상하지 않나요? 신은 모든 것을 알고 있기 때문에[全知] '예상 외로 오사와가 착실하게 살았군.'이라는 건 말도 안 된다는 거죠. 신에게 '예상치 못한 일'이 일어난다는 것 자체가 '신≠모든 것을 알고 있다[全知]'라는 이야기가 되니까요. 신은 전지전능하다고들 하지만 전지와 전능은 함께 할 수 없는 것 같네요.

예를 들어 일본 고지키에 나온 신이나 그리스 신화 속의 신처럼, 처음부터 압도적인 초월성을 내세우지 않고, 조금 특별한 능력을 지닌 정도로만 표현했다면 신이 실패하거나 후회하는 모습은 애교로 넘길 수 있었을 겁니다. 그런 신들이 존재하는 세계에 결함이나 악인들이 많이 존재한다고 해도 그렇게 큰 문제가 되지 않을 거예요. 하지만 초월적이고 엄청난 능력을 지닌 신을 섬기는 일신교 세계에서는 이야기가 달라지죠. 수많은 악인을 목격하고, 이해할 수 없는 문제 등을 겪으며 사람들은 신도 실수를 하는구나라고 생각하게 됩니다. 이 자체가 신앙에 위협적인 존재가 되는 거 아닌가요?

하시즈메 저는 오히려 우리가 사는 세계가 불완전하다는 점이 신앙에 긍정적으로 작용한다고 봅니다.

오사와 왜 그렇게 생각하시나요?

하시즈메 우선 '신은 유일하고 전지전능하다.'는 일신교의 생각이 어떤 생각과 대립하는지부터 확인해봅시다. 인도의 힌두교, 중국의 유교, 일본의 신도를 일신교라 하기 어렵습니다. 불교도 그렇고요. 물론 불교 이 세계를 완전히 보편적이고 합리적으로 이해하려고 한다는 점에서는 일신교와 유사하지만요. 이건 유교도 그렇습니다. 하지만 일신교만큼 꼼꼼히 파고들진 않아요.

그렇다면 일신교는 이 종교들과 근본적으로 어떻게 다를까요? 우선 일신교는 이 세계에서 일어나는 모든 일들의 배후에 유일한 원인이 있다고 봅니다. 그것도 인간처럼 인격을 가진 궁극적인 원인, 바로 신이죠. 한마디로 배후에 '책임자'가 있다는 이야기입니다. 하지만 불교, 유교, 신도는 이렇게 생각하지 않습니다. 바로 이 점이 차이점이라고 할 수 있습니다.

그 책임자, 즉 여호와는 의사가 있고 감정도 느끼며 이성적인데다가 기억이라는 것도 합니다. 그리고 언어를 사용한다는 점이 매우 중요한데요. 인간의 정신활동과 판박이예요. 실제로 이 세계는 언어에 의해 만들어졌습니다. '빛이여 생겨라!'라고 말하니 빛이 생겼습니다. 그리고 '생각'을 해서 이스라엘 민족을 선택했습니다. 여호와는 예언자를 통해 이스라엘 민족에게 말을 걸거나 폭우, 재해, 메뚜기떼의 습격 등 자연현상을 통해 의사 표현을 하는 경우도 있었지만 결국 이것도 여호와가 일으킨 것, 여호와가 보낸 메시지입니다.

자연현상의 배후에 신(책임자)이 있다고 생각하는 점에선 다신교도 일신교와 비슷합니다. 하지만 각각의 자연현상에는 각각의 신이 자리 잡고 있다고 생각합니다. 태양에는 태양의 신이, 달에는 달의 신이, 별에는 별의 신이, 산에는 산의 신이, 강에는 강의 신이, 바다에는 바다의 신이 있다고 생각하는 거죠. 자연은 신들의 연결망(network)인 셈입니다. 그렇기 때문에 어떤 신도 완전한 지배권을 가질 수 없으며 다른 신과 동등한 관계를 유지해야만 합니다. 신에게는 고유의 영역이 있기 때문에 신들의 관계는 인간 사회와 상당히 흡사합니다. 각각의 신에게는 각자의 임무가 있으니 그 외에는 나서지 않는다는 이야기죠. 특정 신과 접점을 갖고 있다고 해도 얻을 수 있는 이익은 한정되어 있습니다. 예를 들어 태양의 신과 사이가 좋다고 해도 물의 신과 사이가 나쁘면 농사가 잘 안될 수 있습니다. 다양한 신들과 균형을 맞춰가며 좋은 관계를 유지해야만 하는 겁니다.

오사와 다원 외교 같은 것이군요.

하시즈메 신들은 다들 자기만의 생각이 있기 때문에 의견을 한데 모으기가 쉽지 않습니다. 이것이 바로 다신교에요. 그렇기 때문에 신과 대화를 나눈다? 상상할 수도 없는 일입니다.

불교의 경우 유물론이라고 할 수 있습니다. 자연현상의 배후에 신 같은 것은 없습니다. 모든 것은 인과관계에 따라서 일어날 뿐이라고 생각합니다. 인간도 죽으면 분해되어 아미노산이 되고 미생물에게 먹혀 생명의 원천이 되고 그것이 또 다른 생명으로 모습을 바꿔 식물연쇄 같은 생명 순환이 일어난다고 봅니다. 이런 논리에는 인과법칙이 있을 뿐, 누군가의 의사에 따라 작용하는 것이 아닙니다. 그렇게 따지면 천체, 지구, 기상, 생태계 등은 모두 자연법칙에 따라 움직이는 것에 지나지 않습니다. 이렇게 자신들을 둘러싼 우주의 법칙을 얼마나 철저하게 인식하고 있는가가 핵심인데, 철저하게 인식하고 있는 사람을 우리는 부처라고 합니다. 부처라고 해도 이 우주를 지배하는 법칙을 1밀리미터라도 바꿀 수 없습니다. 자연법칙을 있는 그대로 철저하게 인식하고 한 치의 오차나 착각 없이 자신과 우주가 완전한 조화에 도달한 상태, 그것을 이상적으로 바라봅니다.

자연법칙에는 인격이 없습니다. 부처와 대화할 수 있어도 우주를 지배하는 법칙과는 대화를 나눌 수 없으며 언어로 이루어진 것도 아니니 언어로 표현할 수도 없습니다. 부처는 모처럼 완전한 지식을 손에 쥐었는데도 이를 말로 표현하지 못해 고민에 빠졌습니다. 고타마 싯다르타가 생각한 진리를 말로 전달하여 새로운 부처를 양산해낼 수 없으니 새로 접한 사람들은 하나부터 차근차근 시작하는 수밖에 없는 거예요.

그렇다면 유교의 경우는 어떨까요? 유교는 자연을 제어해야만 한다고 생각합니다. 자연을 제어하는 수단은 정치라고 생각했는데 많은 사람들이 협력하는 것이 바로 정치로, 리더는 수많은 사람들 사이에서 리더십을 발휘해야 한다고 생각했습니다. 그러기 위해서는 당연히 정치적 능력이 필요한데 그런 능력을 가졌을 것 같은 사람을 발굴하여 훈련시키고 좋은 정치를 시키는 것, 이것이 바로 유교에서 말하는 정치적 리더를 훈련하는 시스템입니다. 이런 훈련에는 그 나름대로의 매뉴얼이 있어 모두 그것을 읽고 공부했습니다. 유교는 이런 식으로 우주의 배후에 인격이 있다는 생각을 하지 않았어요. 인격을 갖고 있는 것은 오직 리더(정치가)이며 정치가 외에는 자연이나 우주가 있을 뿐, 신이 있다고 해도 그것은 초자연적인 것으로 여기고 무시해야 한다고 생각했습니다.

유교의 성리학이 발전하면서 리더(정치가)의 배후에는 하늘이 있다는 등 추상적인 이야기를 시작합니다. 그렇다 해도 하늘도 결국엔 그 근원에 이기이원론[12]이 있을 뿐, 인격을 가지거나 언

---

12) 우주는 형이상의 것인 이(理)와 형이하의 것인 기(氣)로 구성되어 이 결합에 의해 만물

어로 이뤄진 것이 아닙니다. 그렇게 되면 소통은 정치적 소통으로 한정되는데, 왕이나 제왕의 명령, 정부의 행정 지도 등을 들 수 있습니다. 그밖에 관료들이 업무 중간 중간에 인간적인 심정을 노래한 시도 있겠군요.

반대로 일신교의 경우 신과 대화를 할 수 있습니다. 왜냐면 일신교의 신은 인격적인 존재니까요. '하나님, 이 세상은 왜 이럴까요?', '하나님 인간은 왜 이렇게 괴로운 걸까요.'라고 호소해도 되고, 신에게 감사함을 전달해도 되기 때문에 반복적으로 말을 겁니다.

이런 신과의 끊임없는 커뮤니케이션을 우리는 기도라고 하는데 일신교 특유의 행위로 기도를 통해서 일종의 해결책을 얻으면 그것을 구원이라고 여기고 신과 인간의 조화를 실현시킵니다. 구원받기 전까지 인간은 고민과 괴로움에 짓눌려 신이 만든 세상을 받아들일 수 없고 이해할 수 없는 상황이 계속됩니다.

일신교는 신이 모든 것을 지휘, 감독한다고 믿으면서도 종종 불합리하다는 생각에 휩싸이곤 합니다. 예를 들어 왜 우리 가족이나 나의 소중한 사람이 중병 혹은 사고를 당하는가? 왜 나는 노력해도 보상받지 못하는가? 왜 악이 설치고 박해가 계속되는가? 등등. 일신교가 아니라 불교, 유교, 신도의 논리라면 그저 운이 나빠서, 아니면 나쁜 신 때문에 그렇다고 생각하면 그만입니다. 하지만 일신교에서는 신이 모든 일에 관여한다고 여기기 때문에 그렇게 생각하고 넘길 수가 없는 겁니다. 여기서 사람들은

이 만들어진다는 형이상학설. 송나라의 정이천에서 비롯하여 주자에 의해 계승, 발전되었다.

신과 끊임없이 대화를 반복하게 되는 겁니다.

부모들은 자신이 아이가 장애를 갖고 태어나거나 심한 병에 걸리면 비슷한 고민을 합니다. '왜 하필 우리 아이가…….'라고 말이죠. 이는 어떤 일이든 신에 의해서 일어난다고 생각하기 때문에 유대교의 선민사상과 똑같습니다. 아무리 고민하고 생각해봐도 답이 나오지 않아요. 내가 무슨 죄를 저질러 이런 벌을 받는 건 아닌지 생각해봐도 딱히 짚이는 것도 없거든요.

결국 '이것은 시련이다.'라고 받아들이는 수밖에 없는 것입니다. 사람들은 신이 우리에게 이런 시련을 주고, 우리가 어떻게 생각하고 행동하는지 지켜보고 있다고 생각합니다. 단순한 명상과 달리 신과 대화하는 것이 기도의 본질입니다. 기독교와 이슬람교는 어떤 기도 방법이 올바른지 서로 다른 생각을 가지고 있는데요. 기독교의 기도는 겉으로 알 수 없습니다. 예수가 보란 듯이 기도하지 못하도록 했기 때문입니다. 하지만 이슬람교의 기도는 다릅니다. 겉으로 보이기 때문에 동료들과 함께 기도할 수 있고 자신이 무슬림임을 나타낼 수 있습니다.

오사와 기도 마지막에 '아멘'이라는 말을 붙이는 경우도 많은데요. 이것은 어떤 의미인가요?

하시즈메 원래 유대교에서만 했었는데 후에 기독교, 이슬람교에도 전파되었어요. '이의 없다'는 뜻입니다.

오사와 남들이 하는 이야기를 다시 한 번 확인하고 합의한다는 말씀이신가요? 한마디로 당신의 말을 다시 반복한다는 의미군요.

10. 욥의 운명 - 신앙이란 무엇인가

하시즈메 저는 납득하기 어려운 불행에 마주했을 때 '욥기'를 읽습니다. 요나서와 마찬가지로 욥기는 구약성서의 일부분인데 욥이라는 인물이 주인공으로 등장합니다. 그는 신앙을 가지고 바르게 살았기 때문에 사람들에게 '선인'이라고 불렸습니다. 그를 본 여호와가 흐뭇해하자 사탄이 찾아와 이렇게 말합니다. '욥이 저렇게 바르게 살 수 있는 것은 물질적으로 풍요롭고 자식들이 잘 자라 한자리씩 차지했기 때문입니다. 그것들을 모두 빼앗은 다음 다시 한 번 지켜보십시오. 바로 신을 저주할 것입니다.' 여호와는 사탄의 말을 듣고 욥의 재산을 빼앗았으며 자식들마저 모두 죽였습니다. 그러나 여전히 욥은 여호와에 대한 믿음을 지켰습니다. '여호와가 주시고, 여호와가 가지고 가신다. 여호와가 주시는 것을 감하게 받아야 한다면 고난 역시 똑같이 받아야 하는 것이다.' 사탄의 말을 듣고 여호와는 이번에 욥의 건강을 빼앗았습니다. 심각한 피부병에 걸린 욥은 온몸을 긁어대는 통에 피투성이가 되었고 개가 달려들어 상처를 핥기도 했습니다. 결국 욥은 쓰레기 더미에서 자는 노숙자가 되었지만 그는 변함없이 여호와에 대한 신앙을 지켰고 여호와나 욥 모두 한 치도 물러서지 않았습니다.

이때 친구 세 명이 욥을 찾아가 여러 가지 물었습니다. '욥, 네가 이런 고난에 시달리는 것은 분명 이유가 있을 것이다. 우리들에게 말하지 않은 죄가 있지? 어서 말해.' 욥은 부정하며 '나는 맹세코 신에게 죄를 짓지 않았어. 너희에게 숨긴 것도 없어.'라고 대답하자 친구들은 '이 지경이 됐는데도 아직도 자신의 죄를 뉘

우치지 않다니. 이것이야말로 가장 큰 죄다.'라며 욥을 비난했습니다. 이들의 대화는 평행선을 달렸고 결국 욥은 친구들마저 잃고 말았습니다.

이런 욥에게 있어서 가장 괴로운 것은 신의 침묵이었습니다. 아무리 신에게 말을 걸어도 응답이 없었습니다. 욥이 '하나님이 저에게 이런 시련을 주실 권리가 있는지 모르겠지만 이건 해도 너무합니다. 저는 이런 시련을 겪어야 할 만큼 죄를 짓지 않았습니다.'라고 말하자 드디어 여호와가 입을 열었습니다. '욥, 너는 나와 논쟁을 벌일 참이더냐. 무슨 생각으로 나에게 그런 말을 하느냐. 나는 여호와다. 내가 천지를 창조했을 때 너는 어디에 있었느냐. 천지를 만든다는 것은 엄청난 일이다. 나는 레비아탄을 갈고리로 낚아 물리쳤고 비히모스도 해치웠다. 너는 그런 괴수들을 상대할 수 있느냐?'라고 줄줄 말하자 욥은 아무 말도 하지 않았습니다.

여호와는 대화 마지막에 욥을 칭찬하며 욥의 친구 셋을 비난했습니다. 그러고는 욥의 건강을 회복시켜 주었고 죽은 자식들을 대신해 새로운 아들과 딸을 낳도록 도와주었습니다. 딸들은 미인으로 유명했고 재산도 전보다 늘었으며 오래오래 행복하게 살았습니다. 후에 여호와도 욥에게 자신이 조금 지나쳤다고 반성했다고 합니다.

욥기를 읽고 나면 욥에 비해 나는 아직 괜찮은 건지도 모른다는 생각을 하게 됩니다. 반대로 욥처럼 불행을 겪으며 신에게 끊임없이 대화를 거는 사람들이 그만큼 많이 있다는 이야기도 됩니다. 이런 대화가 가능한 것이 바로 신앙입니다.

일신교에서는 '시련'이라는 개념 밖에 없습니다. 시련이란 이렇다 할 이유가 없어도 불행한 일이 생기는 것으로 이를 받아들이지 못하고 신을 저주하면 진짜로 죄를 짓게 되는 것입니다. 욥기에서 또 하나 중요한 포인트는 사탄이 등장한다는 점인데 사탄은 '반대자', '방해꾼'이라는 의미로 신에 대한 믿음을 검증하는 존재입니다. 욥기의 사탄은 천계에도 자유롭게 드나들고 신의 대리인 자격으로 지상을 사찰하는 존재입니다. 중세 기독교에서 묘사하듯이 무시무시한 악마는 아니죠.

이렇게 신에 대한 믿음은 사소한 것으로도 방해받습니다. 내가 친구의 사탄이 될 수도 있고, 친구나 가족이 나의 사탄이 될 수도 있습니다. 사탄이란 '악마'로서 실재하는 것이 아니라 그 역할에 지나지 않는 것입니다. 오사와 씨의 질문에 제대로 대답했는지 모르겠군요. 그러니까 오사와 씨 질문은 반대자 사탄이 왜 신에 대한 믿음을 촉진시키는가? 이거 맞죠?

오사와 네, 맞습니다. 이쯤에서 욥기에 대한 이야기가 나올 줄 알았습니다. 욥기는 구약성서 중에서 가장 문학적이기 때문에 지금까지도 많은 사람들이 의견을 냈습니다. 지금 말씀하신 대로 욥은 끊임없이 불행을 겪었고 욥의 친구들 셋이 그를 찾아갑니다. 욥과 친구들이 나눈 대화는 일종의 신학 논쟁과 비슷한데요. 친구들이 욥에게 하는 말은 유대교에서 배척해야 하는 내용이지만 당시 유대인들의 생각이 이렇다는 것을 보여주기 위해 일부러 적은 것이라 보입니다. 간단히 말해서 욥의 친구들은 욥이 이런 고난을 겪는 것은 인과응보라고 생각하고 분명 욥이 죄를 지었기 때문이라고 그를 몰아세웁니다.

욥은 굉장히 신앙심이 두터운 사람으로 자신은 절대 이런 고난을 겪을 만한 죄를 짓지 않았다고 주장합니다. 주위 사람들이 아무리 자신을 비난해도 그는 자신이 하지 않은 잘못을 인정하지 않았습니다. 이렇듯 욥과 친구들의 대립은 딱히 잘못을 저지르지 않았는데도 닥친 불행 및 고난을 일신교의 맥락에서 어떻게 해석해야 하는지가 당시 유대인들에게 있어서 중요한 실존적 물음이었음을 나타내고 있습니다.

욥기의 뛰어난 점은 마지막에 정말로 신이 등장한다는 점입니다. 저는 예전부터 신의 태도, 신이 말하는 내용을 읽고 궁금한 게 생겼어요. 고난을 겪고 있는 욥에게 친구들이 찾아와 '욥이 왜 이런 불행에 시달려야 하는가?'라는 질문을 하고 욥은 어중간하고 안이한 대답을 합니다. 친구들이 돌아가고 나서 드디어 욥에게 신이 찾아옵니다. 신에게 기대하는 건 뭐 말할 것도 없지 않나요? 욥도, 독자도 신에게 제대로 된 답을 기대했습니다. 그런데 신은 답을 주지 않습니다. 그렇다고 말을 아끼는 것도 아니고 너무 수다스러운 거예요. 욥과 독자가 원하는 답은 주지 않으면서 전혀 상관없는 이야기를 계속 하는 거죠. '나는 말이지 이렇게 대단하단 말이야. 나한테 이래라 저래라 하지 마.' 이런 느낌으로 온통 자기 자랑뿐입니다. 제가 만약 욥이었다면 아연실색했을 겁니다.

저는 이 부분을 읽고 신과의 소통이란 일종의 '불통'이며 '소통의 불가능'이라는 역설적인 느낌을 받았습니다. 신은 욥에게 진지하게 대답해주지 않았지만 이 자체가 바로 대답이라는 거니까요. 어쨌든 일신교에서 말하는 인격신이란 신과의 부단한 소통을 유발한다는 점이 포인트라고 생각합니다.

그리고 욥기에서 이야기를 이어나가기 위해 '사탄과 함께 욥의 신앙을 시험해보자.'라는 설정은 나쁘지 않다고 봅니다. 사람들은 살아가면서 욥처럼 이해할 수 없는 불행들을 겪으니까요. 이 이야기는 욥이 병도 낫고 가족이나 재산도 모두 돌려받아 행복하게 산다는 내용으로 마무리되는데 사실 이 부분은 후에 덧붙여진 이야기입니다. 즉 '아무리 불행해도 마지막에는 신이 도와주신다.'라는 식으로 욥기를 해석하면 안 된다는 말입니다. 욥이 불행의 구렁텅이에서 헤어 나오지 못한 채 이야기가 끝나면 사람들이 얼마나 불안해하겠어요. 그래서 갑자기 해피엔딩 결말을 추가한 것으로 보입니다. 그런데 욥은 '신이 행복한 결말을 준비해주실 거야.'라는 기대를 하며 신앙을 지켜왔던 것이 아닙니다. 이런 부분을 보면 참 잔인한 이야기라는 생각이 드네요. 저는 어릴 때부터 정말 이상한 이야기라고 생각했어요. 갑자기 등장한 신이 계속 자기 자랑을 하더니 욥에게 일단 잘했다고 칭찬해줍니다. 그래놓고서 욥의 친구들에 대해서는 공개적으로 비난하죠. 그런데 또 그 친구들은 신에 대해서 호의적인 마음을 갖습니다. '욥이 이유도 없이 고난에 시달릴 리가 없다. 신은 그렇게 가혹한 짓을 하지 않아. 그러니 욥이 기억은 못하겠지만 나쁜 짓을 했음에 틀림없어. 신은 그 죄로 욥에게 벌을 내리는 거야.'라고 말이죠. 친구들은 여호와에 대한 믿음이 있는 사람들이기 때문에 자기 나름대로 이 상황을 판단합니다. 어떤 의미에서 보면 신을 옹호하고 있다고 볼 수 있어요. 하지만 신은 친구들의 그런 행동을 신앙이라고 보지 않습니다. 오히려 욥이 더 대단하다고 말합니다. 이처럼 신은 언뜻 보면 정답을 말하고 있는 것 같은 욥의 친구들에게 '틀렸어!'라고 외칩니다. 그러면서도 제대로 된 대답을 주지 않습니다. 제가 만약 욥이었다면 신에게 빈정거렸을 겁니다. '신은 정말 대단하시네요. 그렇게 뭐든 하실 수 있는 분이 왜 저를 구원해주지 않는 거죠?' 라고요. 저는 욥기를 통해서 인간들이 정말 위로 받을 수 있을지 의문이 듭니다.

하시즈메 욥의 운명은 유대민족의 운명 그 자체라고 할 수 있습니다.

오사와 맞습니다.

하시즈메 욥기를 부정하는 것은 유대교를 부정하는 것이고 따라서 일신 교는 성립되지 않습니다. 왜 그럴까요? 토론의 맥락을 정리해보 자면 욥에게는 운이 좋을 때와 나쁠 때가 있었고 욥은 이 세상 을 합리적으로 받아들이려 합니다. 욥은 여호와와 대화를 하며 오컬트, 마법은 존재하지 않는다고 생각했어요. 이 세계와 여호 와, 자기 자신만 믿으며 모든 것을 이해하려고 했습니다.

그런데 일신교 입장에서 보면 오사와 씨가 방금 말씀하셨듯이 신은 세계를 창조하신 전지전능한 존재인데 왜 이 세계를 완벽 하게 만들지 않았는지 궁금해집니다. 예를 들어 이 세상에 왜 굶 주림이 있는가? 왜 식량과 자원은 항상 부족하여 사람들을 가난 에 빠지게 만드는가? 빈곤이나 결핍과 싸우기 위해 인간은 계속 일을 해야만 하는가? 또 인간끼리 끊임없이 다투고 괴로워하며 심지어 죽이려고까지 합니다. 한마디로 이 세계는 '불완전'합니 다. 완전한 신이 왜 이렇게 불완전한 세계를 만든 것일까요? 어 떻게 보면 심보가 고약하다는 생각도 듭니다.

일단 이 질문에 대해서 설명하자면 창세기를 봅시다. 신은 인간 을 만들 때 처음에는 인간에게 이상적인 환경을 제공하려 '에덴 동산'이라는 낙원을 만듭니다. 에덴동산에는 먹을 것이 충분하 고 일을 하지 않아도 됩니다. 에덴동산에는 지혜의 나무와 생명 의 나무가 있었는데 여호와는 다른 나무의 열매는 먹어도 괜찮지만 이 두 나무의 열매는 먹어선 안 된다고 주의를 주고 자리를 비웁니다. 이제 막 창조된 인간 아담과 이브는 영문은 모르겠지만 일단 신에게 그렇게 들었습니다. 이것이 바로 신의 명령으로 율법, 즉 계약입니다.

그런데 여호와가 자리를 비우자 뱀이 나타납니다. 이 뱀은 바로 사탄으로 '반대자' 역할을 합니다. 이브에게 '지혜의 열매를 먹어봐. 분명 맛있을 거야.'라고 유혹합니다. 이브는 지혜의 나무에 열린 열매가 맛있게 느껴졌고 손을 뻗어 그 열매를 먹었습니다. 그리고 아담에게도 먹도록 했습니다. 아담은 이브에게서 열매를 건네받아 맛있게 먹었습니다. 저녁이 되자 여호와는 일부러 소리를 내며 동산으로 돌아왔고 지혜의 열매를 먹은 두 사람은 알몸이었기 때문에 부끄러움을 느꼈습니다. 두 사람은 수풀 속으로 들어가 숨었고 이를 수상히 여긴 여호와가 물었습니다. '왜 숨는 것이냐, 아담. 지혜의 열매를 먹은 것이냐?' 아담은 '이브가 먹으라고 해서 저도 먹었습니다.'라고 대답했고 여호와가 이브에게 사실인지 물었습니다. 결국 이브는 '뱀이 유혹하여 먹고 말았습니다.'라고 실토했습니다. 이 부분에서 여호와는 인간들에게는 질문을 하지만 뱀에게는 어떤 질문도 하지 않습니다.

오사와 듣고 보니 그렇군요.

하시즈메 뱀에게는 따로 뭘 묻지도 않고 바로 벌을 내립니다. '너의 팔다리를 없애 땅을 기어 다니게 만들어 흙을 먹게 하겠노라.' 아담과 이브는 여호와의 명령을 따르지 않은 죄와 그 죄를 솔직하게 인정하지 않은 죄로 낙원에서 쫓겨납니다. 이때부터 인간은 이마에 땀이 나도록 일을 하지 않으면 그날의 식량을 얻을 수 없게 되었습니다. 그리고 언젠가는 죽게 되었고 여성은 자손을 잉태하게 되었습니다. 또 뱀을 증오하게 되었습니다.

그러나 여호와는 두 사람이 낙원에서 나가게 됐을 때 무화과 잎만으로는 몸을 가릴 수 없는 것을 염려하여 가죽으로 된 옷을 입혀주었습니다. 낙원 밖에서 있을 힘든 생활을 배려해준 겁니다. 이런 식으로 이 세계가 불완전한 것은 에덴동산, 즉 낙원이 아니며, 인간에게 주어진 벌이기 때문입니다. 여호와의 뜻을 져버리지 않고 이런 불완전한 세상을 올바르게 살아가는 것이 인간의 의무입니다. 여기까지가 창세기의 설명인데요. 이 세계가 불완전한 것은 여호와가 원한 바가 아니며 신의 말을 어긴 인간 때문입니다. 여호와는 오히려 불완전한 이 세계를 걱정하고 있어요.

이제부터 조금 신학적이랄까, 철학적인 이야기를 해보려 합니다. 사실 지금까지 제가 한 이야기를 뒤집어서 생각해볼 수 있는데요. 인간은 지금보다도 훨씬 좋은 상황을 상상할 수 있는 능력을 가졌습니다. 자신이 상상한 것을 실현시키고자 하는 욕망도 커지고 있고요. 자신의 생활에 필요한 것을 얻는 능력도 높아지고 있습니다. 이런 능력 때문에 타인에게서 노동의 성과를 빼앗는 일도 있습니다. 서로 목숨을 빼앗는 일도 생길 수 있고요. 그렇다면 안전보장, 즉 보안의 중요성이 커지게 됩니다. 다양한 불행의 가능성 때문에 사람들은 결혼을 통해 집단을 만들거나 동맹을 맺는 등 인간의 생존 조건을 만들어 갑니다.

일신교든 다신교든 인간이 가진 능력에 따라서, 인간이 처한 조건에 따라서 생존이 위협받는 것은 똑같습니다. 이를 신에게 투영한 것이라 볼 수 있는데 그렇다면 일신교는 어떨까요? 아까 말했듯이 일신교는 어떤 현상의 배후에 여러 신들이 있고 그 신들의 은혜로 살아간다고 생각하지 않습니다. 또 이 세상에 신은 없고 모든 것은 법칙과 숙명에 따라 결정된다고도 생각하지 않습니다. 인간들 사이의 분쟁 및 정치, 경제를 능숙하게 조정하는 정치가가 있고 그의 정치적 리더십에 따라 자신들의 문제가 해결된다고도 생각하지 않습니다. 일신교에서는 이 세상의 모든 것들에는 한계가 있고 죄가 많은 불완전한 인간들이 만들어가는 것이지만, 그 배후에는 완벽한 능력과 의사, 지식을 가진 신이라는 인격이 있어 그의 가르침에 따라 살아가는 것이라고 생각합니다.

여기서 인간은 매일 '하나님, 이 세계는 왜 이렇게 불완전한가요?'라고 대화를 합니다. 신과의 대화를 멈춰서는 안 됩니다. 이 세계가 완전하든, 불완전하든 말이죠. 오히려 인간에게 있어 이 세계가 너무 빡빡하고 불합리하게 느껴질수록 신과의 대화는 더욱 중요해집니다. 이것이 바로 시련입니다. 시련이란 현재를 이상적인 미래로 나아가기 위한 과도기로 받아들이는 것입니다. 또 시련을 언어로 인식하고 이성으로 이해하여 받아들이는 태도를 신앙이라고 하는 겁니다.

신앙은 불합리한 것을 신과의 관계를 통해 철저하게 해석하고자 하는 결의입니다. 나한테 이익이 되니까 신을 믿는 것이 아니라 나에게 불리한 일이 생긴다고 해도 이를 합리적으로 받아들이고자 마음을 다잡는 것. 이것이 바로 신앙이라는 겁니다. 인간이 신을 믿어서 어떤 이익을 얻을 수 있는지 이런 문제랑은 상관이 없습니다.

오사와 신은 초월적이고 인격이 있다는 것을 믿게 하기 위해 언어와 이성이 어떤 역할을 해왔는지 흥미롭게 잘 들었습니다. 지금 우리가 사는 이 세계가 불완전하고 불행과 악이 존재하는 근거로 창세기의 낙원 추방 이야기가 나옵니다. 이 이야기는 창세기 중에서도 일본인들이 아마 가장 잘 아는 이야기일 것 같은데 저는 어릴 때부터 이 이야기가 이해되지 않았어요. 이 이야기를 들으면 '함정수사'가 떠오르거든요. 함정수사란 범죄를 색출할 때 일부러 범죄를 저지르고 싶게끔 상황을 유도하여 범죄자에게 범죄를 저지르게 한 뒤 체포하는 수법인데요. 에덴동산에서 여호와가 아담과 이브에게 한 행동을 보면 이와 비슷한 느낌이에요.

여호와는 에덴에서 지혜의 나무와 생명의 나무라는 먹으면 안 되는 열매가 달리는 나무를 만들었습니다. 그러나 먹으면 안 된다고 하면 더 먹고 싶어지는데 여호와는 이유도 설명하지 않고 무조건 먹어선 안 된다고 합니다. 신은 일부러 인간이 죄를 범하도록 상황을 만들어두고 죄를 짓도록 유혹한 뒤 인간에게 엄벌을 내리는 겁니다. 애초에 에덴동산에 왜 금단의 열매가 달리는 나무를 만들었는지는 이해 할 수도, 풀 수도 없는 신학상의 의문입니다. 결과적으로는 최초의 인간인 아담과 이브가 그것을 먹었기 때문에 그 후에 나타나는 세계의 불행 및 악을 설명하는데 적절한 근거가 됩니다. 한마디로 이 낙원에서 말하는 죄는 불합리하지만 이 세계에서 일어나는 다른 모든 일들을 합리적으로 이해시킬 수 있는 근거라고 생각합니다.

하시즈메 씨는 지금 악과 불완전함이 존재하는 세계에 대해서 일신교가 어떤 식으로 생각하고 있는지, 그리고 그런 사실들이 헤브라이즘 전통에 어떤 영향을 미쳤는지 상당히 명쾌하게 설명해주셨습니다. 하지만 유대교와 기독교 신자들 역시 이 문제를 이해하고 받아들이는데 힘들었을 겁니다. 욥기에 등장하는 욥의 친구들이 '잘못을 저질렀으니 신에게 배척당한 것'이라고 말하잖아요. 이는 당시 대부분의 유대인들이 가진 사고방식에 가까웠다고 봅니다.

예를 들어 기독교의 이단이라고 할 수 있는 '영지주의'라는 것이 있습니다. 엄밀히 말하면 말이죠, 영지주의는 기독교와 상관없이 1세기경에 발생한 것으로 한참 지난 후에 기독교와 융합합니다. 그러나 기독교의 본류에서는 영지주의를 완전히 이단으로 보고 있습니다. 선과 악이라는 완전한 이원론을 가진다는 점이 영지주의의 특징인데 이 세계를 선과 악의 갈등으로 보기 때문에 빛을 대표하는 선한 신과 어둠을 대표하는 가짜 신이 있다고 믿습니다. 이런 이원론이 생긴 것 또한 이 세계의 불완전함과 관련이 있다고 생각합니다. 이 세계는 어떻게 봐도 불완전합니다. 이런 이상한 세계를 만든 것은 악한 신이라는 믿음이 생겼고 이 때문에 진짜 선한 신과 악한 신은 따로 있다는 논리로 발전한 것이라고 생각합니다.

영지주의는 선한 신과 악한 신이라는 두 종류의 신이 있다고 믿기 때문에 일신교 입장에서는 이단이지만 어쨌든 이런 논리가 사람들에게 설득력 있게 들렸다는 점을 생각해보면 신이 악과 불완전함이 만연한 세계를 창조했다는 논리에 얼마나 저항감을 가졌는지 알 수 있다고 생각합니다. 욥과 같은 선인이 엄청나게 고생을 했으니 말이에요.

11. 왜 우상숭배를 금지하는가?

오사와 이쯤에서 잠시 우상숭배에 대해서 다시 이야기 해보겠습니다. 앞에서 막스 베버의 이야기도 했었는데 일본인들 입장에서는 우상숭배에 관한 내용도 이해하기 어려웠을 거예요. 유대교는 왜 그렇게까지 우상숭배를 엄격하게 금지했을까요.

유대교 입장에서는 '우상=잘못된 신'이라고 받아들였기 때문입니다. 우선 우상의 개념에 대해서 다시 정리해볼게요. 눈에 보이는 것, 일반적으로 감각이나 지각으로 인식할 수 있는 것 모두가 우상입니다. 그렇기 때문에 석상, 인간을 숭배하는 것도 우상숭배가 되는 겁니다. 그런데 유대교에서는 신이 형체를 드러낼 수 없으니 예언자가 신과 인간 사이를 이어줘야만 신과의 관계가 성립된다고 생각합니다. 유대교에서 말하는 신은 무엇일까요. 이 세상에 존재하는 것 중에서 가장 훌륭하고 가장 강력한 존재가 바로 신입니다. '여호와'라는 이름에 많은 해석이 있는데요. 가장 유력한 설이 '존재하는 것'이라는 뜻이라고 해요. 한마디로 신이란 존재하는 것 중에서도 가장 강렬하게 존재하는 것, 보편적인 존재를 뛰어넘은 존재라는 겁니다.

계속 존재의 이야기를 하게 되는데 여기서 말하는 존재에 대해서도 한번 생각해보죠. 좀 철학적으로 접근해서, 음……, 우리는 언제 존재한다는 표현을 쓸까요? 지금 여기 커피잔이 존재합니다. 커피잔은 눈에도 보이고 만질 수도 있으니까 존재한다고 할 수 있습니다. 또 하시즈메 씨 그 자체도 존재한다고 할 수 있습니다. 우리는 하시즈메 씨와 이야기도 나눌 수 있고 만질 수도 있으며 악수도 할 수 있으니까요. 그럼 거울에 비친 하시즈메 씨는 존재한다고 볼 수 있을까요? 아니죠. 존재감이 적다고 할 수 있습니다. 그럼 제 꿈에 나타난 하시즈메 씨는요? 이건 존재한다고 보기 어렵습니다. 제 꿈에서만 존재하는 것이니 꿈에서 깨어나면 사라져 버릴 테니까요.

이처럼 존재하는가, 아닌가를 결정하는 기준이 있습니다. 단순히 존재와 부재를 나누는 것이 아니라 존재감이 큰 것부터 존재하지 않는 것 사이에는 다양한 수준이 있습니다. 실재하지는 않지만 적어도 상상할 수 있는 '유니콘'과 '동그란 삼각형'처럼 논리적으로도 모순되는 존재는 그 수준이 다르다고 할 수 있습니다.

이처럼 우상숭배를 엄격하게 금지한다는 건 동시에 신은 어떤 방법으로든 그 존재를 확인할 수 없는 존재가 되는 거예요. 예를 들어 하시즈메 씨라는 사람의 존재에 대해서 '저는 하시즈메 씨를 만난 적이 있습니다.'라고 하면 하시즈메 씨는 존재하는 사람이 됩니다. 그런데 하시즈메 씨라는 사람을 만난 사람이 이 세상에 아무도 없다고 하면 하시즈메 씨의 존재(실재) 그 자체가 불투명해지는 거예요. 반대로 유대교에서는 신에 대해서 '나는 신을 봤다.'라고 하면 이는 진짜 신이 아닌 우상이 되는 겁니다. 신의 존재를 확인하는데 필요한 모든 방법이 금지되어 있어요. 설령 예언자라고 해도 말이죠. 모세도 여호와를 정면에서 바라보지 않았습니다. 이런 유대교의 사고방식은 존재(=인간)에서 가장 떨어져 있는 것이 가장 강렬하게 존재하는 것(=신)이라는 역설적인 이야기가 됩니다. 또 우상숭배를 엄격하게 금지한다는 건 이런 논리를 인정한다는 거고요.

뒤집어서 생각해보면 유대교 외의 종교들은 동상을 만들어서 '

이게 바로 신이다!'라고 보여주거나 어떤 물체, 사당, 나무 등을 가리켜 신이 여기에 잠들어 있다고 말합니다. 유대교 입장에서 보면 신의 존재를 실감하지 못하는 사람에게 어떻게 해서든 신의 존재를 인식시키는 걸로 보입니다. 다시 한 번 말해서 우상 숭배 금지라는 건 신이 실재하는 것을 부정함으로서 신의 존재가 극대화된다는 생각이 바탕에 깔려 있다고 봅니다. 이 논리 또한 상당히 이해하기 어려운데 하시즈메 씨 생각은 어떤가요?

하시즈메 문제의 본질을 꿰뚫어보는 훌륭한 질문이네요. 이것이야 말로 일신교를 이해하는 급소라고 할 수 있습니다. 오사와 씨 질문에 두 가지 정도로 정리해서 대답하자면요, 우선 일신교는 그리 특별한 것이 아닙니다. 특별하긴 하지만 그다지 특별하지 않다는 것을 우리 대담의 전제로 삼았으면 합니다. 일반적으로 일신교(Monotheism)와 다신교(Polytheism)는 대립한다고 생각하는데 가만히 따져보면 사실 그건 아니거든요. 고대에는 일신교(유대교, 기독교, 이슬람교) 외에 다양한 종교가 거의 비슷한 시기에 부흥했습니다. 인도에서는 불교, 중국에서는 유교가 있는데 이들은 전형적이며 공통된 부분이 있어 당시 다신교 전통 사회와 대립각을 세웠습니다.

그 당시 다신교 전통 사회는 일본의 신도 같은 걸 생각하시면 되는데 대규모 농업이 발전하기 이전의 비교적 소규모 농업 사회나 수렵채집 사회에서 많이 볼 수 있었습니다. 소박하고 자연과 균형을 맞추며 살아가는 사람들이 가진 신앙입니다. 산과 벌판에서 자란 사람들이 대부분이고 타지에서 이주해 온 이민족은 거의 없었습니다. 그렇기 때문에 인간은 자연과 조화를 이루며 살고 자연의 배후에 다양한 신들이 있다고 믿으며 살았을 겁니다.

일본은 선진국치고 드물게 이런 신앙이 오늘날까지 이어지는데 이만큼 운 좋은 곳은 세계적으로 그렇게 많지 않습니다. 일본을 제외한 대다수의 지역은 이민족의 침입이나 전쟁, 제국의 건설 등 큰 변화를 겪으며 사회가 붕괴되고 자연이 파괴되었습니다. 기존 사회가 엉망진창이 되어버리니 유대교나 기독교, 불교, 유교 등 '종교'가 등장하는 사회적 배경이 만들어집니다. 그런데 일본에서는 이런 상황 자체가 없었습니다. 그래서 그런 종교에 대한 이해가 부족할 수밖에 없는 거예요.

사회가 엉망이 되어도 인간들은 인간답게 살아가기 위해 '앞으로 그동안 믿어왔던 신들에게 의존하지 않는다.'라는 전략을 생각해냅니다. 이는 일신교, 불교, 유교에서 공통적으로 볼 수 있는 것으로 한마디로 신을 부정한다는 이야기입니다. 우선 불교를 떠올려볼까요? 많은 신들이 모여 있는 인도 사회 한 가운데에서 탄생한 것이 바로 불교입니다. 그런데 불교 신도들은 신에게는 그다지 관심이 없습니다. 분명 불교 경전에 범천, 인드라, 다문천왕 등 'OO천'이라 불리는 인도의 신들이 등장합니다. 그런데 그들은 주인공이 아니라 조연 정도로 오로지 부처가 위대한 존재라는 것을 찬미하는 응원단 역할에 지나지 않습니다.

불교에서는 부처를 신보다 훨씬 위대한 존재로 봤습니다. 부처는 진리를 깨달았기 때문입니다. 인간은 자신들의 능력을 최대한 발휘하여 이 지구의 진리를 파헤쳐 깨달음을 얻었는데 신은 그러지 못했습니다. 그러니 신보다 부처가 더 대단하다는 논리입니다. 불교에서 말하는 '깨달음'이란 인간이 우주를 이해하는 방법으로 신의 영역이 아닙니다. 자연을 물리적 인과관계의 집

합으로 보고 그 법칙성을 이해하려는 것이 불교입니다. 그 어디에도 신의 흔적은 없습니다. 우주, 생태계, 자연 뿐. 인간의 지성이 이를 정면으로 마주하는 것입니다. 아주 합리적이지 않나요?

그럼 유교는요? 유교는 아까 말했듯 정치가의 리더십을 중시합니다. 정치가는 자연을 제어하고 사회 인프라를 정비하여 많은 사람들에게 행복을 줘야 한다는 책임감을 떠안게 됩니다. 이런 사고방식은 정치학, 경제학 그 자체로 결과를 합리적으로 예상할 수 있기 때문에 신과 아무 관련이 없습니다. 기우제나 점성술과도 상관이 없습니다. 처음에는 '축제' 개념으로 제정일치의 측면에서 점성술의 요소도 어느 정도 들어갔겠지만 시간이 지날수록 그 비중은 줄었습니다. 점점 탈마술화(脫魔術化)[13]하였고 자연스레 정치 기술이 메뉴얼화 되면서 신과 관련된 요소는 유학에서 사라져갔습니다. 결국 유교 사상에서 신의 존재는 없어졌고 오직 하늘만 남았습니다. 하늘은 인격을 갖고 있는 것도 아니며 악(惡)도 없고 마술, 마법과도 전혀 관계가 없습니다.

일신교도 거의 비슷합니다. 일신교는 신들과의 투쟁이라는 역사를 겪으면서 그런 신들은 신이 아니고 전부 거짓이라는 생각을 하게 됩니다. 한편 일신교에서 인정하는 신, 여호와는 이 우주 외부에 분명히 존재합니다. 신이란 이런 거예요. 존재한다면 이 세계 속에 존재하는 겁니다. 이 세상에 존재하는 모든 것들을 여호와와 인간이 만들었다고 믿습니다. 여호와가 신인데 여

---

13) 인간의 이익을 위해 신을 조작하는 마술을 배척하는 것, 미신적 사고에서 벗어나는 것을 뜻한다. 막스 베버의 종교 사회학적 개념에서 자주 언급된다.

호와가 다른 신을 만들었겠어요? 결국 여호와 외의 신은 인간이 만들었단 이야기가 되고 그게 바로 우상인 거죠. 인간이 만든 걸 인간이 숭배하니 우상숭배가 되고 유대교에서 큰 죄가 됩니다. 여호와를 배신하고 자신을 숭배하는 것과 마찬가지니까요.

신을 부정하고 배척하려고 한다는 점에서 일신교와 불교, 유교는 비슷한 점이 많습니다. 하지만 일본은 정반대입니다. 일본인들은 이런 배경을 잘 이해해둬야 합니다. 신도는 다신교에 속하는데 이 세계에 다신교가 그리 많지 않거든요. 많은 신들은 배척당했고 불교, 유교, 일신교가 존재합니다. 이 세계의 기준은 이제 일신교예요. 이 세계는 한 번 무너진 것과 마찬가지입니다. 그리고 종교의 힘으로 다시 일어섰습니다. 종교가 문명을 만들고 지금 우리가 사는 이 세계를 만들었다고 이해해야 합니다.

왜 우상숭배를 금지했는지는 중요한 포인트이기 때문에 다시 한 번 정리할게요. 우상숭배를 하면 안 되는 이유는 우상을 숭배해서가 아니라 우상을 만든 것이 결국 인간이기 때문입니다. 우상숭배는 인간이 자기 자신을 숭배하는 꼴이 되는 거예요. 이 점이 바로 우상숭배의 가장 잘못된 점입니다.

여담이지만 마르크스주의에도 우상숭배를 금지하는 논리가 있습니다. 자본주의가 잘못된 이유는 인간의 노동 그 자체가 가치 있는 것인데도 불구하고 소외 →물상화 →물신화라는 과정을 통해 인간의 노동이 상품화 되면서 화폐, 자본 그리고 물신숭배로 이어져 결국 자기도 모르는 사이에 자신이 만든 것을 숭배하게 된다는 겁니다. 이 논리는 유대교, 기독교의 생각과 일치합니다. 마르크스주의의 자본주의 비판을 참고하시면 일신교의 우상숭배 비판을 이해하기 쉬울 거예요. 우상숭배의 잘못된 점은 신이 아닌 것을 숭배하는 것입니다. 신의 아닌 것은 인간의 업이고요. 인간을 숭배해서도 안 되며 인간이 만든 우상을 숭배해서도 안 됩니다.

12. 신과 인간의 모습은 닮았을까?

오사와 이야기가 진행될수록 흥미진진하네요. 다양한 이야기를 더 듣고 싶은데요, 창세기에 신은 인간을 자신과 비슷한 모습으로 만들었다는 내용이 나오잖아요. 이건 무슨 이야기인가요? 일신교를 이해하기 위해서는 신이 인간에게 거리감을 두고 피조물이 사는 세계와 멀리 떨어진 곳에 존재한다는 걸 파악해야 합니다. 신은 이 세계의 외부에 존재하는 것이지 인간과 이어진 것이 아닙니다. 그렇기 때문에 당연히 일신교에서는 인간을 숭배하면 안 된다고 하는 겁니다. 예를 들어 제가 하시즈메 씨를 너무 존경한 나머지 '하시즈메 씨는 신이다!'라며 우상숭배를 해서는 안 된다는 이야기입니다. 신은 인간과 비슷한 존재가 아니란 말이죠.

지금 말이 나왔으니 하는 말인데 불교나 힌두교의 신들은 어떤 의미에서 보면 유대교의 신보다 격하되고 그렇게 강한 의미를 갖고 있진 않습니다. 즉 힌두교의 신들은 여호와에 비해서 훨씬 인간에게 가까운 존재란 이야기입니다. 그러나 그런 신들조차도 마치 괴물처럼 묘사되고 있어요. 손이 천 개 있다든지 눈이 엄청 많이 달려있다든지, 이상한 형상을 하고 있습니다. 이는 신들이 인간과는 상당히 다르고 대단하다는 것을 표현하기 위함입니다. 물론 이런 것들은 유대교 관점에서 우상의 가장 대표적인 예라고 할 수 있는데 이런 신들조차도 인간과의 차이점이 도드라지도록 만들어졌습니다.

아까 일신교에서는 초월적이고 인격을 가진 신이 인간과 거리를 두는 게 매우 중요하다고 했잖아요. 그런데도 갑자기 창세기에서 신의 모습을 인간과 비슷하게 묘사하고 있습니다. 하물며 힌두교의 신도 인간과 얼마나 다른지 강조하는데 유대교는 신과 인간이 서로 비슷하다고 하니. 일단 비슷하다는 것 자체가 신에게 형태가 있다고 해석해도 되는 걸까요? 우상숭배를 하면 안 되는 건 신에게 형태가 없기 때문 아니었나요?

하시즈메 참 재미있는 질문이네요. 그러니까 여호와에게 형태가 있는지? 그리고 왜 인간과 흡사하다고 묘사했는지? 이 두 가지가 궁금하시다는 거죠?

오사와 네.

하시즈메 우선 여호와에게 형태가 있는지부터 말씀드릴게요. 여호와는 화산을 상징하는 전쟁의 신이었기 때문에 처음에는 형태가 없다고 여겼습니다. 이런 생각은 시간이 꽤 흐른 뒤에도 이어져 판관기에도 나옵니다.

오사와 판관기의 '판관'이란 정확히 무엇인가요?

하시즈메 영어로 말하면 'Judge'로 재판관을 의미합니다. 그런데 그 당시 재판관의 역할은 지금과 달리 카리스마 넘치는 군사적 리더로, 군주제가 만들어지기 전에 잠시 민중을 이끌었습니다. 막스 베버가 말하는 '카리스마'의 어원이기도 한데요. 부족사회였던 초기 유대민족은 각각 족장이 있었고 그에게 모든 결정권이 있었습니다. 하지만 전쟁에서 항상 이길 수 없었겠죠. 그래서 각 부족의 족장끼리 의견이 갈리기 시작합니다. 유대민족의 강력한 적이었던 블레셋인과 전쟁을 치러야 할 경우 족장이 아닌 유능한 인물에게 일시적으로 군사 지휘관 역할을 맡기는데 상비군이 아니기 때문에 전쟁이 끝나면 해산합니다. 이런 사람들이 평소에는 재판을 담당했다고 해서 'Judge'를 번역하면 판관이 되는 것입니다.

이렇게 판관이 나서 전쟁을 이끄는데도 형세가 좋지 못합니다. 블레셋인들은 전장에서 자기들이 모시는 신의 우상을 가져와 '신이 전장에 나타나셨다!'라며 용기백배하여 전쟁에 임합니다. 유대민족도 뭔가 가지고 나가고 싶은데 여호와는 형태가 없으니 어쩔 도리가 없었습니다. 우상을 만들 수도 없고요. 그래서 상자를 지고 나갔습니다. 왕이 타면 어울릴만한 가마 같은 것이 었는데, 그 상자에는 아무도 없었지만 여호와가 타고 있다고 생각했습니다. 한마디로 여호와의 의자를 전장에 가지고 간 거예요. 여호와는 지천사(스핑크스처럼 날개가 달린 생물) 위에 타고 있다고 생각해서 그 상자에 지천사의 모양을 그려 넣었는지도 모르겠군요. 그러나 블레셋인에게 패전하여 상자를 빼앗겼습니다. 이런 불명예스러운 일이 구약성서에 적혀 있는 걸로 봐서 아무래도 역사적 사실일 가능성이 높다고 생각합니다. 어쨌든 후에 블레셋인들에게 이 상자를 돌려받았는데 그 이유가 이 상자로 인해 블레셋에 재앙이 발생하였고 유대민족에게 상자를 돌려주자고 했다고 합니다.

이 상자가 바로 언약궤[14]인데 유대민족은 아크(Ark)라고 불렀습니다. 영화 '인디아나 존스'의 1편 격인 『레이더스』의 원제 'Raiders of the Lost Ark'의 그 '아크'입니다. 참고로 노아의 방주의 '방주'도 영어로 아크입니다. 언약궤는 처음 실로[15]의 성전에 있었는데 이를 전장으로 가지고 갔다가 블레셋인들에게 빼앗겼고 그 후 다시 돌려받아 기럇 여아림을 거쳐 예루살렘 성전에 안치되었습니다.

그 사이 언약궤는 여호와가 앉는 것이 아니라 모세의 십계명 석판을 보관했던 '계약의 궤'로 인식되었습니다. 언약궤의 모서리 네 곳에는 금고리가 달려있고 막대로 궤를 지게 되어 있는데 출이집트기를 보면 언약궤의 자세한 구조를 알 수 있습니다. 막대는 언약궤를 전장에 지고 나가기 위해 만든 것 같은데 구약성서는 모세의 십계명과 연결 짓고 있습니다. 이집트를 탈출한 유대민족이 모세를 따라 시나이 반도를 방랑했을 때 모세가 산에 올라 여호와에게 십계명이 적힌 석판을 받았습니다. 그때 언약궤를 만들어 석판을 넣어 그것을 지고 약속의 땅을 찾았다는 것이 구약성서에서 말하는 내용입니다.

지금까지의 이야기를 정리하면 구약성서에는 여호와가 형태를 띠고 있다는 이야기는 없으며 바빌론에 포로로 잡혀간 동안 노아의 방주나 바벨탑, 천지창조 신화 등 메소포타미아에서 전승된 이야기를 실었습니다. 바빌론 유수 전후에 유대인들이 구약

---

14) 여호와의 임재를 상징하는 나무 상자.

15) '안식의 장소'라는 뜻으로 예루살렘 북쪽에 위치. 예루살렘 성전이 건설되기 전까지 여호와 신앙의 중심지였다.

성서 중 창세기 이후의 핵심부분을 각색한 게 아닐까 싶은데요. 이때 여호와는 전쟁의 신에서 격상되어 천지를 창조한 전지전능한 신이 되었습니다. 천지창조는 신이 어떻게 이 세계를 만들었는지, 그리고 어떻게 인간들과 살기 시작했는지에 관한 이야기가 나오는데 지금 우리들이 접하는 창세기가 그런 식으로 편집된 것입니다.

창세기의 내용을 훑어보면 우선 여호와가 6일 동안 이 세계를 만듭니다. 마지막에 인간을 만들었는데, 신과 비슷한 모양으로 만들었다는 것으로 보아 신도 형태가 있다는 이야기가 됩니다. 신은 인간을 소중히 여겨 낙원(에덴동산)에 두지요. 그리고 인간들 눈앞에 여호와가 왔다 갔다 했다는 부분이 나오는데, 여호와가 대부분의 인간들과 비슷한 크기였다는 말이 됩니다. 저는 창세기의 이런 부분에서 신과 인간은 외형과 행동 모두 비슷하다는 인상을 받았습니다.

우리는 앞에서 일신교에서 말하는 신은 형태도 없고 이 세계의 외부에 존재하며 세계를 창조한 절대적인 존재라고 했습니다. 그런데 창세기에서 말하는 신은 인간과 비슷한 모습을 하고 에덴동산을 걸어 다녔다고 하니 이상하지 않나요? 이를 모순된다고 여기지 않고 있는 그대로 받아들이기 위해서는 어떻게 해야 할까요? 제 생각이지만 인간은 신과 비슷하지만 신은 인간과 닮지 않았다고 생각하면 좋을 것 같아요. 제 말이 무슨 말인지 이해가시나요? 예를 들어 신을 4차원의 괴물로 생각해봅시다. 이를 3차원에 투영시키면 인간 같은 형태를 띱니다. 인간이 신을 보면 3차원이기 때문에 자신과 똑같다고 생각할 수 있지만 신 그 자체는 인간보다 고차원이기 때문에 눈이 몇 개 있어도, 힌두교의 신처럼 괴물 같은 모습을 해도 이상할 것이 없습니다. 어떤가요? 제 이야기가.

오사와 재미있는 해석이군요. 독자 분들을 위해 제가 덧붙여보자면 창세기에는 신이 인간을 만들었다는 이야기가 사실 두 번 정도 나옵니다. 제1장에서는 신이 자신과 닮은 인간을 만들었다고 적혀있고 제2장에는 '땅의 티끌'에서 인간이 만들어졌다고 합니다. 이 두 이야기는 나중에 서로 다른 사료에서 유래된 이야기를 합친 것으로 밝혀졌는데 전자가 한참 뒤에 자료들을 기반으로 만들어진 것 같습니다.

사실 제가 이 질문을 한 건 제2부를 위한 복선이기도 한데요. 제2부에서는 크리스트에 대해서 이야기를 나눌 생각이거든요. 예수 크리스트야 말로 이 책의 주인공 아니겠어요? 기독교는 일신교 전통에 따라 인간(피조물)에 대한 신의 초월성과 거리감을 강조합니다. 또 한편으로 기독교에서는 신 혹은 신의 아들이 인간(예수 크리스트)으로 등장하는데요. 이제 신과 인간의 모습이 서로 닮고 안 닮고는 문제가 아닙니다. 신의 아들 크리스트는 신과 인간의 이중성을 보입니다. 신이 인간으로 등장했으니까요. 이 세계를 창조하고 인간을 훨씬 뛰어넘는 신이 인간과 비슷한 모습을 하고 있다는 창세기의 내용은 예수 크리스트의 등장을 예고한 게 아닐까요. 마찬가지로 신이 인간을 뛰어넘긴 했지만 불교의 달마처럼 추상적인 것도 아니고 인격이 있는 신이라는 점도 그렇습니다. 어쨌든 이 문제는 제2부에서 다루도록 할게요.

13. 유대교와 권력

오사와 방금 정리해주신 것처럼 불교, 유교, 그리고 유대교 모두 다신교의 특징에서 벗어났다는 공통점이 있습니다. 막스 베버의 표현을 빌리자면 '탈주술화(Entzauberung, 주술에서 벗어남)'라고 할 수 있겠네요. 다신교는 일종의 주술입니다. 제가 봤을 때 주술은 모순(Paradox)이기 때문에 탈주술화란 주술이 가진 모순점을 극복했다는 이야기가 됩니다.

주술이 가진 모순점은 막스 베버의 '정령강제(精靈强制, Geistes-zwang)'[16]와 '신봉사(神奉仕, Gottes-dienst)'[17]라는 대립되는 두 가지 개념으로 쉽게 설명할 수 있습니다. 주술이란 바람의 신이나 나무의 정령 등이 질병을 치료해주고 충분한 비와 식량을 내려준다는 초자연적 현상을 믿는 것입니다. 인간들은 그런 결과를 얻기 위해 제물을 바치거나 의식을 하는 등 여러 방법으로 초자연적 존재를 불어들입니다. 인간들은 초자연적 존재가 힘을 발휘하도록 유도하는데 이렇게 되면 초자연적 존재와 인간, 어느 쪽이 우위를 점하고 있는지 모호해집니다. 즉 신은 인간보다 뛰어나다곤 하나 한편으로는 인간의 도구에 불과하다는 게 바로 정령강제 입장입니다. 아까 하시즈메 씨가 일신교와 다신교를 비교하면서 다신교는 인간 중심의 시점에 머무른다고 하셨잖아요. 이와 똑같은 논리입니다.

불교, 유교, 유대교 모두 탈주술, 즉 주술이나 다신교의 모순

---

16) 인간이 정령(신)을 불러 가호를 요청한다는 개념

17) 신에게 예배를 드리는 형태

점을 극복했다는 의미가 있습니다. 주술로 묶여 있던 인간과 초자연적 존재 사이의 고리를 끊어냈다는 거죠. 이는 단순히 종교적 특징이라고도 할 수 있지만 사회적 의미도 내포하고 있습니다. 하시즈메 씨가 설명하신 것처럼 다신교(주술)는 혈연과 지연으로 이어진 소규모 원초적 공동체가 자연과 상생 관계에 놓였을 때 자연스럽게 발생합니다. 그러나 자연을 숭배하는 다신교(주술)의 특수성은 이민족이 침입해오거나 제국으로 발전하게 되면서 유지하기 힘들어집니다. 이때 민족과 부족을 뛰어넘는 타당성을 지닌 보편 종교, 세계 종교가 출현하게 되는 겁니다. 가장 유명한 것이 바로 유교인데요. 유교는 중국 한나라 이후 중화 제국의 이념을 유지해왔고 기독교 역시 로마제국 초기에는 박해받았지만 결국 국교로 인정받게 됩니다.

이런 사실들을 보면 유대교에 대해서 한 가지 궁금증이 생깁니다. 유대교 역시 보편 종교에 속하지만 다른 종교에 비해 정치적, 제국적 권력과는 거리가 있지요. 대담 첫 부분에서도 이야기했었는데 유대교 역사상 가장 높게 평가되는 국왕은 다윗뿐입니다. 다윗의 아들 솔로몬은 초반에 그럭저럭 영리하게 나라를 꾸려나갔지만 결국 불행한 결말을 맞이하게 됐다고 평가합니다. 또 초대왕인 사울에 대해서도 다윗만큼 훌륭하진 못했다고 묘사하고 있습니다.

사회학적으로 보면 솔로몬 시절이 유대인 역사 중에서 가장 강대한 권력을 쥐던 시절입니다. 당시 유대왕국은 규모는 작았지만 이집트와 비슷한 가산관료제[18]국가, 아니면 아시아에서 쉽

---

18) 가부장제도하에서 아들 혹은 종속자에게 세습하듯이 토지 및 자원, 권력을 절대군주의

게 볼 수 있는 전제국가[19]였습니다. 만약 그때 유대교가 권력에 기생했다면 제국의 종교가 되었을지도 모를 일입니다. 하지만 그 당시 예언자들이 왕에 대해서 긍정적으로 평가하는 일은 거의 없었기 때문에 왕과 유대교는 대립하였습니다. 기독교는 나중에 로마제국의 종교가 되었지만 이에 반해 유대교 예언자들은 왕을 비판했습니다. 유대교는 유대인들의 안전을 보장하는 종교이긴 했으나 강대한 왕권과 긴밀한 관계는 아니었습니다. 유대교는 전쟁의 신에서 출발해 민족의 안전과 군사를 위한 종교였으니 속 편하게 강력한 왕권에 편승했다면 오히려 나았을 것 같은데 실제로는 권력, 특히 국가적, 제국적 권력에 대해서 부정적이었다는 특징이 있습니다. 하시즈메 씨는 유대교가 왜 이런 특징을 가지고 되었다고 생각하시나요?

하시즈메 우선 유대교가 타 종교와 달리 원시적 부족공동체의 특징과 고대 군주제 사회의 특징을 모두 겸비했다는 점에 주목해야 합니다. 이는 굉장히 드문 경우로 몇 가지 체크해봐야 할 점이 있는데요.

우선 '기류자'라는 개념입니다. 기류자란 그 사회의 정식 구성원이라는 의미로 오늘날의 영주허가증과 같은 개념입니다. 영주허가증은 미국에서 사용되는 것으로 미국 국적(시민권)은 없지만 영주허가증만 있으면 일을 할 수 있습니다. 하지만 투표권이 없다거나 여러 가지 제약이 따릅니다. 이처럼 기류자에게도

가산(家産)으로 간주하던 공동체에서 발생한 관료제. 근대 이후의 합리적 관료제와 대비되는 개념이다.

19) 지배자가 국가의 모든 권력을 장악, 운용하는 국가.

권리와 권한이 있었는데 유대민족이 처음부터 기류자였다는 점이 굉장히 중요한 포인트입니다. 아브라함 역시 기류자로 외국에서 가나안으로 들어와 살게 되었습니다. 그의 아들인 이삭과 이삭의 아들 야곱 또한 그렇습니다.

아브라함의 아내 사라가 죽었을 때 그녀를 묻을 땅이 필요해진 아브라함은 원주민들에게 포도밭의 구석이라도 좋으니 자신에게 땅을 팔라고 했지만 좀처럼 땅을 살 수 없었습니다. 땅을 사려면 은 사백 셰켈을 내라는데 이는 법에서 벗어난 터무니없는 가격이었거든요. 당시 기류자들은 원칙적으로 토지 소유가 인정되지 않았지만 묘지를 위한 토지 소유는 예외였습니다. 여호와에게 '약속의 땅'이라 들었지만 이미 그곳에는 다른 사람이 살고 있었고 결국 온갖 고생 끝에 사라를 묻을 땅을 얻었습니다. 창세기에는 아브라함이 얼마나 자랑스러워했는지 기록되어 있습니다.

묘지를 매매하는 것을 봐서 그 당시 화폐경제 사회였음을 알 수 있습니다. 또 기류자의 권리와 의무가 정해져있었고 도시에는 외부에서 들어온 상인 및 기술자들이 많이 살고 있었던 것을 알 수 있습니다. 이미 부족사회의 단계에서 벗어났다는 이야기입니다. 부족사회에서는 토지 소유도, 신분 제도도 없으니까요. 도시에서는 토지를 소유하는 귀족과 지주층 〉일반 농민 〉노예 〉기류자 등의 계층으로 나뉘었고 그 외에 유목민이 도시 외부에서 도시민과 계약을 맺어 가축을 방목하고 있었습니다. 그런데 도시민과 유목민의 사이는 그다지 좋지 않았다고 하네요.

창세기가 묘사하는 이스라엘 민족의 시초는 부족사회의 성격이 강하게 남아있는 유목민입니다. 창세기 등이 편집된 것은 바빌론 유수 무렵으로, 즉 도시 생활을 몇 백 년 넘게 지속해 온 이후 였기 때문에 과거를 이상적으로 여기는 전통주의가 반영된 것 으로 보입니다. 아브라함, 이삭, 야곱 3대의 이야기는 그런 시대 의 상징으로 그들의 지위는 토지 소유를 인정받지 못한 기류자 였습니다.

야곱의 아들들이 낳은 자손들이 각각 이스라엘 12부족을 만들 어 토지를 할당받아 가나안 지역에 정착했는데 이 전에 모세의 이야기가 나옵니다. 이렇게 부족사회와 토지 소유를 연결 지어 정당화하는 것이 구약성서의 구성이라고 할 수 있습니다. 여호 와는 시나이 반도를 헤맬 때부터 자신들의 신이었습니다. 가나 안에 정착하고부터는 토지 소유 및 화폐 경제가 침투하여 부족 사회가 무너지고 사회가 복잡해졌지만 그 중심에는 여호와가 있었습니다. 여호와를 따르는 의무는 그 어떤 의무보다도 중요 했으며 부족시대의 관행을 지키는 것 또한 바람직한 일이었습 니다. 동포에 대한 의무를 잊지 말아라, 여호와를 중심으로 단결 하라. 구약성서에는 이와 같은 메시지가 강하게 담겨있습니다. 예를 들어 안식일이라는 것이 있습니다. 여호와는 6일 동안 세 상을 창조하고 7일째에 휴식을 취했습니다. 이를 두고 7일째를 안식일(사바스)로 삼아 신성하게 여기며 일을 쉬었습니다. 이는 노예나 소, 말의 에너지 소모를 막았으며 사회보장의 의미도 있 었습니다. 또 7년마다 안식년을 만들어 밭의 경작을 쉬었고 50 년마다 채무를 말소하여 노예를 해방하는 '요벨의 해'라는 규정 도 있었습니다. 수확을 쉬는 밭에서 남은 이삭을 줍는 것은 과 부나 고아들의 권리로 그 누구도 방해할 수 없도록 했습니다. 뿐만 아니라 유대법은 외국인 노동자 보호 등 수많은 사회복지 규정을 여호와에 대한 의무로 포함했습니다.

예수 역시 이런 사회복지 규정을 기반으로 가르침을 전했는데 유대교가 이런 사회복지 규정을 강조하지 않았다면 기독교도 어림없었을 것입니다. 빈부 격차의 확대와 사회 계층의 분해를 경계하고 권력의 횡포를 그냥 두고 볼 수 없었던 여호와는 저소득층과 약자를 배려하도록 명령했습니다.

따라서 사회복지 규정을 두 번째 개념으로 볼 수 있습니다. 이렇게 여호와 신앙은 신 앞에서 평등한 것을 이상적으로 여기고 고대 노예제 사회에 이견을 보이기도 했습니다.

오사와 이야기를 듣고 보니 두 가지 개념 모두 상당히 중요한 것 같네요. 처음 말씀하신 기류자라는 개념이 흥미로운데요. 바빌론 유수 이후 유대인들을 디아스포라[20]라고 했습니다. 이 단어에서도 느껴지겠지만 정착 당시에도 완전히 소속된 것이 아닌 절반은 외국인 신분이었다는 이야기입니다. 특정 지역에 정착하지 않고 이동하는 민족이었다는 점과 유대교라는 점이 깊게 연결되어 있다는 것을 다시 한 번 느꼈습니다.

두 번째로 유대교 속에 부족 공동체 태도가 유지되고 있다는 점이 참 재미있습니다. 일반적으로 보편 종교, 세계 종교라 하면 부족 공동체 성향을 부정하면서 발생하는데 유대교의 경우 이를 단순히 배척하는 게 아니라 유지하면서 보편 종교로 발전했다는 점이 중요합니다. 보편 종교 중에서 원초적 부족 공동체의

---

20) 그리스어로 '흩뿌리거나 퍼트리는 것'이라는 의미로 특정 인종 집단이 기존에 살던 땅을 떠나 다른 지역으로 이동하는 현상을 가리킨다. 정착하지 못하고 계속 이동을 하는 유목과 달리 본토를 떠나 항구적으로 나라 밖에 자리 잡은 집단을 의미하는데 난민 외에도 노동자, 상인 등 다양한 사례가 있다.

성격을 그대로 이어오고 있다는 말이 되는데 그 중 하나가 위에서 말한 사회복지 규정입니다. 이건 기독교와도 밀접한 관계가 있고요.

하시즈메 유대교는 인간이 권력을 쥐는 것을 경계하고 긍정적으로 보지 않는 특징이 있습니다. 다른 고대 왕국이나 제국들은 모두 권력에 대해서 긍정적으로 생각했기 때문에 유대교의 이런 특징은 놀라울 따름이죠.

이제 유대교가 어떻게 권력을 제어해왔는지 구체적으로 알아볼게요. 우선 신의 의사를 전달하는 예언자가 있고, 그 예언자가 왕이 될 만한 사람에게 기름을 부어 왕으로 만듭니다. 이렇게 왕은 신이 부여한 것이지 스스로 그 지위에 오를 수 없었습니다. 두 번째는 장로의 동의입니다. 장로는 부족사회의 리더로 유대민족이 가나안에 정착한 뒤에도 전통적 사회 집단의 세력을 대표할 때 장로의 동의를 얻는 것이 정통 왕권의 근거가 되었습니다. 이스라엘왕국의 초대 왕인 사울이 정통성을 인정받지 못한 이유가 바로 여기에 있습니다. 장로의 동의가 없었거든요. 장로의 동의가 없었음에도 예언자 사무엘이 사울에게 기름을 부어 왕으로 추대한 것입니다. 이에 반해 다윗의 경우 각 부족의 장로들이 모여 계약을 맺고 동의했습니다. 그리하여 다윗은 장로들의 동의를 받은 왕이 된 것입니다. 이렇게 장로들의 동의가 필요하다는 건 왕에 대한 견제로 작용합니다. 세 번째가 바로 예언자의 국왕 비판입니다. 왕이 여호와의 이견에 반하는 정치를 펼치면 예언자가 등장하여 여호와와의 계약을 위반한 것이라며 왕을 규탄합니다.

유대교는 이렇게 3단계로 왕권을 제어했습니다. 이는 결국 이스라엘 민중이 왕권을 제어한다는 이야기로, 민중이 권력을 감시한다는 뜻이죠. 유교 및 다른 종교에서는 찾아볼 수 없는 논리입니다. 이렇게 권력을 감시하고 제어할 수 있었던 건 여호와라는 절대적인 신이 존재하기 때문입니다. 여호와는 어떤 인간과도 비교할 수 없을 정도로 위대한 존재니까요. 유대민족이 최초로 여호와라는 절대 신 아래 군주제를 만든 것입니다. 이런 '발명'은 후세에 큰 영향을 미쳤고 유력한 정치철학으로 인류의 재산이 되었습니다.

오사와 지금 하신 이야기는 현대 사회나 현대 정치에 대입해도 좋을 중요한 논점을 내포하고 있습니다. 신이 사회와 정치를 총괄한다는 이야기를 들으니 오늘날 우리들이 굉장히 비민주적으로 살고 있는 것 같네요. 유대교의 경우 신이 있었기 때문에 일종의 민주제가 유지되었다고 할 수 있는데요.

유대교에서는 하나의 절대적인 차별, 차이를 전제로 삼고 있는데 이는 신과 인간, 신과 피조물의 차별, 차이를 의미합니다. 이런 차별, 차이가 압도적이고 절대적이기 때문에 여호와라는 예외적인 존재와의 관계 속에서 모든 인간이 평등해지는 구조가 되었다고 봅니다. 그 결과 민중이 왕권을 제어하는 일종의 민주주의가 실현되었던 것이고요. 여호와는 민주주의적 평등을 가능하게 하는 절대적이고 예외적인 차별, 차이였던 것입니다. 왕이라고 해도 여호와와의 관계를 생각해보면 다른 인간들과 별다를 게 없으니 함부로 권력을 휘두를 수 없었을 겁니다.

유교와 비교해보면 이런 차이가 더욱 뚜렷해집니다. 유교에서도 태어날 때부터 인간에게 차별이 있다고 생각하지 않기 때문에 인종차별이나 카스트 제도 같은 게 없지만 덕망이 있고 격을 갖춘 사람과 그렇지 않은 사람으로 나누어 정치적인 측면에서 는 다른 역할을 맡는 것을 당연하게 여겼습니다. 덕이 있는 왕 은 모든 정치를 총괄하고 교화하는 입장이지만 덕이 없는 민중 들은 오로지 왕의 말씀에 교화되는 대상에 지나지 않았던 것이 죠. 왕도 민중에게 너무 많은 미움을 받으면 '천명(天命)'을 잃는 다는 말이 있어 민중을 위한 정치를 해야만 했습니다. 그렇다고 해서 덕이 없는 민중이 나서 정치를 이끈다는 것은 유교적으로 상상할 수 없는 일입니다.

지금 하시즈메 씨의 말을 듣고 떠오른 장면 하나가 있는데요. 사무엘기에서 사울에게 기름을 부었을 때 사무엘이 '왕이 있어 야 하는가?'라며 여호와의 말을 전하는 장면이 나옵니다. 여호 와는 사람들에게 '만약 왕이 생기면 너희들을 모두 노예로 삼을 수도 있어.', '너희들에게 세금이랍시고 돈을 뜯어가거나 딸들을 강탈할지도 몰라.' 같은 이야기를 하며 왕이 필요한지 묻습니다. 하시즈메 씨가 앞서 말씀하신대로 유대인들 입장에서는 전쟁에 서 이기기 위해서 권력을 쥔 리더가 필요했고 사무엘은 여호와 의 뜻이라며 사울을 왕으로 골랐습니다.

물론 이 이야기는 유대인들이 살던 왕국이 멸망한 뒤에 덧붙여 진 것입니다. '처음부터 여호와는 왕을 만드는 것을 찬성하지 않 았다, 내켜하지 않았다.'라는 것을 드러내기 위함이겠죠. 어쨌든 유대교에서는 처음부터 왕의 존재에 대해 긍정적으로 보지 않 았습니다. 유일하게 다윗을 훌륭한 왕으로 평가하고 있고 그 외 에는 냉정한 편입니다.

14. 예언자란 누구인가

오사와 지금까지 '예언자'에 대한 이야기를 많이 나눴는데요. 다시 한 번 '예언자'에 대해서 정리해보고자 합니다. 막스 베버의 '고대 유대교'에서도 예언자는 중요한 존재로 등장합니다. 기독교 교리에 따르면 예수 크리스트와 예언자는 별개라고 하는데 사회학적으로 보면 예수 크리스트 등이 등장하는 사회적 배경에 예언자가 있다는 사실을 부정할 수 없습니다. 유대교에서 예언자라는 존재를 인정하지 않았다면 후에 예수 크리스트가 출현하는 일도 없었을 거예요. 예수 크리스트는 예언자 계열에서 탄생했으니까요.

이제부터 하시즈메 씨에게 질문을 드리고자 합니다. 신은 인간을 초월한 존재였기 때문에 감히 인간이 직접적으로 신을 만날 수 없었습니다. 하지만 신이 인간의 세계에서 너무 멀어지면 인간과 신 사이에는 접점이 사라지게 되고, 인간에게 있어서 신이란 존재하지 않는 것이 됩니다. 그러므로 신은 인간에게 끊임없이 메시지를 보내거나 인간의 세계에 개입해야 합니다. 즉 인간과 신은 서로 마주할 수 없을 정도로 떨어져있지만, 끊임없이 인간과 관계를 맺으려고 노력하는 신의 모순적인 태도를 설명하기 위해 '신의 말을 들을 수 있는 예언자'라는 존재가 등장한 것이 아닐까요? 하시즈메 씨는 예언자를 어떤 존재라고 보시나요?

또 유대교에 내재된 관점에 대해서도 궁금한 게 있어요. 우리는 신을 직접 볼 수 없기 때문에 신이 예언자에게 자신의 생각을 전달한다는 증거를 확인할 길이 없습니다. 이런 점 때문에 가짜 예언자가 활개를 치고 다닐 수 있다고 생각하는데요. 실제로도 그랬는지 궁금합니다. 그리고 성서에 몇몇 예언자들의 말이 실리기도 했는데 이 또한 사실인지 확인할 수 없습니다. 실제 예언자들은 어떻게 자신이 진짜 예언자임을 증명했나요? 그리고 사람들은 어떻게 그들이 진짜 예언자인지 알 수 있었나요?

하시즈메 상당히 중요한 포인트인데요. 예언자는 일신교에서만 볼 수 있는 여호와의 목소리를 듣는 사람들입니다. 유대교 역사에서 예언자를 전기, 중기, 후기 이렇게 3단계로 나누어 볼 수 있습니다.

전기 시대에는 '영혼이 꽉 찬 상태'로 신이 예언자 몸속에 들어와 예언자가 신의 말을 듣거나 환영을 보고 몸을 제대로 가누지 못하기도 했습니다. 이 시기 이스라엘은 몇몇 부족으로 나뉘어져 있었고, 농사를 지으며 한곳에 정착하여 살던 때는 아니었습니다. 이때 사람들을 하나로 모은 것이 바로 전쟁의 신 여호와를 함께 믿는 '제사동맹'이었습니다. 전쟁을 위해 모인 사람들 중 종종 여호와의 목소리를 들을 수 있는 사람(혹은 그가 속한 부족)이 있었는데 이렇듯 전기 시대의 예언자는 흔히 우리가 알고 있는 샤먼(Shaman), 즉 신과 접할 수 있는 매개체와 크게 다르지 않았습니다. 당시 기록을 찾아보면 예언자 사무엘이 제사동맹에서 단체 활동을 했음을 알 수 있습니다. 또 사울과 다윗이 종종 단체 사람들과 함께 신이 들린 상태였다는 기록을 보면 초기 왕들은 예언자의 성격도 가지고 있었던 것으로 추측됩니다. 이처럼 초기 예언자들은 여호와의 말을 전할 뿐만 아니라 사라진 양이 어디로 갔는지 알려주는 등 오늘날의 점술사 같은 역할도 했습니다. 전기를 지나 중기에 들어서는 이사야, 예레미야,

에제키엘, 엘리야 등 유명한 예언자들이 등장합니다. 이 시기는 군주제 시대로 왕과 민중의 이해가 서로 엇갈려 왕이 무거운 세금을 부과하거나 외국과 동맹을 맺고 새로운 종교의 신을 숭배하는 일이 문제가 되었습니다. 이때 왕이 신과의 계약을 위반했다며 왕을 비판하기 위해 예언자들이 등장한 것입니다. 이때 여호와가 노하여 이 나라는 멸망할 것이라는 경고성 예언도 나오게 됐는데 사람들은 이를 두려워했으며 왕 또한 예언자의 말을 무시할 수 없었습니다.

막스 베버는 전형적인 예언자들에게 다음과 같은 특징이 있다고 합니다. 첫 번째, 본인의 의사와 상관없이 신에 의해 결정된다. 예언자가 되고 싶어서 되는 것이 아니라 양치기나 농부였던 사람이 갑자기 신의 목소리를 듣게 된다는 이야기입니다. 두 번째, 보수를 요구하지 않는다. 경고성 예언을 듣고 기뻐하는 이는 아무도 없으므로 그 누구도 돈을 지불하지 않습니다. 보수가 없으면 직업이 될 수 없기 때문에 아마추어나 마찬가지입니다. 세 번째, 예언자가 되기 위한 특별한 훈련이나 능력을 필요로 하지 않는다. 주위에서 흔히 볼 수 있는 영적 능력자들은 지속적인 훈련을 통해 영적인 능력을 발휘하지만 예언자들은 그런 준비과정이 불필요합니다. 마지막으로 권력을 가까이 하지 않으며 반대 입장을 취한다. 예언자들은 신을 배반한 권력자에게 신의 말을 전달하면서 그가 가진 권력을 비판합니다. 이때 예언자들이 하는 모든 비판은 '신과의 계약'을 그 근거로 합니다.

유대교에 있어서 이런 예언자들은 정말이지 특별한 존재라고 할 수 있습니다. 왕궁 직속 예언가를 두고 왕이 물어보거나 조언을 구하는 나라도 많았는데, 유대교의 예언자는 특별한 능력을 가진 지식인으로 왕의 브레인 역할을 하기 때문에 어떻게 보면 민중의 적이기도 합니다. 실제 유대 왕궁에도 다윗 시절 이와 비슷한 예언자인 나탄이나 가드라는 자가 있었습니다. 이사야 또한 사회적 지위가 높은 꽤 영향력 있는 인물이었던 듯합니다. 그러나 전형적인 예언자들은 왕궁이 아닌 황야, 즉 민중 속에서 나타납니다.

마지막으로 예언자 후기 시대에 접어듭니다. 이 시기 예언자들이 한 예언은 예언서로 정리되었습니다. 바빌론 유수 전후에 구약성서 서두(모세오경, 토라)가 완성되는데, 모세의 율법을 문서화한 모세오경이 만들어지자 굳이 예언자가 아니어도 누구나 여호와와의 계약에 대해 알 수 있게 되었습니다. 예언자들이 여호와와의 계약을 위반했다고 지적하지 않아도 율법을 배운 율법학자(랍비)들이 사람들에게 여호와와의 계약, 즉 유대법에 대해 가르칠 수 있게 된 것이죠.

율법학자와 예언자의 사이가 좋지 못한 건 당연한 일입니다. 율법학자 입장에서는 간신히 예언서를 완성하여 신의 말을 정리했는데 새로운 예언자들이 계속 등장하여 신의 말을 전하겠다고 하니 난처해지는 것이지요. 그래서 율법학자들은 그런 예언자들이 등장하면 '가짜 예언자'라고 몰아붙여 잡아다 죽였고 그들이 권력을 쥐게 되었습니다. 예언자들의 활동은 자연스레 줄어들었으며 에즈라, 느헤미야를 마지막으로 예언자의 활동은 기록에서 사라지게 되었습니다.

그런데 율법학자(예수 시대에는 바리새인)라고 해도 예언자들의 예언을 정리한 문서로 활동하고 있으니 가짜 예언자를 배척할 수 있었을 뿐, 진짜 예언자의 능력은 인정하고 받아들여야 했습니다. 신이 주신 권위나 마찬가지니까요. 그래서 예언자라는 사람이 나타날 때마다 그가 신이 인정한 진짜 예언자인지, 평범한 인간이 예언자인 척 하는 건지 구별해야만 했습니다. 세례자 요한도, 나사렛의 예수도 그런 확인 과정을 거쳤습니다.

세례자 요한은 '회개하여라. 심판의 날이 다가왔다.'라며 경고하고 다녔기 때문에 예언자라고 볼 수 있습니다. 그러나 그 활동 때문에 헤롯 안티파스에게 붙잡혔고 헤롯의 의붓딸 살로메가 춤을 춘 대가로 요한의 머리를 얻게 됩니다. 요한은 재판도 없이 사형을 당한 겁니다. 예수도 예언자로 활동했는데 그를 싫어하던 바리새인(율법학자) 및 사두개인(신전 제사장)에 의해 결국 가짜 예언자라는 누명을 쓰고 종교재판에 서게 되어 사형을 당했습니다.

예수는 예루살렘을 보고 많은 예언자들의 피를 흘리게 한 죄 많은 도시라고 했습니다.(마태23장37절) 그전에도 예수는 많은 예언자들이 가짜 예언자라는 혐의로 처형되었고 자기도 그렇게 될 것이라고 각오했다고 합니다. 아, 아까 진짜 예언자와 가짜 예언자를 어떻게 구별했는지 물으셨죠? 우선 신은 왜 직접적으로 자신의 말을 전달하지 않고 예언자를 통해 전달하려 했는지 생각해봐야 합니다.

여호와는 전능한 존재이니 하늘에 큰 확성기를 달아 '아아, 저는 여호와입니다. 여러분 제가 하는 말 좀 들어보세요.'라고 할 수도 있습니다. 그럼 사람들이 진짜 신의 말인지 아닌지 의심할 필요도 없잖아요. 그런데 여호와는 몇몇 예언자를 골라 자신의 말 좀 대신 전달해달라고 말을 겁니다. 선택받지 못한 사람들은 예언자의 말을 듣고 그것이 신의 예언이라 생각합니다. 물론 개중에는 그럴 리 없다고 생각하는 사람도 있었죠. 신의 말이란 그 말을 믿는 사람들의 자세가 있어야만 성립되는 것입니다. 여호와는 이런 식으로 인간과 관계를 맺어왔습니다. 어떻게 보면 예언자라는 도구를 통해 인간이 신의 말을 믿는지 시험하고 있는 걸 수도 있겠네요. 그리하여 신의 말을 믿는 종교 공동체가 생기기 시작하는데 여호와에게 선택된 민족, 즉 이스라엘 민족이 존재하게 된 겁니다.

다시 질문으로 돌아와서 예언자를 구별하는 방법은 막스 베버의 이야기를 참고하여 정리해보겠습니다. 첫 번째, 지금까지 있었던 예언자들의 예언(=신의 말)을 고려한다. 두 번째, 예언이 실현(현실과의 합치)된다. 마지막으로 다른 예언자들에게 예언자라고 인정받는다. 진짜 예언자들은 이 세 가지 기준을 모두 충족시켰습니다.

이 세 가지 모두 중요한 기준이지만 모호한 부분도 있습니다. 특히 예언의 실현 여부는 결과론이기 때문에 이제 막 예언을 한 사람을 판단하기에는 어려움이 있었습니다. 진짜 예언자였던 이사야도 자신의 예언이 실현되지 않았다며 한때 예언자로서의 활동을 삼가기도 했습니다.

어쨌든 율법학자에게도 가짜 예언자라는 딱지가 필요했겠지만 예언자들도 가짜 예언자라는 개념이 필요했습니다. 사람들이 예언자를 언제 필요로 할까요? 가치관이 혼란스럽고 사회규범이 흐트러졌을 때잖아요. 그런데 예언자들이 마구 쏟아져서 되도 않는 예언을 해대는 거죠. 그들 모두 진짜 예언자라는 보증도 없고. 한쪽이 진짜라면 다른 한쪽이 가짜가 됩니다. 세례자 요한과 나사렛의 예수도 마찬가지입니다. 그들의 말이 신이

한 말인지 아닌지 문제가 되었습니다. 예수 스스로도 심판의 날이 다가오면 사람들이 수많은 가짜 예언자들에게 매혹당할 것이라고 했습니다. 그래서 진짜 예언자들은 다른 이들을 가짜라고 주장해야만 했고 '누가 진짜인가?'라는 논쟁은 좀처럼 사그라지지 않았습니다.

제가 생각하는 예언자의 중요 포인트는 마지막에 말씀드릴게요. 우선 예언자는 주위에서 흔히 볼 수 있는 누군가가 종종 '신의 말'이라는 절대적 규범을 말하는 경우라고 생각합니다. 한마디로 말이 절대적인 지배력을 갖는다고 생각하는 겁니다. 이런 신뢰가 없으면 예언자는 존재할 수 없습니다. 예수도 고향인 나사렛에 돌아가니 '목수의 아들 아니냐?', '언제 이렇게 지혜를 터득한 것이냐?'라는 말을 들으며 예언자로 인정받게 되었습니다. 말이란 인간 사이에서 상대화되지만 이와 달리 예언자가 전달하는 말은 신의 말이기 때문에 절대적인 능력을 가질 수 있습니다. 이런 전통 속에서 신학 및 철학, 과학, 저널리즘이 탄생했다고 생각합니다.

15. 기적과 과학은 모순되는 것이 아니다

오사와 가만히 생각해보면 신은 뭐든지 할 수 있다고 보는데 굳이 몇몇 예언자들에게만 자신의 목소리를 들려주는 게 이상해요. 직접 사람들 앞에 나가서 자기 말을 들려주면 될 텐데 그러지 않습니다. 그리고 그런 신의 모습을 오히려 모두들 자연스럽게 받아들이는 점이 어떻게 생각하면 좀 신기합니다. 이 시기에 예언인지 아닌지 불분명한 말을 하는 사람들을 예언자로 받아들이는 것에 신앙적인 문제가 발생합니다.

'신앙'에는 결단이라는 요소 때문에 책임이라는 계기가 생긴다는 점에서 '인식'과 다르다고 생각합니다. 확성기를 이용하든 뭘 하든 신의 목소리를 직접 들을 수 있다면 '비가 옵니다.'라는 말을 '인식'하는 것이기 때문에 이 이야기를 믿을지 말지 결단을 내릴 필요가 없습니다. 하지만 누군가를 예언자로 인정한다는 건 그의 말이 진짜인지 아닌지 확인할 도리가 없음에도 '그래, 한 번 믿어보자.'라고 결단을 해야 하는 거죠. 이처럼 들리는 말을 그냥 '인식'하는 것과 달리 신앙에는 '결단'이라는 요소가 포함되어 있는 겁니다. 이렇게 생각하면 신 입장에서는 자기 목소리를 확성기를 통해 전달할 때보다 예언자에게 전달하는 쪽이 더 좋았을 거예요.

하시즈메 인간과 신의 합동작업이라고 볼 수 있어요. 신의 말을 전달하기 위해서 신뿐만 아니라 인간도 움직여야 하니까요. 신과 인간이 함께 했기 때문에 신과 인간 사이에 대등한 소통이라고 할 수 있습니다. 신은 인간에 비해 굉장히 대단한 존재이고 인간은 나약한 존재이지만 이런 작업을 할 때는 서로 대등하다는 거죠.

오사와 객관적으로 인간들이 그 사람을 예언자라고 인정해서 예언자가 된 거니까요.

하시즈메 신은 자신이 선택한 예언자를 그냥 내버려두면 너무 무책임하다 싶어서 기적을 일으키기도 합니다. 이 사람이 진짜 예언자라는 걸 사람들 앞에서 증명하기 위해서 말이에요. 일신교의 기적과 흔히 알려진 오컬트 신앙을 헷갈려 하시면 안 돼요. 오히려 오컬트 신앙과 반대되는 개념이라고 볼 수 있어요. 신이 창조한 이 세상은 규칙적인 자연법칙에 따라 움직입니다. 그런 자연법칙을 어느 누구도, 아주 조금이라도 바꿀 수 없어요. 그런 의미에서 이 세상은 사소한 것 하나까지도 합리적이라고 할 수 있습니다. 그러나 필요에 의해서, 진짜 예언자라는 걸 사람들에게 증명하기 위해서라면 자연법칙을 잠깐 멈출 수 있는데 이게 바로 우리가 말하는 기적입니다. 이 세계가 합리적인 자연법칙에 따라 움직인다고 생각하기 때문에 기적이라는 개념이 만들어지는 거예요.

요즘 같은 과학 시대에 기적을 믿는다고 하면 놀라는 사람들도 있는데 일신교에 대한 이해가 부족해도 너무 부족한 거 같아요. 과학을 만든 사람들이야 말로 기적을 믿을 수 있는 거예요. 과학을 믿기 때문에 기적을 믿는다. 저는 일신교 입장에서 생각했을 때 이 말이 맞다고 봅니다.

오사와 이 개념도 일본인들 입장에서는 잘 이해가 안 갑니다. 아까 막스 베버의 '탈주술화'를 언급하셨는데 주술이라는 개념을 완전히 부정한 다음에 기적이라는 개념이 만들어졌습니다. 주술과 달리 기적은 엄격한 자연법칙이 지배하는 합리적 세계에 속합니다. 즉 '주술 vs 과학'이라는 대립에서 기적은 오히려 과학 쪽이라는 거죠. 자연법칙의 보편적인 지배(과학적인 합리성)와 그 예외적인 정지(기적)가 뗄 수 없는 관계라는 점이 기적을 이해하는 중요한 포인트입니다. 그러나 일신교가 생소한 일본인들 입장에서는 그런 개념 자체가 어려울 거예요. 일본인은 오히려 기적과 주술이 비슷하다고 생각하니까요.

하시즈메 그렇죠. 이해하기 어렵습니다.

오사와 모세의 지팡이가 뱀으로 변했다고 하면 다들 강력한 주술 때문이라고 생각하는데 사실 여호와가 자신과 모세가 연결되어 있다는 걸 증명하기 위해서 일으킨 기적입니다. 모세가 갑자기 신의 말을 전한다고 하니 사람들은 좀처럼 그의 말을 믿어주지 않아 여호와가 이런 기적을 일으킨 겁니다. 일신교가 생소한 사람들 입장에서는 이게 뭔 소리인지 도통 이해가 안 될 거예요. 기적과 마법, 주술이 서로 어떻게 다르냐면……, 음, 사실 주술과 마법은 자연의 통상적인 흐름 속에서 일어나는 것(아까 설명해드린 정령강제 개념처럼 사실 이 논리에는 처음부터 모순점이 있습니다)이고, 이와 반대로 기적은 하시즈메 씨가 말씀하신대로 엄격한 자연법칙의 합리적인 지배 아래 일어난 예외적인 사건이라는 점이 포인트라고 생각합니다.

하시즈메 막스 베버가 강조한 내용이죠. 우선 이 부분을 확실해 체크해둬야 할 필요가 있는데요. 일신교 문화권의 상식이기도 하고 국제적 상식이기도 합니다. 일본인들은 이런 내용을 쉽게 이해하지 못하면서 마르크스주의에 대해서는 잘 알고 있어요. 마르크스는 자신이 과학이고 종교는 아편이라고 주장합니다. 또 우상숭배를 반대하죠. 즉 과학은 기적을 믿으면 안 된다는 말인데 사실 이 이야기는 마르크스의 생각에 지나지 않습니다.

오사와 그렇군요. 아마 마르크스주의뿐만 아니라 계몽주의 이후에 발생한 자연과학[21]의 세계관도 종교라는 족쇄를 부정하면서 발전

---

21) 인간의 이성으로 합리적이고 논리적인 방법을 통해 일반적인 원리를 추구하는 과정과 그 과정에 의해 얻은 지식체계를 의미한다.

한 거라 생각합니다(물론 어떤 의미에서 본다면 말이죠). 그런데 좀 더 심도 있게 생각해보면 오히려 종교적인 전통에서 벗어났다는 측면이 더 강합니다. 마르크스주의라고 해도 오히려 유대교보다 더 유대교 같은 면이 있으니까요.

하시즈메 맞습니다.

오사와 마르크스주의자는 '화폐물신'을 괘씸하다고 하는데 사실 우상숭배 비판이랑 같은 맥락입니다. 진짜 신은 다른 곳에 있다는 이야기니까요. '과학적'이라고 하는 세계관은 유대교, 기독교를 부정한다기보다 유대교, 기독교를 좀 더 깊고 자세하게 파고들었다고 할 수 있습니다. 헤겔의 변증법에 사용된 '지양(止揚, Aufheben)'[22]이라는 개념으로 생각해보면 과학적 세계관이 유대교와 기독교 세계관을 '부정했다.'라는 식으로 받아들이기 때문에 이들이 서로 대립하고 있다고 보는 겁니다. 하지만 유대교, 기독교 세계관 속에서 발전한 합리주의가 존재한다는 걸 인식시킬 필요가 있는데 이에 대한 자세한 이야기는 제3부에서 다시 하겠습니다.

16. 의식 수준의 신앙과 태도 수준의 신앙

오사와 신앙이라는 심리에 대해서 이야기하면서 제1부를 마무리해볼까 하는데요. 제가 학생들이랑 종교나 종교 사회학에 대해서 이

---

22) 사물에 관한 모순이나 대립을 부정하여 고차원적인 단계에서 이를 통일하는 것

야기를 나눌 때 학생들이 사소한 부분에서 어려움을 느끼더군요. 기독교나 유대교를 '믿는다'는 심리가 좀처럼 받아들여지지 않는 모양이에요.

믿는다는 건 도대체 뭘까 싶어서 성서를 읽어보면 말이죠, 당연한 이야기지만 우리들 입장에서 황당무계한 내용이 많아요. 신이 '빛이여 생겨라.'라고 하니 빛이 생겨서 낮과 밤이 만들어졌다는 내용이 나오잖아요. 이를 글자 그대로 믿을 수 있던 시대도 있었지만 지금은 아니잖아요. 우주의 시초는 빅뱅이요, 인간의 시초는 원숭이라 생각하는 사람들이 더 많죠.

물론 아직까지도 기독교 원리주의자들은 성서에 나온 내용 그대로 이해해야 한다고 주장합니다. 가끔 뉴스를 보면 미국의 복음파 신자 중에 창세기 내용을 최소 진화론과 동등하게 봐야 한다고 하는 사람들도 나오잖아요.

하지만 이런 게 현대 신앙의 일반적인 모습이라고 할 수 없습니다. 기본적으로 근대적 세계관을 이해해야 기독교나 유대교를 믿을 수 있다는 겁니다. 이런 심리는 지극히 당연한 겁니다. 실제로 우리가 알고 있는 대다수의 기독교 신자나 학자들이 그렇잖아요. 근대의 계몽된 많은 기독교인들이 진화론은 진화론 나름대로 사실이라고 생각하면서 기독교를 믿는 것처럼 말이지요. 그럼 신앙은 무엇일까요? 기독교나 유대교를 믿는다는 게 무슨 의미인지 궁금합니다.

하시즈메 두 가지로 설명해드릴게요. 우선 기독교는 원래 성서를 '문자 그대로' 정직하게 믿는 것이 아닙니다. 성서 이곳저곳에 모순점들이 분명히 있기 때문에 문자 그대로 믿을 수 없어요. 그래서 신자들이 모여 의견을 나눠 이 부분은 이렇게 읽고 이렇게 믿자고 결정해서 그 해석을 따르는 겁니다. 가장 유명한 해석(교리)이 삼위일체설인데요, 삼위일체설은 말 그대로 '설'로 학설에 지나지 않습니다. 성서에 삼위일체설이 나오는 게 아니에요. 성서를 일관성 있게 믿으려면 이렇게 해석하는 게 좋다는 강력한 학설일 뿐입니다. 물론 삼위일체설이 아니더라도 성서를 믿을 수 있어요. 단 그렇게 되면 이단이 되는 거죠.

두 번째는 과학과 성서의 문제입니다. 일본인은 성서를 읽으면 황당한 내용 때문에 요즘 같은 시대에 무슨 기독교를 믿나 싶을 겁니다. 근데 저는 과학과 종교가 서로 대립한다고 생각하는 것 자체도 이상하다고 봐요. 과학은 원래 신의 계획을 증명하기 위해서 자연법칙을 해석하다가 탄생한 것입니다. 종교의 부산물이라고 할 수 있어요. 그런데 성서에 적힌 것과는 다른 결론이 나왔습니다. 여기서 많은 사람들은 '과학을 존중하고 과학에 모순되지 않는 선에서 성서를 바르게 읽읍시다.'라는 생각을 하게 됩니다. 이렇게 하면 과학과 종교 모두 모순되지 않고 받아들일 수 있으며 지동설이나 진화론, 빅뱅이론은 기독교 문명의 일부가 되는 겁니다.

이와 반대로 복음파처럼 성서를 문자 그대로 믿어야 한다고 생각하는 사람들이 있습니다. 물론 이렇게 극단적인 성향을 보이는 사람은 소수지만 미국 등지에서 그 나름대로 세력을 유지하고 있고 가끔 진화론을 반대한다며 뉴스에 등장하기도 합니다. 일본에서는 과학을 믿지 않는 복음파를 이상하게 보는 경향이 있는데 저는 복음파와 대다수 기독교 신자들이 어떤 의미에서 똑같이 생각한다고 봅니다. 왜냐면 복음파는 다수파와 반대로 '성서를 존중하고 성서에 모순되지 않는 선에서 과학적 결론이

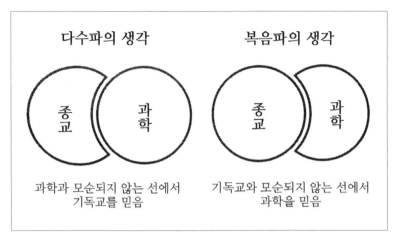

다수파의 생각	복음파의 생각
종교　과학	종교　과학
과학과 모순되지 않는 선에서 기독교를 믿음	기독교와 모순되지 않는 선에서 과학을 믿음

[4. 다수파의 생각 / 복음파의 생각]

타당하다고 생각하자.'라고 받아들입니다. 그래서 종교와 과학 모두 모순 없이 믿을 수 있게 됩니다.

포괄적으로 보면 성서와 과학 모두 믿으면서 살아갈 수 있습니다. 문제는 양쪽 서로 모순되는 점이 있다는 건데 서로 자기가 옳다고 할 수 없으니 모순을 피하기 위해 한쪽을 부정하게 되는 겁니다. 다수의 기독교 신자는 성서에 픽션이 반 쯤 섞여 있다고 하고 복음파는 과학에 픽션이 반 쯤 섞여 있다고 생각합니다. 둘이 내린 결론은 정반대지만 생각하는 방법은 똑같아요. 두 쪽 다 지극히 합리주의적이라는 거죠.

일본인들은 이와 다른데 평론가 야마모토 시치헤이[23] 씨가 하신 말씀이 생각나네요. 야마모토 씨가 태평양전쟁 당시 필리핀

---

23) 일본의 출판사 대표이자 평론가로 '일본인과 유대인', '공기의 연구', '기다림의 칼', '구약 성서의 사람들' 등으로 유명하다.

수용소에 억류되었을 때 미국 군인들에게 여러 질문을 받았다고 합니다. '진화론을 알고 있는가?'라고 말이죠. 일본인들이 일본 천황을 살아 있는 신이라고 믿고 광신도적으로 굴기 때문에 분명 진화론을 모를 거라고 생각하고 한 겁니다. 영어를 할 줄 알았던 야마모토 씨는 '일본인들 모두 진화론에 대해서 잘 알고 있고 그것이 맞다고 생각합니다.'라고 대답했고 이에 미국 군인은 깜짝 놀랐다고 합니다. 그 사람들 입장에서는 일본인들이 어떻게 진화론과 일본 천황이 살아있는 신이라는 사실을 모두 믿을 수 있는지 이해할 수 없었겠죠.

다시 정리해보면 진화론은 원숭이가 인간으로 진화했다고 믿는 것입니다. 일본 천황도 인간이고요. 그렇게 되면 일본 천황의 선조는 원숭이가 됩니다. 한편 아마테라스의 자손이 천황이 되었다고 생각하기 때문에 천황을 살아있는 신으로 봅니다. 그래서 천황의 선조는 신이 됩니다. 즉 원숭이→천황, 신→천황이이라는 모순점이 생깁니다. 하지만 일본인들은 이 두 가지를 모두 믿습니다. 미국 군인이 아니더라도 이해하기 어려운 대목이죠.

일본인들은 이렇게 자신들이 배우는 내용에 모순점이 있다는 사실을 알지 못할 뿐만 아니라 그다지 신경도 쓰지 않습니다. 아마 공교육 때문이겠죠. 진화론은 이과 시간에, 살아있는 신에 대해서는 역사 시간에 배우니 서로 상관이 없습니다. 학교도 이에 대해서 별생각이 없기 때문에 이과 시간과 역사 시간에 서로 모순된 내용을 배우고 있는 겁니다. 배우는 입장에서는 학교에서 가르쳐주는 내용이 올바르다고 생각하니까 양쪽 이론을 그대로 외우는 겁니다. 이런 태도는 오늘날 일본인에게도 그대로 적용된다고 봅니다.

이런 일본인들이 복음파 신자들을 비웃을 수 있을까요? 복음파 신자들은 진화론과 성서의 모순점을 이해하고 그에 맞게 자신들의 생각을 맞춰나갑니다. 일본인들은 어떤 점이 모순되는지 신경도 쓰지 않지만요.

오사와 마지막으로 다음에 이어질 대담을 위해 한 마디 덧붙여도 될까요? 사실 저는 태도 수준의 신앙이 좀 더 기초 단계에 있다고 생각하는데요. 마르크스주의는 종교는 아편이라며 기독교를 비롯한 모든 종교를 배척합니다. 마르크스주의자는 어떤 종교도 믿으면 안 된다는 의식을 갖고 있지만 마르크스주의라는 세계관 형식 자체가 종교적, 일신교적입니다. 그래서 의식적으로는 종교를 배척하고 있지만 마르크스주의의 역사 관점에 설득력을 느끼고 이를 수용하려는 태도 속에 이미 신앙이 스며든 것입니다. 우리들은 의식 수준보다 한 단계 앞선 태도 수준의 신앙에 대해서 생각해볼 필요가 있습니다.

또 하나 예를 들어보면요. 리처드 도킨스라는 진화생물학자가 있습니다. 그는 상당히 뛰어난 학자이며 일반인들을 위해 집필한 책도 정평이 나있습니다. 가장 유명한 『이기적인 유전자』라는 책은 사회생물학 및 진화론의 해설서로 최고 수준입니다. 또 그는 복음파가 신봉하는 창조설을 열심히 비판했는데 최근 출판된 『지상 최대의 쇼』라는 책에서도 창세기의 창조설을 배척하고 생물진화가 사실임을 증명하려고 했습니다. 이 책 속에서 그는 다음과 같은 예를 들었습니다.

진화라는 것은 임시방편적인 시행착오의 반복을 통해 나온 결과이므로 생물의 신체 구조에는 효율적이지 못하다고 밖에 생각할 수 없는 부분들이 있습니다. 만약 신이 우주를 제대로 디자인해서 창조했다면 이렇게 미숙하고 비효율적인 부분이 생길 리가 없죠. 즉 우주는 신과 같은 지성(知性)이 창조한 것이 아니란 이야기입니다.

도킨스 본인은 무신론자이며 기독교 등 어떤 종교도 믿지 않는다고 합니다. 의식 수준에선 그런 것 같은데 도킨스의 책들을 살펴보면 말이죠, 아, 물론 도킨스의 책은 굉장히 훌륭한 책들입니다! 어쨌든 도킨스가 쓴 책들은 성서와 모순되는 내용이지만 저런 책을 쓰고자 하는 태도와 열정은 오히려 종교적이라고 할 수 밖에 없어요. 창조론을 어떻게든 비판하려는 강한 사명감, 그리고 창조론인가, 진화론인가에 대해서 일관성 있게 상당한 애착을 보인다는 거 자체가 종교가 아니면 뭐겠어요. 지금 하시즈메 씨의 예를 잠깐 빌리자면 황국사관[24]과 진화론을 모두 인정할 수 없으니 어떻게든 통일성을 주고자 하는 것이 바로 도킨스의 생각입니다. 도킨스 자신의 의식과는 별개로 그는 종교성을 보이고 있습니다. 이런 태도 수준의 신앙이 오늘날에는 더욱 중요하다고 생각합니다. 기독교는 이제 유명무실하고 기독교 신자도 극소수라고 생각하는 사람들이 있을 지도 모르겠지만요. 의식보다 태도 수준에서 상당히 종교적인 성격을 띤 경우가 있는데요. 유대교, 기독교 그리고 그 외의 종교가 원래 어떤 전통을, 어떤 자세를 취해 왔는지 모르면 세속화 된 현대사회에서 일어나는 다양한 사회현상과 문화에 대해서 이해할 수

---

24) 일본의 역사를 일본 천황 중심의 국가주의적 관점에서 보는 역사적 견해를 말한다.

없게 됩니다.

하시즈메 저 역시 그렇게 생각합니다.

제2부 예수 크리스트란 무엇인가

1. 기독교의 핵심

오사와 제1부에서 하시즈메 씨가 말씀하셨듯이 유대교와 기독교는 정
말 똑같습니다. 이 둘 차이는 어떤 의미에서 하나뿐입니다. 바
로 예수 크리스트의 존재입니다. 제2부에서는 기독교의 근거인
예수 크리스트란 도대체 누구인지, 그리고 '수상한 기독교'라는
이 책의 핵심에 대해서 이야기해보겠습니다.

일신교의 계시종교로 유대교와 기독교, 이슬람교가 있습니다.
이 세 종교는 계보 관계에 놓여있는데 가장 오래된 것이 유대교
입니다. 그리고 유대교를 바탕으로 기독교가 출현하였고 이슬
람교가 가장 마지막에 완성되었습니다. 늦게 출현한 일신교는
초기 일신교를 전제로 삼고 있다고 할 수 있습니다.

이 세 종교들을 서로 비교해보면 이슬람교가 참 독특한데요. 이
슬람교는 유대교와 기독교 이념을 수용하면서 완성되었습니다.
그러나 이슬람교에도 예수 크리스트 같은 존재는 없습니다. 유
대교에 예수 크리스트가 없는 건 당연하지만 기독교 이념을 수

용한 이슬람교에도 예수 크리스트란 요소가 없다는 점은 어딘가 이상하지 않나요?

이슬람교에는 무함마드가 있긴 하지만 기독교에서 말하는 크리스트로 보기는 어렵습니다. 물론 무함마드가 이슬람교에서 특별한 사람인 건 맞지만요. 아무리 특별하다곤 해도 무함마드는 예언자입니다. 가장 위대한 예언자인 건 맞지만 예언자는 예언자일 뿐이죠.

이에 반해 기독교의 예수 크리스트는 모세나 이사야, 에제키엘 같은 예언자가 아닙니다. 참고로 이슬람교 관점에서 보면 예수는 무함마드보다 격이 낮은 예언자에 불과하지요. 하지만 기독교에서는 예수 크리스트를 단순한 예언자와는 질적으로 다르다고 봅니다. 예수 크리스트를 어떻게 이해하면 좋을까요? 종교사회학적 측면에서 예수를 어떻게 이해했는지가 '수상한 기독교'를 이해하는 열쇠라고 생각합니다.

우선 가장 간단한 것부터 확인해볼게요. 신약성서 첫 부분에 복음서가 나옵니다. 복음서에는 예수 크리스트가 어떤 사람이며 어떻게 태어났고 무슨 일을 했고 어떻게 죽었는지 적혀있습니다. 게다가 예수가 부활했다는 내용도 나옵니다. 이 복음서 속 예수 크리스트는 상당히 초인적인데요. 현대인의 합리주의적 관점에서 보면 복음서를 글자 그대로 받아들이기 어렵습니다. 가장 핵심이 되는 '부활'이 특히 그런데요. 그 외에도 빵 다섯 개와 생선 두 마리를 5,000명에게 나눠줘 배부르게 했다는 부분이나 호수 위를 걸었다는 내용도 현실적이지 않습니다.

그럼 예수 크리스트는 정말 실존한 인물이었는지 궁금해집니다. 예를 들어 고지키의 아 마테라스 오미카미(天照大神)나 니

혼쇼키[25]의 스사노오노미코토(須佐之男命)[26]의 경우 일본인들은 신화라고 생각합니다. 인간의 상상 속에는 존재하지만 실존한다곤 보지 않죠. 또 구약성서 첫 부분에 나오는 천지창조 이야기도 픽션이라고 생각합니다(무엇보다도 과거 서양학자들은 상당히 진지하게 천지창조가 얼마나 오래 된 일인지 연구했지만 현대에 들어서는 어지간한 원칙주의자가 아닌 이상 그런 연구는 하지 않습니다). 그러나 예수 크리스트는 어떨까요?

적어도 그가 대강 어느 시기에 살았는지 확정짓고 있습니다. 우리들이 말하는 '서기'는 예수의 탄생일을 기준으로 계산한 건데 현재 예수가 태어난 지 2011년이 지났다는 말이 됩니다. 따라서 예수 크리스트는 신화라기보다 역사적 인물이라는 느낌이 듭니다.

예수 크리스트란 실존했던 인물로 봐야 할까 아니면 그저 인간의 관념 문제로 받아들여야 할까. 이에 대해서 여러 가지 해석이 있는데 하시즈메 씨가 간단히 해설해주시고 서로 생각해보는 시간을 가졌으면 합니다.

하시즈메 결론부터 말하자면 저는 예수가 실존했던 인물이라고 생각합니다. 하지만 그런 결론에 도달하기까지는 상당한 과정이 필요합니다. 우선 '실존 인물'이란 무엇인지 생각해봅시다. 역사학에서는 그런 인물이 실존했다는 '증거'를 발견하는 것입니다. 그 인물의 무덤을 발견하는 게 가장 좋지만 그게 아니라면 문자 기

---

25) 일본의 가장 오래된 정사이며 고지키 다음으로 가장 오래된 일본의 역사서이다. 나라시대(720년경) 때 덴무 천황의 명으로 관찬되었으며 총 20권으로 이루어져있다.

26) 일본의 건국신 아마테라스 오미카미의 동생으로 폭풍의 신이라 불린다.

록도 괜찮습니다. 어디서 무엇을 했다는 기록이 발견되거나 또 그 기록이 사실성을 보일 때, 그리고 교차 검증이 가능하면 더욱 좋습니다. 여기서 교차 검증이란 서로 다른 계통의 사료에서 동일한 기록이 발견되는 것입니다. 예를 들어 아군과 적군 양쪽에 공통된 기록이 있다면 이는 상당히 신뢰할만하다는 거죠.

실제로 예수에 관한 문자 기록이 있긴 하지만 이는 복음서에 한정되어 있습니다. 복음서가 그 증거의 전부라고 할 수 있습니다. 복음서에는 네 가지(신약성서에 들어가지 않은 것도 포함하면 더 많음) 기록이 있는데 모두 내용이 일맥상통합니다. 가장 오래된 복음서가 마르코의 복음서이며 그 뒤에 나온 복음서들은 마르코의 복음서를 참조하여 집필되었습니다. 즉 한 계통의 문서라는 이야기인데요. 이런 경우 기독교 신자들의 상상력을 기반으로 만들어진 창작(픽션)이 아닐까라는 의심도 있습니다.

유대교 측의 문서나 예수를 십자가에 매달아 처형한 로마 측의 문서가 발견된다면 예수가 실존했을 가능성이 한층 더 높아집니다. 실제로 많은 학자들이 엄청난 양의 기록들을 이 잡듯 샅샅이 뒤져보았지만 이렇다 할 기록은 발견하지 못했습니다. 예수는 히브라이어로 요수아인데 상당히 흔한 이름이거든요. 그래서 나사렛의 예수라고 증명하기가 어렵습니다. 교차 검증이 불가능하면 실존한 인물이었다고 증명할 수 없게 됩니다. 그럼에도 불구하고 예수가 실존 인물이었다고 생각하는 이유는 복음서에 예수의 말이 많이 기록되었기 때문입니다. 풍부한 비유 때문에 살아있는 것 같은 인상을 주는데요. 한 사람의 인간이 그곳에 있었다는 생생한 느낌이 들며 일관적입니다. 예수가 실존하지 않았는데 복음서 저자들이 여럿 모여 그 이야기를 지어

냈다고 하는 게 더 이상할 정도입니다.

복음서 내용의 어디까지가 실존 예수이고 어디부터가 그 후에 덧붙여진 것인지 알 수 없지만 가르침의 핵심 부분을 보면 실제로 예수가 말한 게 아닐까 싶어요. 그런 의미에서 저는 예수가 실존했던 인물이라고 생각합니다.

오사와 저도 예수가 실존했었다고 생각합니다. 실제로 많은 학자들도 이에 동의하고요. 제가 이런 단순한 문제부터 짚고 넘어가고자 한 데에는 그 나름대로 이유가 있습니다. 예수와 관련된 역사적 사실을 믿는 것이 기독교 신앙의 근간입니다. 즉 2,000년 정도 전에 예수라는 남자가 제자들을 이끌고 팔레스타인 근처를 방랑했다는 기록을 믿는 것도 기독교 신앙입니다.

불교와 비교해보면 이게 얼마나 특수한 경우인지 알 수 있는데, 불교는 샤카족의 왕자로 태어난 고타마 싯타르타가 이끈 종교입니다. 싯타르타가 깨달음을 전파하기까지의 경위나 그 후 인생에 대해서 많이 알려져 있습니다. 물론 대부분의 불교 신자들은 그게 사실이라고 믿고요. 하지만 불교를 믿고 깨달음을 얻는다는 것은 불교 교리의 진리를 깨닫는 것이지 싯타르타를 비롯한 불교와 관련된 역사적 인물들의 이야기를 사실로 받아들이는 것과는 별개입니다.

이는 상대성이론과 아이슈타인을 별개로 보는 것과 똑같습니다. 상대성이론은 아이슈타인이 발견했기 때문에 진리라고 하는 게 아니에요. 다른 사람이 발견했어도 상대성이론은 진리입니다. 마찬가지로 불교의 진리는 싯타르타가 말했기 때문에 혹은 싯타르타가 깨달았기 때문에 진리가 되는 게 아닙니다.

그러나 기독교는 다릅니다. 예수와 관련된 일이나 사건, 예수의 가르침을 따로 보는 게 아닙니다. 기독교 신앙이란 예수의 역사적 사실과 관련지어서 예수의 가르침에만 진리가 있는 것이 아니라 예수와 관련된 모든 사건과 일 속에 그 진리가 있다고 생각합니다. 예수가 태어나서 여러 가지 일을 겪고 죽음을 맞이했다가 다시 부활했다는 사건은 기독교 진리의 중심이라고 볼 수 있습니다. 그래서 예수의 존재가 역사적 사실인지 아닌지는 매우 중요하다고 생각합니다.

2. 복음서가 여러 권인 이유

오사와 어찌 되었든 저는 예수는 역사적으로 실존했던 인물이라 생각합니다. 이번에는 예수의 문서기록이라 할 수 있는 복음서에 대해서 알아보고자 하는데요. 하시즈메 씨가 말씀하신대로 신약성서에 정리된 정경 복음서는 4권으로 이루어져있습니다. 4권모두 예수와 관련된 사건들을 기록했는데 엄밀히 따지면 그 내용이 조금씩 다릅니다. 특히 요한복음서는 다른 세 권과 상당한 차이를 보입니다. 그 다른 세 권이란 마르코, 마태오, 루카복음서로 구성이나 내용이 상당히 비슷하게 때문에 '공관복음서(Synoptic gospel, 서로 비교해가며 같이 읽을 수 있는 복음서)'라고 부릅니다. 그런데 이 세 권 사이에도 꽤 큰 차이가 있는데 예수가 십자가 위에서 무슨 말을 했는지, 배신자라고 불리는 유다가 어떤 행동을 취했는지가 분명하지 않습니다.

엄밀한 고증을 통해서 이 복음서들이 어떤 순서로 어떤 시기에 작성되었는지 밝혀졌는데요. 가장 오래된 복음서가 마르코복음서이며 마태오와 루카복음서는 마르코가 아니라 현재는 유실된 Q문서(Q는 독일어로 자료를 의미하는 'Quelle'에서 유래)라 불리는 문서를 참조한 것으로 보입니다. 어쨌든 신약성서는 가장 중요한 사건에 대해서 4권의 서로 다른 증언이 있다는 내용으로 시작됩니다. 좀 신기하지 않나요?

이슬람교를 한 번 생각해보세요. 무함마드가 알라에게 전달받은 말을 정리한 것이 코란인데 이 코란이 조금씩 다른 네 가지

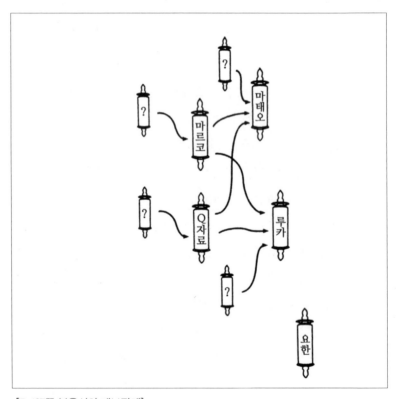

[5. 137쪽 복음서의 계보관계]

버전이 있다면 정말 큰 일 아닌가요? 코란은 하나 밖에 없으니까요. 게다가 이슬람법에서는 코란 다음에 무함마드의 언행, 즉 순나(Sunnah, 관행)가 중요한 법률로 작용합니다. 이슬람교 신자들은 이 내용을 엄격하고 세세하게 따져서 오해가 발생하지 않게 합니다. 많은 법학자들이 순나를 정리해서 문서화한 것을 하디스라 하는데 하디스 역시 코란과 달라서 종종 견해 차이가 발생하기도 하고 이슬람교 파벌로 발전하기도 합니다. 이슬람교 신자 한 명이 모순된 내용의 두 가지 하디스를 믿을 리 없으니까요.

그런데 기독교에서는 예수의 언행록이라 할 수 있는 복음서가 4권이나 있고 내용도 서로 다르고 모순되는 점이 있음에도 4권 모두 정경복음서로 인정받고 있습니다. 어떨 때는 이래도 괜찮나 싶다니까요. 아까도 말했지만 예수와 관련된 사건이나 일에도 진리가 있다고 믿는 것이 기독교 신앙의 근거이기 때문이죠. 기독교는 복음서를 하나로 정리하지 않고 왜 4권인 채로 남겨두었을까요?

하시즈메 저는 복음서가 여러 권이어도 상관없다고 생각하는데요. 복음서가 여러 권인 이유는 예언자의 말을 기록한 예언서가 아니기 때문입니다. 이사야 같은 예언서는 예언자 본인이 썼기 때문에 두 권일 수가 없습니다. 예언자 한 명당 한 권이니까요. 이와 반대로 예수는 자기가 복음서를 쓴 게 아닙니다. 복음서 마지막 부분은 십자가에서 죽었다는 이야기가 나오는데 이걸 자기가 썼을 리가 없잖아요. 복음서는 다른 사람이 사건을 목격하고 그것을 기록하여 증언하는 형태입니다.

한마디로 복음서는 예수 크리스트에 대해서 증언하는 글이며 작가는 마르코, 마태오, 루카, 요한입니다. 정말 그들이 썼는지에 대해서 여러 의견이 있긴 하지만 어쨌든 예수와 만난 적이 있는 사람들이거나 예수의 주변 인물들입니다. 증언을 기록한 문서는 여러 권 있는 게 오히려 좋지 않을까 싶은데요. 결과적으로 4권의 복음서가 신약성서에 포함되었습니다.

기독교는 복음서에 의해서 성립된 것이 아닙니다. 복음서는 기독교가 만들어진 뒤 성서로 선택되었습니다. 그럼 기독교는 언제 성립되었을까요? 바로 바울의 서간(편지)에 의해서 성립되었습니다. 바울이 서간을 쓴 건 복음서가 만들어지기 훨씬 전이니 복음서를 보지 않고 쓴 겁니다. 바울은 이미 그때 예수가 크리스트이며 신의 아들이라고 확신하고 있었습니다. 바울은 예수의 십자가형을 의미하는 교리를 생각해냈기 때문에 유대교 가 아닌 기독교라는 새로운 종교가 만들어진 것입니다. 여기까지가 복음서 편찬까지의 순서입니다.

복음서는 교회 이곳저곳에 전해진 예수의 언행에 대해서 기록한 것입니다. 어떤 교회든 자신들의 교회에서 나온 이야기가 더 중요하니 꼭 성서에 포함되어야 한다고 생각했겠죠. 그래서 그것들을 하나로 문서화하기 어려웠고 4개의 복음서와 바울이 생각한 교리를 축으로 기독교가 성립되었습니다.

오사와 신약성서라고 하면 복음서 이미지가 강할 것 같잖아요? 근데 사실 신약성서에서 중요한 부분은 바울의 서간(편지) 부분이거든요. 그중에는 정말 바울이 쓴 부분과 그렇지 않은 부분이 있겠지만 확실한 건 예수 본인이 쓴 건 없다는 겁니다. 신약성서의 가장 중심적인 필자는 바울입니다. 그렇기 때문에 기독교 성립에 대해서 이야기할 때 바울이라는 인물을 무시할 수 없으며, 뒤에서 심도 있게 다루도록 하겠습니다. 그전에 좀 더 역사 속 예수에 대해서 알고 싶은데요.

말씀하신대로 복음서라는 건 신의 말씀이 아닙니다. 일단 저자의 이름이 각 제목에 적혀있지만 루카나 마르코라는 이름은 상징적일 뿐 실제로는 여러 사람이 쓴 것이 아닌가 싶습니다. 어쨌든 인간이 실제로 보거나 겪고 전해들은 것을 기반으로 쓴 것은 사실입니다. 예언서처럼 신의 말을 직접적으로 듣고 적은 것이 아니기 때문에 증언서라고 할 수 있는데요, 그래서 복음서 저자마다 시점이나 해석에 차이가 있고 아무리 노력해도 똑같을 수가 없는 거예요. 알라의 말씀을 그대로 필사한 코란과는 상당히 다르죠.

방금 말한 것처럼 기독교에서 말하는 진리란 상대성이론과 아이슈타인처럼 뚝 떼놓고 생각할 수 없다는 점이 참 흥미로운데요. 기독교에서는 예수 크리스트가 전도하고 십자가 위에서 죽은 뒤 부활했다는 일련의 사건 그 자체가 이미 진리인 것입니다. 단 가장 중요한 부분에서 복음서마다 내용, 즉 증언이 살짝 달라서 불확실하다는 점이 있는데 처음부터 그런 차이를 인정하는 기독교의 자세에서 심오함을 느꼈습니다.

3. 예수는 정말 기적을 일으켰을까

오사와 제 생각에는 각 복음서마다 내용은 서로 다를 수 있어도 큰 틀은 실제 있었던 일이 아닐까 싶어요. 복음서 내용의 기반이 되는 사건들은 실제 있었던 일이고 예수는 실존 인물로 다양한 활동을 하지 않았을까 싶은데요. 복음서를 보면 예수는 유대인으로 머리도 좋고 기발한 아이디어가 샘솟는 사람이었던 것으로 보입니다.

그런데 예수가 실존 인물이었다는 주장에 많은 사람들은 복음서에 나오는 기적들이 정말 사실인지 궁금해 합니다. 특히 '부활'은 정말 중요한 부분이기 때문에 다음에 더 자세히 알아보도록 할 거고요. 부활 외에도 기적에 관한 많은 내용이 나오는데 그중에서 병을 낫게 하는 기적을 많이 볼 수 있습니다. 복음서에 나오는 그런 내용을 다 믿을 것인지는 차치하더라도 상당 부분이 실재했던 이야기가 아닐까 싶어요. 예수는 당시 사람들에게 상당히 권위 있던 존재였기 때문에 예수를 직접 접하는 것만으로도 어느 정도 병이 낫는 효과가 있지 않았을까요? 물론 좀 이해하기 힘든 부분도 있는데 아까 말한 엄청 적은 양의 빵과 생선으로 5,000명을 배부르게 했다는 부분이나 물 위를 걸어 다녔다, 죽은 자를 살아나게 했다 등등. 저는 솔직히 복음서에 나오는 기적 중 절반만 사실이라고 보는데요. 기독교 신자들은 이런 말도 안 되는 이야기에 대해서 어떻게 생각할까요?

하시즈메 우선 역사 속 인물 예수와 복음서의 관계에 대해서 말씀드리면 예수가 실존했던 인물이기 때문에 복음서를 만들 수 있었다고 봅니다. 그렇긴 하나 예수가 복음서에 적힌 그대로 말하거나 행동했다고는 생각하지 않아요. 그럼 어떤 부분이 사실일까요?

복음서는 4권으로 나뉘어져있기 때문에 우선 그 4권의 공통된 부분을 찾아야 합니다. 그러나 그런 공통된 부분에도 신자들이 어느 정도 살을 붙였을 수 있으니 더욱 주의해서 살펴봐야 하겠죠. 그런 부분을 전부 감안해야 비로소 역사적으로 실존했던 예수를 마주할 수 있는 겁니다. 나사렛의 예수는 베들레헴에서 살지 않았습니다. 4권의 복음서 중 마태오복음서와 루카복음서에 '베들레헴에서 태어났다.'라는 대목이 나오는데 베들레헴은 12부족 중 유대족이 살던 지역으로 다윗과 연이 깊은 도시입니다. 미카서 5장 1절에 구세주는 베들레헴에서 출현한다는 구절이 있기 때문에 예수는 베들레헴에서 태어나야 한다고 생각했던 사람이 덧붙인 게 아닌가 싶습니다. 나사렛 출신인 예수가 나사렛에서 멀리 떨어진 남쪽의 베들레헴에서 태어났을 리가 없으니까요.

이와 마찬가지로 마태오복음서 서두에 나오는 예수의 족보도 사실이라고 보기 어렵습니다. 복음서 첫 부분부터 이런 말도 안 되는 이야기가 나오니 성서를 읽으려고 해도 포기하는 사람들이 많은 것 같은데요. 여기에 나오는 예수의 족보는 그냥 예수가 왕이었던 다윗 가문에 속한다는 것을 보여주기 위한 것이라고 생각합니다. 예수의 아버지인 목수 요셉이 다윗의 자손이어야 한다는 말인데 이 또한 사무엘기하 22장 51절의 예언을 반영한 것으로 보입니다.

예수가 크리스트(히브라이어로 메시아)라는 건 이사야기 등 구약성서 여기저기에 나오는 메시아 예언이 실현되었음을 믿어 이 예언에 맞게 각색되었을 가능성이 있습니다. 진짜 인간 예수를 알기 위해서는 이런 부분을 제외해야 한다고 생각합니다.

구약성서에 메시아를 예언하는 부분이 나오기 때문에 민중이 메시아를 기다리고 바랐던 건 예수 본인도 잘 알고 있었을 겁니다. 그래서 그런 상황을 의식해서 자신의 언행에 반영했기 때문에 구약성서 내용과 예수의 실제 언행이 일치할 수도 있습니다. 근데 저는 예수가 그렇게 잔꾀를 부릴만한 인물이라곤 생각하지 않아요. 그보다는 좀 더 자유롭게 민중의 기대에 부흥하기 위해 행동했던 거 같습니다. 그래서 후세에 누군가가 구약성서의 예언과 일치하는 내용을 덧붙였을 가능성이 크다고 봅니다. 오사와 씨가 말씀하신대로 복음서에 나오는 기적에는 말도 안 되는 내용과 함께 '아, 이 정도는 있을 법하지 않나' 싶은 부분이 있어요. 가장 말이 안 되는 건 '부활'인데요. 복음서 중 가장 오래된 마르코복음서에는 부활에 대한 언급은 없고 예수의 무덤이 텅 빈 장면에서 갑자기 이야기가 끝나버립니다. 다른 복음서 중에도 늦게 편찬된 것일수록 부활에 관한 기록이 구체적이고 세세한데, 그걸 보면 부활이라는 기적은 예수가 죽고 어느 정도 시간이 지난 후에 지금 같은 형태로 믿게 된 것 같습니다. 죽은 자를 살렸다, 예수가 물 위를 걸었다 같은 기적도 실제로 일어났던 일이라 보기 어렵지만 그 외는 실제로 있었던 일일 수도 있어요. 예를 들어 '폭풍우야! 잠잠해져라!'라고 말하니 수그러졌다고 하는데 사실 폭풍우는 시간이 지나면 잠잠해지기 마련이니까요.

오사와 그럴 수도 있겠네요. 폭풍우는 어느 정도 시간이 지나면 자연스레 잠잠해지니까요.

하시즈메 예수는 폭풍우가 잠잠해질 때까지 그냥 태연히 자기 할 일을 하고 있었을 겁니다. 구약성서 열왕기상 17장 22절 등에 죽은 자를 살려내는 기적이 나오잖아요. 그러니까 예수 크리스트도 못할 게 없다고 생각해서 그런 내용들을 덧붙인 게 아닐까요?

그리고 적은 양의 음식으로 백 명을 배부르게 했다는 기적은 구약성서에 나오는 내용인데(열왕기하 4장 42~44절) 아까 말씀하신 것처럼 5,000명을 먹였다는 신약성서에 비하면 적은 숫자입니다. 사회학 측면에서 볼 때 이 내용은 사실이었다고 보는데요. 예수의 말을 듣고자 먼 곳까지 이동해야 했던 사람들은 중간에 배가 고프면 안 되기 때문에 식량을 챙겨가야 했을 겁니다. 가는 동안 그 음식을 어설프게 드러내고 돌아다니면 빼앗길 수도 있으니 잘 숨겨서 말이죠. 식사 시간이 되면 예수가 음식을 빼앗지 말고 서로 잘 나눠 먹도록 유도했으니 각자 챙겨온 음식을 꺼내서 모두 먹을 수 있었던 겁니다. 바구니에 빵 부스러기가 많았다는 것도 이상한 이야기가 아니죠.

오사와 빵 부스러기가 빵보다 많았으니까요?

하시즈메 네. 사람들 수나 식량에 대해서 부풀린 부분이 없지 않아 있겠지만 아예 없던 일은 아니라고 봅니다. 병을 낫게 하는 기적도 그 당시 사람들은 지금보다 심신 반응이 더욱 격렬했으니 과장되긴 했어도 어느 정도 사실이라고 봅니다. 그래서 복음서에 나오는 기적은 밑도 끝도 없는 이야기는 아닌 거죠.

지금까지 이야기를 종합해봤을 때 예수의 기적은 그렇게 대단한 일이 아닙니다. 신의 아들이기 때문에 여호와와 똑같은 기적을 일으킬 법도 한데 예수는 사람과 별 차이가 없습니다. 복음서의 내용은 실제 예수의 행동과 큰 차이가 없었다고 봅니다. 예수가 메시아이며 신의 아들이라는 것이 기독교 신앙의 핵심이고 이를 증명하기 위한 수단이 바로 기적입니다. 기적은 중요하긴 하지만 지엽적인 것에 지나지 않습니다. 예수가 신의 말을 전달하는 한 기적이 없었어도 복음서는 완성되었을 거예요. 그래서 복음서를 읽을 때 기적을 이해하기 힘든 사람은 굳이 믿지 않아도 됩니다.

오사와 제1부에서도 조금 나왔던 이야기인데요. 생각해보면 기적은, 정말 믿어야 하는 것을 위한 방증 같은 것입니다. 한마디로 사람들이 예수가 메시아나 신의 아들이라는 걸 믿어주면 좋으련만 무조건 믿으라고 해도 쉽게 믿어주질 않으니 여러 에피소드, 즉 기적들을 보여주는 거예요. 그 기적을 듣고 사람들이 '아, 예수가 메시아일 수도 있겠구나.'라고 느끼게 되는 겁니다. 그렇기 때문에 기적은 기독교 신앙에서 부록 같은 존재입니다. 메시아의 구원 행위로 보이는 병을 낫게 하는 기적이나 폭풍우를 잠재우고 물 위를 걷는다는 건 메시아 이미지를 심어주기 위한 간접 증거라고 생각합니다. 하시즈메 씨가 말씀하신 것처럼 기적 그 자체를 초능력으로 받아들일지는 2차적인 문제라고 봅니다.

4. 예수는 신인가 인간인가

오사와 기적에 관한 이야기는 이쯤에서 마무리하고 가장 중요한 물음으로 넘어가볼게요. 우리는 예수를 '크리스트(메시아)'라고 부릅니다. 어떤 이는 예수를 '신의 아들'이라고도 하고요. 거두절미하고 기독교에서 예수 크리스트는 어떤 존재일까요?

일본 신화에 이자나미와 이자나기라는 신이 나오는데 이 둘은 많은 자식을 낳습니다. 앞에서도 몇 번 나온 아마테라스가 바로 이자나기가 낳은 '신의 아들'로 이들 또한 신이 되므로 일본에는 수많은 신이 존재하게 됩니다. 그렇다면 '신의 아들'이라 불리는 예수를 이렇게 이해해도 될까요? 아마테라스나 아마테라스의 동생 스사노오가 이자나기의 자식인 것처럼 예수 크리스트도 여호와의 자식인 걸까요? 그렇게 되면 여호와와 예수 모두 신이 되니까 일신교의 가장 중요한 원칙을 어기게 됩니다.

예수는 인간일까요? 신일까요? 물론 실증과학 입장에서 보면 예수는 실존했던 역사적 인물로 사람이라면 사람이라 할 수 있습니다. 그러나 신앙을 가진 사람들은 예수를 예언자 중 하나로 치부할 수 없습니다. 그렇다고 예수를 신으로 생각할 수도 없고요. 실제로 기독교 교리나 신학계에서도 이것과 관련된 여러 가설이 있는데 상당히 중요한 질문이라고 생각합니다. 어떻게 설명하는 게 정답일까요?

하시즈메 러시아 전통인형 중에 마트료시카라는 인형이 있는데요.

오사와 인형 안에 작은 인형이 있고 그 안에 더 작은 인형이 있고……. 그런 인형 말씀하시는 거죠?

하시즈메 네. 바로 그 인형이요. 가장 바깥에 있는 인형을 열면 그 안에 작은 인형이 나오고 그 안에 또 작은 인형이 나오잖아요. 인형 속에 인형이 몇 개나 들어있지요. 예수 크리스트도 이 인형과 마찬가지라고 봅니다. 우리들이 알고 있는 예수 크리스트는 마트료시카의 가장 바깥 쪽 인형이랑 똑같아요. 아주 잘 만들어진 모습입니다. 그런 예수를 계속 연구해나가다 보면 가장 안쪽에 자리 잡은 예수를 만날 수 있습니다. 저는 그 예수야 말로 진짜 역사 속의 예수라고 생각하는데, 이런 예수는 시간을 거슬러 올라가다보면 만날 수 있습니다.

우선 인간 예수에 대해서 생각해봅시다. 확실한 건 그가 나사렛에서 태어났고 아버지는 목수 요셉, 어머니는 마리아라는 겁니다. 그리고 그에게는 형제가 있었고 예수 역시 목수로 시나고구(유대교 교회, 회당)를 다니며 구약성서를 열심히 공부했습니다. 바리새인의 공부 방식으로 모세의 율법을 배웠던 것으로 추정되며, 그가 결혼을 했는지는 정확하게 알려진 바가 없습니다. 예수는 30세가 되기 전 나사렛을 떠나 세례자 요한의 교단에 가입합니다. 그 후 몇몇을 데리고(후에 만들어진 기록에 따르면 12명의 제자를 데리고 갔다고 합니다) 교단을 나와 독자적인 활동을 시작합니다. 가리라야 지방과 팔레스타인 각지를 방문해 설교도 하고 예언자처럼 행동했고 여기저기서 바리새인 및 사두개인과 마찰을 일으키다 예루살렘에서 체포, 사형을 당하게 됩니다. 역사 속 예수란 이런 인물입니다.

예수의 초기 가르침은 세례자 요한과 비슷했는데 '회개하라, 재판의 날이 다가오고 있다.' 이런 식이었습니다. 당시 '의(義)의 교사(Teacher of righteousness)'라는 사람들이 있었는데 그들의 가르침도 어느 정도 염두에 두었을 거라 추측됩니다. '너의 이웃을 사랑하라'도 예수가 한 말이 아닌 구약성서(레위기 19장 18절)에서 배운 것이고, 이 외에도 당시의 율법 해석과 다른 예수 독자적인 가르침도 많이 있었습니다. '웃옷을 도둑맞으면 아랫도리를 내주어라.'라든가 '오른쪽 뺨을 맞으면 왼쪽 뺨을 내밀어라' 같은 거요. 다양한 예를 절묘하게 사용하여 독특한 가르침을 전파했다는 점이 가장 예수다운 모습이 아닐까요?

지금까지 제가 한 이야기가 역사 속 예수의 가장 핵심적인 모습이었다면 이제부터는 마트료시카의 가장 바깥 인형처럼 만들어진 모습에 대해서 이야기해보고자 합니다. 우선 처녀 잉태부터

볼까요. 구약성서 사사기 13장 등을 보면 나이가 많거나 아이를 가질 수 없는 여성들이 예언자를 낳는다는 특별한 설정이 있는데 이게 확대되어 예수에게도 반영된 것으로 보입니다. 가장 오래된 복음서인 마르코복음서는 예수의 탄생에 대해서 아무 언급도 없다가 갑자기 청년기부터 이야기가 시작되거든요. 예수의 특별한 탄생은 아마 그 후에 덧붙여진 것으로 보입니다. 의의 교사는 인간의 활동이지만 예언자는 신의 활동으로 볼 수 있습니다. 그렇기 때문에 예수는 남들과 다른 탄생 배경을 가졌다고 해도 이상할 게 없죠. 근데 예언자라면 모를까 신이라면 이야기가 또 달라집니다.

오사와 그렇군요.

하시즈메 예수가 예언자로 활동했기 때문에 예수를 예언자로 생각하는 사람들이 많았고 예수를 보고 '엘리야의 재림'이라고 했습니다. 사람들은 예언자 엘리야가 산 채로 승천했다고 믿었기 때문에(열왕기하 2장 11절) 재림했다고 해도 놀라울 것이 없었습니다.

메시아란 예언자보다도 한 단계 더 높은 존재인 구세주를 의미하는 히브라이어로 그리스어로 크리스트라고 표현합니다. 즉 예수 크리스트는 구세주이신 예수라는 의미입니다.

메시아는 구세주이기 때문에 이 세상을 다시 만들 수 있었습니다. 신의 말을 전하기만 하는 예언자와 달리 마르크스, 레닌 같은 혁명가로 볼 수 있는 거죠. 당시 유대인들 사이에는 메시아 대망론(待望論)이 널리 퍼져있었습니다. 예수야 말로 그들이 말하는 메시아이며, 예수 크리스트는 유대교의 호칭으로서 그가 아직 유대교에서 벗어나지 못했음을 드러냅니다.

그런데 그토록 유대인들이 메시아(크리스트)라고 믿었던 예수가 너무나도 쉽게 죽어버렸습니다. 그리고 예수가 죽어도 이 세상에는 아무 일도 일어나지 않았습니다. 신전이 무너진 것도 아니고……. 기대감을 갖고 예수를 따랐던 민중들은 물론 예수의 12명 제자들 역시 실망하여 뿔뿔이 흩어졌습니다. 예수를 메시아로 믿었기 때문에 부활할 거라곤 생각지 못했던 것 같습니다.

예수의 부활은 예수를 그저 메시아(크리스트)로 보는 게 아니라 그보다 한 단계 더 높은 존재로 보는 새로운 요소입니다. 죽은 자가 부활한다는 것도 유대교에서 온 개념인데, 초기 유대교에 부활이라는 개념이 없었지만 예수가 살던 시대에는 죽은 자의 부활을 믿는 집단이 우세했습니다. 복음서 내용 중 부활을 둘러싸고 이를 믿는 바리새인과 믿지 않는 사두개인이 논쟁을 벌이는 장면이 나오기도 하는데 아마 예수는 부활을 믿는 쪽이었던 것으로 보입니다. 여기서 말하는 부활이란 우연히 죽은 자가 되살아났다는 것이 아니라 심판의 날에 여호와의 은혜로 수많은 죽은 자들이 부활한다는 것을 의미합니다.

복음서 속 예수의 부활을 정리해보면 예수의 무덤이 텅 비었기 때문에 예수가 부활한 게 아니냐는 대목이 나옵니다. 최초로 이 이야기를 퍼뜨린 건 12명의 제자가 아닌 마리아를 비롯한 여자들이었습니다. 예수의 죽음은 당시 사람들에게도 갑작스러운 일이었기에 받아들이기 힘들었습니다. 그래서 제자들이 시체를 어디로 빼돌린 거 아니냐는 의혹도 있었습니다. 결국 무덤 옆에서 소란을 피우던 여자들은 천사에게 예수는 부활했고 여기에 없다, 가리라야에 있다는 이야기를 듣습니다. 그 이야기를 듣고 가리라야를 찾아간 제자들 앞에 예수가 모습을 드러낸 뒤 승천했다고 믿게 됩니다.

사람들을 구원하기 위해 온 예수가 처형당한 뒤 부활하여 승천했다는 복음서 내용은 무슨 의미를 가지고 있을까요? 바로 예수 크리스트가 '신의 아들'이라는 걸 보여주고 있다는 점입니다. 신의 아들 예수 크리스트는 또 하나의 큰 존재로 여겨지게 된 거죠. 이제는 더 이상 유대교만의 개념이 아닌 겁니다.

예수 크리스트를 '신의 아들'로 여기도록 한 것은 바울입니다. 오늘날의 터키에서 태어난 바울은 유대교 신자로 그리스어를 유창하게 구사했으며 로마 시민권을 가지고 있었습니다. 기독교 신자를 박해하는데 앞장서기도 했으나 어느 날 부활한 예수를 보고 회개하여 열렬한 기독교 신자로 활약을 시작하여 전국 각지에서 선교 활동을 이어나갔고 로마에서도 포교활동을 펼쳤습니다. 그 사이 로마인들과 코린트인에게 많은 편지를 보냈는데 이 편지들이 신약성서에 들어가게 된 것입니다.

이처럼 '신의 아들'은 '예수 크리스트'라는 의미가 아니라 이보다도 한 단계 더 심화된 개념이라고 볼 수 있습니다.

오사와 예수 크리스트는 구세주라는 의미에 불과하지만 신의 아들은 신에 한 단계 가까워진 모습이네요.

하시즈메 네, 맞습니다. 구세주와 신의 아들은 서로 다른 의미입니다. 그러나 보통 사람들은 구별하지 않고 하나라고 생각하지만 서로 다른 개념이에요. 처녀잉태는 좀 더 오래된 이야기로 실제로 있었던 일이 어느 정도 부풀려진 것으로 보입니다.

오사와 그 사람이 얼마나 특별한 존재인지 인식시키기 위해 처녀잉태라는 장치를 만든 것 같아요. 말씀하신대로 예수 크리스트를 신으로 받아들일지 신의 아들로 받아들일지는 기독교와 유대교가 분명한 입장 차이를 보이고 있습니다. 그래서 기독교가 이후 역사에 독특한 발자취를 남길 수 있었던 것 같아요. 마트료시카를 예로 들었는데요. 예수의 가장 완성된 모습까지 포함해서 생각해야 기독교가 가진 독특함을 이해할 수 있다고 봅니다.

5. '인간의 아들'이 가진 의미

하시즈메 복음서에서 예수를 '신의 아들'이라고 명확하게 묘사하진 않아요. 요한복음서에는 '신의 아들'이라는 분명한 표현이 나오긴 하지만 이 복음서는 나중에 만들어진 거라 좀 다르거든요. 마르코, 마태오, 루카복음서는 공관복음서(Synoptic gospel, 서로 비교해가며 같이 읽을 수 있는 복음서)로 예수를 '인간의 아들'이라고 표현하고 있으며 이는 메시아를 지칭하기도 합니다.

복음서는 기독교가 오늘날의 모습을 띠기 전에 만들어진 거라 예수가 '신의 아들'인지에 대해서는 명확한 입장을 보이지 않고 메시아라고 합니다. 이를 바울의 해석으로 읽는 게 바로 기독교인 것입니다.

오사와 그렇군요. 기독교 교리에 대해서 이야기하기 전에 우선 용어부터 정리할게요. 복음서는 '인간의 아들'이라는 표현을 사용합니다. 공관복음서에 '신의 아들'이라는 표현이 거의 나오지 않는데 잠깐 나오는 것도 심오한 의미가 있는 게 아니라 아무 생각 없이 예수를 그렇게 부르는 장면뿐입니다(백인대장이 십자가에 매달린 예수를 향해 신의 아들이라 부르거나 악마가 예수를 도발하는 장면).

복음서 중 유일하게 '신의 아들'이라는 개념을 분명히 한 요한 복음서의 경우 다른 복음서에 비해 '신의 아들'이 심오한 의미를 갖고 있음을 알 수 있습니다. 사상적 의미를 내포하는 장면들이 비교적 많이 등장하거든요. 어떤 사실에 대한 증언이 아닌 어딘가 교훈적 표현이 있다는 이야기입니다. 그래서 요한복음서에 '신의 아들'이라는 표현이 나왔다고 해서 예수가 살아 있을 때 그런 표현을 썼다고 보기는 어렵습니다.

예수 또한 본인에 대해서 '신의 아들'이라고 표현하지 않았으며 '구세주'라는 표현도 사용하지 않았습니다. 그 대신 복음서에 따르면 예수는 스스로를 3인칭 시점에서 '인간의 자식이 이러저러하다'라는 표현을 썼다고 합니다. 예수는 자기 자신을 가리킬 때 '인간의 자식'이라는 말을 비교적 즐겨 쓴 거 같습니다.

복음서를 읽어 보면 사람들 사이에서 '예수는 메시아다', '예수는 다윗의 후손이다.'라는 소문이 돌아 예수를 구세주와 비슷한 존재로 엮으려 했고 예수 본인도 사람들이 자신에 대해 그렇게 말하는 것을 알고 있었습니다.

예수는 베드로와 이야기를 주고받기도 했는데요. 제자들에게 '너희들은 나에 대해서 어떻게 생각하는가?'라고 물었고 베드로는 '당신은 메시아, 살아 있는 신의 아들입니다.'라고 대답했습니다. 이때 예수는 베드로의 대답에 대해 부정도 긍정도 하지 않았습니다. 굳이 말하자면 소극적인 긍정이라고 해야 할까요? 베드로에게 '그 말은 자네 가슴에 묻어두게.'라고 답했다고 합니다. 제가 제대로 이해한 것이 맞나요?

하시즈메 네. 오사와 씨가 말씀하신 부분은 마태오복음서 16장 16절에 적혀있습니다.

오사와 이렇게 이야기를 해보니 복음서 내용 중에 모호한 부분이 많은 것 같군요. 그럼 '인간의 아들'이라는 독특한 호칭은 어떤 의미를 가지고 있나요? 일반적으로 '인간의 아들'이란 구세주라고 해석되는 것 같은데 구약성서에 그렇게 나오나요?

하시즈메 에제키엘서 2장 1절이나 다니엘서 7장 13절 등 여러 곳에서 그런 표현이 나옵니다. 바빌론 유수 전후로 예수에 대해서 메시아라는 표현이 나오는데 여호와가 유대민족의 역경을 반전시켜줄 구세주를 내려주실 것이라는 신앙이 어디에선가부터 일기 시작한 것입니다.

당시 유대민족에게 메시아란 군사령관, 좀 더 자세히 말하자면 유대인들을 해방시켜주는 국가의 왕을 의미했을 거라 생각하는데 에티오피아 왕이나 페르시아 왕을 메시아로 보지 않았나 싶어요. 실제로도 페르시아 왕이었던 키루스 2세가 신바빌로니아를 멸망시키고 포로로 잡혀있던 유대인들을 해방시켜줬고요.

그 후 무슨 일이 있을 때마다 메시아가 등장한 것이 아니냐는 메시아 대망론이 확산되었고 예수 역시 그런 시대를 살았습니다. 그 시대에 메시아를 '인간의 아들'이라고 부르기도 했어요.

오사와 그렇군요. 가장 오래된 묵시문학으로 알려진 다니엘서에 '인간의 아들 같은 이가 하늘의 구름을 타고 우리를 구원하러 왔다.'라는 대목이 나와요.(7장 13절) 다니엘서에 따르면 네 마리의 짐승이 차례로 세계를 지배하게 되었다고 하는데 여기서 말하는 네 마리의 짐승이란 악독한 고대 오리엔트 · 헬레니즘 왕조를 비유한 것이라고 생각합니다. 그리고 '종말이 다가왔을 때는 짐승이 아니라 인간의 모습을 한 자가 내려와 세계를 영원히 지배

할 것이다.'라는 대목이 나오는데요. 당시 유대교에 정통한 사람들은 '인간의 아들'이 메시아를 의미한다고 생각했습니다.

또 일본의 성서학 전문가인 다가와 겐조(田川健三) 씨는 '인간의 아들'이란 표현은 예수가 살았던 시대에 자주 사용되던 구어로 아람어로 치환하면 일상적인 어휘였다고 주장합니다. 당시에 'ㅇㅇ의 아들'이라는 표현이 자주 사용되었는데 다가와 씨의 논리에 따르면 '인간의 아들'이란 '수많은 인간 중의 한 명', '한 명의 인간'이라는 지극히 평범한 의미에 지나지 않는다는 것입니다.

물론 예수는 구약성서에 정통한 인물이었기 때문에 '인간의 아들'이란 표현에 구약성서에서 유래된 구세주라는 의미가 있다는 걸 알았을 거예요. 예수가 메시아와 인간이라는 두 가지 의미를 이중적으로 사용하기 위해 일부러 '인간의 아들'이라는 표현을 사용한 건 아닐까요?

또 예수는 자신을 '크리스트'도, '다윗의 아들'도, '신의 아들'도 아닌 '인간의 아들'이라 부르는 것을 좋아했는데요. '인간의 아들'이란 호칭은 종교적 부담감이 없는 매우 평범한 의미이고 유대교 전통에서 보면 구세주라는 의미를 담고 있기 때문이 아닐까 싶습니다.

6. 예수는 무슨 죄로 처형 당했나

오사와 다들 알다시피 예수는 십자가에 매달려 사형을 당했고 사흘 후 부활했습니다. 단순히 역사적 사건으로 봤을 때 예수는 어떤 죄목으로 처형당한 것일까요. 복음서는 기독교 신자 입장에서 만들어졌기 때문인지 예수가 어떤 중한 죄(물론 원죄입니다만)를 지었는지 설명하지 않습니다.

복음서에 따르면 예수가 처형당한 날 한 죄인이 특사로 석방되었고 바라바라는 유명한 범죄자가 체포되었습니다. 로마 총독이었던 폰티우스 필라투스는 유대인들에게 예수와 바라바 중 누구를 석방시킬지 물었고 유대인들은 바라바를 석방시키고 예수를 처형해달라고 했습니다. 필라투스는 마지못해 유대인들의 의견을 따랐고 바라바라는 인물은 예수 대신 석방되어 역사에 이름을 남기게 되었습니다.

예수는 이런 식으로 처형당했는데 당시 정치상황이 조금 복잡하여 지금 제가 말한 것처럼 유대인들에게 그 정도 주권이 있었는지 분명하지 않습니다. 예수가 당한 십자가형은 로마식 처형으로 유대인들이 처형해달라고 했다고 해서 로마가 집행한다는 건 납득이 안 되거든요. 종교적, 우화적 해석은 차치하고 실제 처형 당시 상황이 어땠는지 그리고 예수가 왜 처형당했는지 궁금합니다.

하시즈메 당시 유대지방은 로마에 종속되어 자치권이 한정적이었습니다. 로마를 뒤에 업고 이 지역을 통치했던 헤로데 1세가 사망하고 나서 세 명의 아들과 로마제국이 영토를 네 곳으로 나눠 갖는데 세례자 요한을 죽인 헤로데 안티파스가 이 세 아들 중 하나입니다.

오사와 이름이 비슷한 사람들이 많이 나오니 헷갈리기 시작하네요.

하시즈메 그렇죠? 이 헤로데 왕가는 이두메인으로 유대인이 아니었습니다. 게다가 그리스에 심취하여 헬레니즘 문화를 좋아해 유대인들과의 사이가 원만하지 못했습니다. 이와 별개로 통치 실권은 산헤드린(오늘날의 대법원)이 쥐고 있었는데 바리새인과 사두개인 지도자들이 이곳에 모이곤 했습니다. 산헤드린은 행정기관이자 재판기관으로 예수는 이 곳에서 재판을 받았습니다. 그리고 사형 집행권은 로마 총독이 갖고 있었는데요, 오늘날 일본 법무장관 같은 위치입니다. 사형 판결을 내린 것은 법원이지만 사형 집행은 법무장관이 결정하는 것처럼 판결권과 집행권이 분리되어 있었습니다. 때문에 예수는 산헤드린에서 사형을 선고 받고 형의 집행을 위해 총독 필라투스 쪽으로 이동했습니다. 필라투스는 마침 유월절이기도 하여 관례에 따라서 죄인 한 명을 사면시킬 수 있었는데 예수를 석방하려 했지만 유대인들이 바라바를 석방시켜달라고 외쳐댔고 결국 바라바가 석방된 것입니다. 예수는 다른 두 명의 죄인과 함께 골고다 언덕에서 로마식 형벌인 십자가형으로 금요일 오후 생을 마감했습니다. 이때 예수의 죄목은 신성모독죄였습니다. 방금 '인간의 아들'이라는 표현이 중의적으로 사용되었다고 했잖아요. '인간의 아들'이란 말이 메시아를 의미하는 건지, 인간을 의미하는 건지 모호하기 때문에 '인간의 아들'이라 자칭했다고 하여 유죄를 내리기엔 어려움이 있죠. 근데 당시 대다수의 예언자들이 살해를 당하거나 재판을 받았다는 걸 생각해보면 예수가 '신의 아들'이라고 말했을 가능성도 있습니다.

그리고 예수는 자신에게 위험한 상황이 닥칠 것이라는 것도 잘 알고 있었을 거예요. 자신의 선배격인 세례자 요한 또한 눈앞에서 비명횡사 했으니 말이죠. 그래서 어느 정도 죽음을 각오하고 행동했을 겁니다.

오사와 예수는 몇 번이나 자신의 죽음에 대해서 예언하는 말을 남겼죠. 예수가 죽음을 예감하는 듯한 말은 차후에 덧붙여지거나 과장된 부분도 있겠지만 예수는 실제로 자신이 살해당할지도 모른다고 생각했을 가능성이 높습니다. 유대인 주류파들이 자신에게 상당한 적대심을 갖고 있어서 언젠가는 살해당할 거라고 의식하고 있었을 거예요.

하시즈메 그런 생각을 안 했다면 거짓말이겠죠.

오사와 유대교 흐름에서 사형이 진행되었으니 죄목은 역시 신성모독이겠군요. 사형을 당할 정도로 예수가 악질적인 모독을 했다고 치면 구체적으로 어떤 상황이었을까요? '나는 신이다.' 이렇게 말한 거 아닐까요? 그 정도까진 아니더라도 비슷한 말을 해서 신의 이름을 함부로 입에 올렸다면 그것도 모독일 테고요. 예수는 그게 얼마나 위험한지 잘 알고 있었을 거예요.

어쨌든 복음서 속 예수는 '신의 아들'이라 하지 지칭하지 않았고 본인이 메시아인지에 대해서도 정확한 답을 주지 않았습니다. 그래서 저는 예수가 정확히 신성모독으로 볼 만한 언행을 했을지 의문입니다. 음…, 물론 사람들이 예수를 보고 신의 아들이라 부르거나 구세주 대접을 했을 때 예수가 적극적으로 거부하거나 부정하지 않았잖아요. 이거를 가지고 꼬치꼬치 예수에게 불리하게 적용해서 신성모독이라고 한 게 가장 현실적이지 않을까 싶어요.

그런데 당시 유대인들에게 산헤드린이란 어떤 의미였는지 궁금해요. 의회와 법원의 기능을 가진 조직인 것 같은데 그리스의 아고라(민회)와 비슷한 기관인가요?

하시즈메 과거의 의회는 재판권을 가진 경우가 많았어요. 예수는 모세의 율법을 어긴 죄질이 나쁜 형사범이었기 때문에 의회는 그를 체포하여 재판을 열었습니다. 물론 왕도 있었지만 종교법과 관련된 문제라 관여할 수 없었다고 생각합니다.

당시 재판 상황은 복음서마다 살짝 다른데요. 재판에 참석할 수 있었던 사람들은 한정되어 있었기 때문에 당시 복음서 저자들에게 상황이 제대로 전달되었는지 미심쩍은 부분도 있고요. 어쨌든 재판관(대제사장)이 예수를 신문했을 때 신을 모독하는 답을 했기 때문에 더 이상 수색이나 신문할 필요도 없이 그 자리에서 바로 사형 선고를 내렸던 것 같아요.

오사와 맞아요. 재판관이 예수를 신문하는 장면은 큰 틀은 비슷하긴 한데 자세히 읽어보면 복음서마다 어딘지 모르게 다르더라고요. 루카복음서에서는 재판관이 '너는 신의 아들인가?'라고 묻자 예수가 '너희들이 나에게 그렇게 말하지 않았느냐.'라고 답하는 장면이 나오는데, 사실 예수가 '그렇다, 나는 신의 아들이다.'라고 말한 것도 아니잖아요? 그래서 저는 이 대답을 가지고 신성모독이라며 사형 판결을 내렸다는 건 너무나도 이상하다고 생각해요. 복음서에도 로마 총독 필라우트가 '정말 사형입니까?'라며 혼란스러워 하는 장면이 나오는데 객관적으로 유죄라 보기 어려운 상황이라서 유대인들이 강한 분노를 표출하며 예수의 사형을 희망했던 것으로 이해했습니다.

7. '신의 아들'은 어디서 시작되었는가

오사와 결과적으로 바울의 해석이 정착하면서 '예수는 신의 아들'이라는 이야기가 퍼지게 됐는데요. 기독교를 이해하는데 있어서 '신의 아들'이 어떤 의미를 갖고 있는지 파악하는 것이 중요합니다.

우선 예수가 왜 신의 아들이 아닌지 생각하면서 본질을 이해해 봅시다. 일본인이 기독교와 예수에 대해서 가장 착각하기 쉬운 부분이 바로 '예수 크리스트=기독교 교주'라는 점입니다. 예를 들어 아사하라 쇼코가 옴진리교 교주였던 것처럼 예수 크리스트, 즉 신의 아들을 기독교 교주로 볼 수 있을까요?

하시즈메 이게 정답이라 단정 짓긴 어렵지만 일반적으로 '교주'라는 표현은 말이죠, 본인이 직접 생각해 낸 이념을 주장하여 사람들이 그 이념을 믿게 된 경우입니다. 그리고 여기서 말하는 이념이란 그 사람만의 독특한 아이디어로 다른 이의 것을 차용하지 않은 것이지요.

그런데 기독교는 이와 다릅니다. 예수는 구약성서를 해석하는 인물이지 자신의 아이디어로 어떤 이념을 만들었다고 보기 어렵습니다. 구약성서가 없으면 예수의 말을 이해하기 어려울 정도로 예수의 가르침은 구약성서를 기반으로 하고 있습니다. 그래서 구약성서를 전제로 신약성서가 만들어진 거고요. 예수에게 '당신의 생각은 어디에서 기인했나요?'라고 물으면 아마 구약성서 속에 전부 들어 있다고 대답할 걸요?

오사와 그렇군요. 저는 '신의 아들'이라는 말을 들으면 '그럼 신에게 자식이나 손자가 있는 건가?'라는 생각이 듭니다. 아니면 '신에게도 아버지가 있어?'라든가. 이렇듯 신의 혈연관계를 떠올리게 되는데요. 아까 예를 든 일본 신화는 기독교와 완전히 다르다고 봅니다. 그럼 기독교에서는 '신의 아들'이라는 표현을 무슨 의미로 쓸까요? 일신교 입장에서 신의 아들이라는 또 하나의 신을 인정할리도 없고, 그렇다고 신의 아들이 평범한 인간과 똑같다고 보진 않았을 거 같은데요.

하시즈메 예수는 스스로를 '신의 아들'이라고 생각하지 않았을 거예요. 그렇게 생각한 건 바울이죠. 바울은 삼위일체설 같은 복잡한 이야기엔 관심이 없었고 예수가 신의 아들이라는 단순한 결론에 도달했습니다.

사실 예수 이전에도 여러 국왕들이 '신의 아들'이라는 개념을 썼습니다. 이제 막 왕좌에 오른 왕이 자신의 혈통을 떳떳하게 과시할 수 없을 때 '짐은 태양의 아들이니라.' 혹은 '신의 아들이다.'라고 주장하는 거죠. 바울이 이걸 몰랐을 리가 없으니 '신의 아들'이라는 개념이 그 당시에 파격적인 건 아니었을 거예요.

하지만 유대교는 다릅니다. '인간의 아들'이라는 개념은 있었겠지만 '신의 아들'이라는 개념은 없었을 거예요. 유대인이었던 바울은 독실한 바리새인으로 회개하는 그 순간까지 유대교 틀 속에 갇혀 생각에 생각을 거듭했습니다. 예수 크리스트의 존재는 유대교 논리로 이해할 수 없었기 때문에 바울은 모순에 휩싸였고 스트레스가 쌓이다가 결국 폭발, 회개하게 된 것입니다. 바울은 갑작스레 자신이 알던 세계와 전혀 다른 세계에 놓이게 되었고 예수는 신의 아들이라는 개념을 도출하게 됩니다.

'신의 아들'이라는 의미를 정리해보면 우선 예수는 단독적인 존재가 아닙니다. 신이 직접 예수를 낳았고 그 모든 것이 계획되었다는 이야기입니다. 그렇게 따지면 처녀잉태를 통해 예수를 낳았다는 것이 더 이치에 맞죠.

오사와 그렇습니다.

하시즈메 예언자 중에서 '나는 예언자 같은 거 하기 싫어요!'라고 신에게 화를 내는 이도 있었는데 신은 그를 놓아주지 않고 '네가 어머니 뱃속에 있을 때부터 나는 너를 예언자로 삼을 생각이었다.'라고 말합니다. 사실 이건 신이 예언자를 달래기 위한 것에 지나지 않는데, 실제로 예언자들은 청년기 혹은 중·장년기에 갑자기 신의 목소리가 들려 예언자의 길을 걷게 됩니다.

예수 크리스트는 이런 예언자들과 전혀 다릅니다. 어느 순간 신의 목소리를 듣는 게 아니라 처음부터 신의 계획 아래 태어난 특별한 존재란 거죠. 예수의 역할은 사람들에게 신의 말을 직접 전하는 것입니다. 예언자와 비슷해 보이지만 사실 큰 차이가 있습니다. 예언자는 들은 것을 말하는 것이고 예수는 들은 것이 아닌, 자신이 생각해서 말하는 것입니다. 자기 머릿속에 있는 이야기를 자연스럽게 하는 거예요. 예언자처럼 행동하지만 예언자가 아닌, 신의 아들인 거죠.

'신의 아들'은 부모와 별개로 볼 수도 있습니다. 예수는 예수로 독립된 인격이란 얘기죠. 하지만 이 독립된, 인간의 모습을 한 존재가 신과 100% 똑같은 생각을 갖고 있으니 예수의 생각은 곧 신의 생각이라 봐도 무방하다는 이야기가 됩니다.

좀 더 쉽게 설명해서 원격 장치와 비교해볼게요. 무선 원격 조종으로 비행기나 자동차를 운전할 수 있지만 이건 누군가가 레버를 쥐고 조종하는 거잖아요. 그래서 비행기나 자동차의 움직임에 주체성이 있다고 할 수 없지만 '신의 아들'에게는 본인의 주체성이 있습니다. 이게 바로 바울이 만들어낸 '신의 아들'이라는 개념입니다.

또 하나 생각났는데요. 예수가 여호와를 '아버지'라고 불렀기 때문에 예수를 신의 아들이라고 생각했던 걸 수도 있습니다. 구약성서에는 혈연관계가 아니더라도 손윗사람이나 존경하는 스승을 '우리 아버지'라고 부르는 장면이 나오는데요. 예언자 엘리야가 승천하려 하자 엘리사가 '나의 아버지! 나의 아버지!'라고 외칩니다(열왕기하 2장 12절). 물론 엘리사는 엘리야의 자식이 아니라 너무 존경했기 때문에 그렇게 부른 것입니다.

그래서 저는 예수가 이런 의미로 여호와를 '아버지'라고 부른 게 아닐까 싶어요. 예수가 이런 호칭을 사용하는 사실이 제자들을 통해 많은 사람들에게 퍼져나갔고 예수가 여호와의 아들이 아니냐는 이야기 생긴 게 아닐까요?

오사와 그렇군요. 아까 말씀하신 삼위일체설은 앞으로 나올 기독교 해석 중 하나인데요. 성서에 적혀있는 건 아니지만 기독교를 이해할 때 빼놓을 수 없는 체계화된 교리입니다. 이는 제3부에서 다시 다루도록 할게요.

8. 유대교에 혁신을 일으킨 예수의 활동

오사와 바울뿐만 아니라 예수를 따르던 제자들이나 예수의 가르침에 신선함을 느낀 사람들도 아마 지금까지 알던 예언자와 조금 다르다는 인상을 받았을 거예요. 예언자와 비슷하지만 다르다고 말이죠.

예언자는 신에게 들은 이야기를 전하지만 예수는 신의 말을 차용하는 것이 아닌 자신의 말로 이야기 합니다. 예수는 신처럼 말한다는 상당한 특징을 갖고 있는데요. 성서에 '예수는 권위 있는 자처럼 가르침을 주었기 때문에 사람들이 모두 놀랐다.'라고 적혀있습니다(마르코 1장 22절). 여기서 말하는 '권위 있는 자처럼'은 예수가 신처럼 말했다고 봐도 괜찮나요? 일반적인 예언자들을 생각해보면 권위는 예언자가 아닌 신에게 있는 건데 예수는 마치 자기에게 권위가 있는 것처럼 말했다는 거잖아요.

하시즈메 음…, 그보다는 '권위 있는 자'를 바리새인의 율법학자가 아니라 예언자로 보는 것이 더 적합합니다. 물론 예수는 일반적인 예언자와 다르지만요. 당시 유대교에 바리새인과 사두개인 외에도 에세네파라는 집단이 있었습니다. 복음서에 눈곱만큼도 등장하지 않지만요. 어쨌든 예수와 뜻이 맞는 쪽은 에세네파가 아니었나 싶은데요. 심판의 날이 머지않다고 생각한 에세네파는 마을을 떠나 산 속에서 독신주의성향을 보이며 기도로 하루를 보내는 사람들이었습니다. 혼자 살면서 기도만 하고 살았으니 약 50년 정도 지나면서 자연스레 소멸된 집단입니다.

오사와 아마 예수는 에세네파에게 가장 동질감을 느꼈을 거예요. 복음서에서 바리새인이나 사두개인은 구제불능한 인물로 묘사되는데 에세네파의 이름이 한 번도 나오지 않는다는 건 예수가 그들과 비슷한 생각을 했기 때문이 아닐까 추측합니다. 세례자 요한도 마찬가지로 에세네파에 가까웠을 것 같아요.

하시즈메 저도 그렇게 생각합니다. 그런데 요한은 세례를 받아서 사람들에게 가르침을 주려고 하잖아요? 저는 그 점이 산 속에서만 생활하는 에세네파와 조금 다르다고 생각합니다. 예수도 요한의 영향인지 모르겠지만 조용한 장소에 숨는 것이 아니라 사람들이 많이 모인 장소로 나가서 누구에게나 가르침을 전했습니다. 일반적인 에세네파와는 다르죠. 에세네파와 비슷한 생각을 했지만 상당히 다른 행동을 취했기 때문에 예수 집단을 나사렛파라고 부르는 사람들도 있었습니다.

나사렛파는 유대교 내부의 운동을 의미하는데요. 결국 예수의 행동이 유대교 혁신 운동인 동시에 예언자 같다는 이야기가 됩니다. 제자들도 그렇게 생각했어요. 아무도 기독교 운동이라고 보지 않았습니다.

오사와 맞습니다. 예수는 기독교라는 새로운 종교를 만들기 위한 게 아니라 유대교를 혁신시키고자 이런 움직임을 보인 겁니다. 저는 지금 예수가 에세네파와 다른 행동을 취했다는 이야기를 듣고 평소 생각해오던 궁금증이 하나 떠올랐습니다. 에세네파는 사막 같은 곳에서 금욕적인 수행을 하는 이미지가 있는데요. 복음서 속 예수는 항상 사람들에게 초대받아 먹고 마시고 합니다. 사실 우리들은 예수라고 하면 굉장히 마르고 몹시 가난한 생활을 했을 거라고 생각하거든요. 예수를 묘사한 그림이나 조각에서도 마찬가지고요. 아, 혹시나 해서 말씀드리는 건데 예수가 살아있을 때 예수의 그림이 만들어진 적은 없습니다. 복음서에도 예수의 외모에 대해서 거의 나오지 않는데 신약 외전 중 하나인 '요한행전'에 예수의 외모를 추측할만한 부분이 조금 나오긴 해요. 정식 복음서에는 전혀 나오지 않지만. 어쨌든 이렇게 예수의 외모에 대해서 그 어떤 묘사도 없는 건 우상숭배를 금지했기 때문이라고 생각합니다. 그래서 예수의 그림이나 조각은 후세

사람들의 상상에 지나지 않는 거고요.

예수가 여러 곳에서 먹고 마시고 했다고 해서 그가 사치스러운 인물이라고 생각하는 건 아니지만 그가 상당히 금욕적인 인물이었다고 하기도 좀 그렇지요. 복음서에도 사람들이 인간의 아들(=예수)에 대해서 대식가, 애주가라고 비판하는 장면이 있는데(마태오 11장 19절, 루카 7장 34절), 예수는 결혼식 연회를 천국에 비교하며 '신랑과 함께 있는데 금식을 하는 사람이 있는가?'라는 말을 합니다(마르코 2장 19절, 루카 5장 34절 등). 신랑, 즉 인간의 아들이 있을 때에는 결혼식 연회처럼 사람들과 어울려 먹고 마시며 즐겨도 되지 않느냐는 의미로 받아들여도 되나요?

하시즈메 예수 일행은 항상 끼니를 거른 채 돈도 별로 없었고 엄격한 수행을 해왔습니다. 그래서 식사 자리에 초대받은 게 아닐까요? 하지만 어딘지 모르게 향락적인 분위기가 느껴졌을 수도 있어요. 평범한 사람들과 예수는 시간감각이 달랐으니까요. 예수는 항상 언젠가 자신이 체포되어 사형당할 거라고 각오하고 있었기 때문에 남들처럼 오래 살 거다, 뭐 이런 시간적 여유가 없었습니다. 이 세상이 끝날 것처럼 행동했는데 그런 상황 속에서 금욕과 향락은 별 차이가 없어요. 그래서 평범한 사람들 입장에서는 그렇게 느껴질 수도 있겠네요.

어느 날 예수 일행이 식사를 하고 있는데 어떤 여성이 들어와 비싼 향유를 머리카락에 바르고 무릎을 꿇은 채 예수의 발에 입을 맞췄습니다. 이를 본 유다가 향유를 머리카락에 바르지 말고 팔면 더 많은 사람들에게 은혜를 베풀 수 있다며 여자를 비난했습니다. 그러자 예수는 '그렇지 않다. 은혜는 언제든지 베풀 수 있지만 이 사람은 지금 나에게 이렇게 하지 않으면 앞으로 평생 이런 기회는 오지 않을 것이야'라고 여자를 변호했습니다(마르코 14장 3~9절 등). 이런 구절처럼 사치를 사치로 보지 않는 것이 종말론적 입장인 겁니다.

오사와 하하하. 보는 사람에 따라서 예수가 매일 모임을 갖는 것처럼 볼 수도 있겠군요. 물론 그걸 입 밖으로 내뱉으면 예수를 모독하는 게 될 수도 있지만요.

9. 기독교와 종말론

오사와 아까도 잠깐 나왔는데 예수는 종종 천국에 대한 이야기를 했습니다. 이런저런 예를 들면서 천국은 이런 곳이라고 말이죠. 그런데 그 예라는 게 보통 알기 쉽게 설명하기 위해서 드는 거잖아요? 하지만 예수의 예시는 두루뭉술했어요. 물론 개중에는 딱 들어맞아서 감탄할 때도 있지만 대부분 무슨 말을 하고 있는지 이해가 안 돼서 제자들이 좀 거들어줬으면 하는 순간도 있습니다.

도대체 기독교에서 말하는 천국은 어떤 곳인가요? 세례자 요한과 예수는 천국에 가까워졌다고 했고 바울도 이와 비슷한 입장이었습니다. 다들 천국에 가까워졌다고 하는데 그 천국이 뭔지 알 길이 없네요. 어디에 있는지도 모르겠고요. 천국에 대해서 아는 게 없어서 뭐 좀 물어보면 '천국은 어디에 있는 게 아니다.'라는 대답만 돌아오는데요. 결국 가장 중요한 메시지를 알지 못한 채 이야기가 끝나 버립니다.

하시즈메 일본인들은 죽은 뒤 육체는 사라지고 영혼이 도달하는 곳을 천국이라고 생각하는 경향이 있는데, 이는 기독교와 전혀 상관없는 이야기입니다. 예수 역시 그런 식으로 천국을 설명하지 않았습니다. 우선 유대교에서 말하는 종말의 개념부터 짚고 넘어가야 하는데요.

유대교에서 말하는 그날, 즉 종말의 날에는 여호와가 직접 이 세계에 개입합니다. 유대민족 입장에서 보면 여호와를 믿고 있는 자기들이 이렇게 학대당하는데 다른 종교를 믿는 이집트나 바빌론이 활개를 치고 있으니 세상이 얼마나 잘못 돌아가고 있다고 생각하겠어요. 그래서 여호와가 직접 내려와 이 세계를 바로잡아줄 거라고 믿는 거예요. 마치 불량 채권이 불어난 은행을 국유화하거나 계엄령을 선포하는 것처럼 여호와가 직접 이 세계를 관리하는 거죠. 그렇게 되면 국제 사회의 정치 판도가 달라지고 유대민족의 국제적 지위가 향상되어 예루살렘을 중심으로 한 유대 국가가 패권을 되찾을 것이라고 생각하는 겁니다.

이렇게 보면 종말의 날은 정말 좋은 날 아닌가요? 그리고 종말의 날은 갑작스럽게 인간 앞에 펼쳐지는데 이는 신이 직접 내려와 유대민족을 구원한다는 이야기입니다. 유대민족은 구원받을 것이며 이 땅 위에서 실현될 것이다. 뭐 이런 뜻입니다. 일본어 중에 '요나오시(世直し)'라는 말이 있지요. 한마디로 이 세상을 뒤집어버린다는 이야기입니다.

그런데 예수가 말하는 천국은 이런 유대민족의 생각과는 전혀 다릅니다. 물론 비슷한 부분도 있긴 해요. 예를 들어서 예수가 말하는 천국과 유대민족이 말하는 종말은 모두 갑작스럽게 일어나 신이 직접 개입하여 이 세계를 다시 바로 잡는다, 지금까지 이 세계에 존재하던 질서(정치나 부)가 없었던 일이 된다는 점이 그렇습니다.

차이점은 종말은 지상에서 일어나는데 천국은 그렇지 않다는 것입니다. 그렇다면 하늘나라 이야기냐? 그건 또 아니에요. 요한의 묵시록에 따르면 종말의 날에는 하늘도 무너집니다. 이 세계가 모두 무너져 내렸기 때문에 다시 만들어집니다. 천국은 지금 존재하는 세계 대신 신이 새로운 세상을 창조는 겁니다. 신이 만든 세계이니 인간은 불안해할 필요 없이 몸뚱이 하나만 가지고 가도 됩니다.

그런데 내가 천국에 갈 수 있느냐 없느냐는 인간이 알 수 없습니다. 신의 영역이니까요. 천국에 갈 수 없는 사람 입장에서는 정말 두려운 날이 되겠지요.

오사와 유대교에서 말하는 종말이 뭔지 어느 정도 감이 오네요. 한마디로 유대인을 중심으로, 유대인이 헤게모니를 쥔 세계라는 거잖아요. 그런데 기독교에서 말하는 천국은 누가 천국에 가는지, 어디에 있는지 알 수 없으니 이해하기 어렵습니다.

그리고 천국에 갈 수 있는 사람과 갈 수 없는 사람을 나누는 기준이 뭔지, 어떻게 해야 갈 수 있는지도 모르겠고요. 그리고 천국이 도래하기 전에 죽은 사람들은 어떻게 해야 하나요?

하시즈메 그날, 즉 천국이 이 세상에 도래하는 날에는 죽은 자도 부활합니다. 복음서를 보면 예수가 죽은 자는 부활할 것이라고 생각하는 걸 알 수 있습니다. 바로 이 대목인데요. 사두개인 인물이 예수와 논쟁을 벌이며 이런 예를 듭니다. '남편과 사별하고 7번이나 재혼한 여성이 있습니다. 이 여성과 결혼한 남자들은 모두 죽었는데 이들이 부활한다면 천국에서는 누가 남편이 되는 겁니까?' 사두개인은 이런 예를 들며 부활은 말이 안 된다고 주장합니다. 이런 사두개인의 주장에 예수는 '천국에서는 모두 천사가 되므로 남자도, 여자도 없습니다. 그리고 결혼도 없습니다.'라고 대답합니다.

그리고 어린 아이를 가리키며 '이 아이와 같지 않다면 천국에 어울리지 않는다.', '앞선 사람이 뒤떨어지고 뒤진 사람이 앞설 것이다.'라며 천국에 갈 수 있는 자격에 대해서 이야기합니다.

오사와 무슨 말인지 도통 모르겠군요.

하시즈메 이는 당시 사회에서 통용되는 질서나 계층이 모두 쓸모없어진다는 걸로 해석할 수 있습니다. '모든 사람에게 자신을 낮추고 섬기는 자가 가장 위대하다.'라는 말도 이와 비슷한 맥락으로 볼 수 있는데요, 예수는 '하늘에 보물을 쌓도록 하여라.'라는 말도 했습니다. 이는 하늘에 보물을 쌓아두면 좀먹거나 도둑이 훔쳐 갈 일도 없으니 천국은 하늘로, 하늘에 쌓은 보석은 아마 하늘에 있는 여호와를 만족시키는 것으로 이해할 수 있지 않나 싶습니다. 하지만 인간이 하늘로 올라간다는 내용은 나오지 않습니다.

오사와 그렇군요. 일시적으로 예금을 해두자! 뭐 이런 의미인가요?

하시즈메 그 당시에는 하늘과 땅 밖에 없으니 땅이 아니라 여호와가 계신 하늘에 보물을 쌓자는 의미라고 생각합니다. 이와 똑같은 의미로 부자가 천국에 가는 건 낙타가 바늘구멍을 통과하는 것보다 어렵다는 말을 했습니다. 예수가 자신을 따르려는 부자에게 모든 재산을 기부하고 오라는 말을 했다고 합니다. 그 얘기를 들은 부자가 슬픈 얼굴로 예수를 따르자 그때 예수가 남긴 말입니다. 이런 부분이 예수가 전하고자 했던 큰 틀이 아닐까요?

오사와 예수의 말을 듣고 당시, 혹은 그 이후 사람들은 천국의 모습을 어떤 식으로 상상했을까요? 천국이란 이미 구원이 끝난 상태라고 볼 수 있는데요. 유대교는 유대인과 신이 계약을 맺어서 유대인에게 특별한 이점을 준다는 특징이 있기 때문에 종말이 도래했을 때 유대인과 신이 계약한 '그 일'이 일어납니다. 상당히 심플하죠.

그런데 이와 달리 기독교는 신과 어떤 공동체의 단체계약입니다. 한마디로 한 명 한 명 개인이 구원 받는다는 얘기에요. 하지만 구원 받기 위해서 어떤 자격을 충족시켜야 하는지 모릅니다. 그냥 신이 봤을 때 '아, 요놈 좀 괜찮다' 싶은 사람들이 구원받겠죠. 물론 저는 사두개인은 아니지만 이건 좀 이상하다고 봐요.

하시즈메 일반적으로 유대교(바리새인)는 종말의 날 이후에도 그동안 통용되던 질서가 유지되는 걸 부활이라고 봤습니다. 정치, 경제, 가족관계 또한 그렇습니다. 그리고 신과의 계약인 율법도 유지됩니다. 신이 개입해서 새로운 세상을 만들고 바꾼다고 해도 결과적으로 유대민족에게 유리하게 바뀌는 거지 그들에게 불리할 거 하나 없습니다. 지금 이 세상의 권리 관계 대부분이 유지될 것이라고 봅니다.

그런데 예수는 유대교의 이런 논리를 뒤집어버립니다. 아무리 유대인이라고 해도 천국에 갈 수 있는 사람과 갈 수 없는 사람이 있고, 이 모든 것은 신에게 맡긴다. 그리고 천국에는 정치와 경제, 성별, 가족도 없다. 이 모든 것들이 없는 상태에서 신을 중심으로 즐겁게 살아가고자 한다. 이게 바로 예수가 말하는 천국입니다.

오사와 음…, 말만 들어보면 정말 즐거워 보이는군요. 기독교에서 말하는 천국은 영생을 의미하잖아요. 한마디로 죽지 않는다는 말인데 반대로 생각하면 끝이 없으니 지겹지 않을까요? 계속 살아야 하는데 돈도 권력도 없으니 사람들이 욕심이라는 걸 품을 수가 없잖아요. 그리고 천국에 못 가는 사람들은 어떻게 되나요? 지옥에 가나요?

하시즈메 지옥이라는 것은 없습니다. 성서에도 그런 내용은 나오지 않아요. 불에 탄다는 이야기는 세례자 요한이 한 말인데요. 예수도 '열매를 맺지 못한 나무를 도끼로 베어 불에 던지듯'이라는 말을 합니다. 복음서 중 한 권에만 저주와 관련된 이야기가 나오는데, 이것이 바로 무화과나무 이야기입니다. 예루살렘에서 배가 고파진 예수가 무화과나무가 있는 곳으로 갔는데 열매가 열리지 않았습니다. 예수가 그 나무를 보고 '시들어버려라.'라고 하자 곧 시들어버렸다는 이야기와 한동안 시든 채로 있었다는 두 가지 버전이 있습니다. 어쨌든 시들어진 무화과나무를 베어서 불쏘시개로 사용합니다. 여기서 말하는 불쏘시개가 된 무화과나무는 예수의 말을 믿지 않는 바리새인을 따르는 사람들을 가리키는 것으로 해석하는데 심판의 날에 저주받은 집단이 멸망의 길에 접어든다는 이야기입니다.

오사와 하시즈메 씨는 그렇게 보시나요? 저는 무화과나무 부분은 별 생각 없이 읽었습니다. 예수의 가장 인간적인 모습을 봤다고 생각했거든요. 배가 고파서 무화과나무를 봤는데 열매가 안 열려 있으니 화를 냈잖아요. '너 같은 건 그냥 시들어버려!'라고 하다니! 무화과나무가 너무 안쓰럽더군요. 하하하.

물론 복음서에 나온 내용이기 때문에 '무화과나무=바리새인'이라고 해석할 수도 있지만 저는 그렇게까지 심오하게 해석할 필요는 없다고 봐요. 그냥 배고파서 짜증낸 것뿐이에요. 제가 항상 생각하는 거지만 천국이 있고 그곳에서 선택받은 일부는 구원을 받고, 구원받지 못한 나머지 사람들은 불구덩이에 들어간다? 이건 좀 너무하지 않나요?

하시즈메 왜 모두 구원해주지 않을까 궁금하지 않으세요?

오사와 궁금하죠. 그리고 구원받았다고 해도 마음이 편할까 싶어요. 천국에는 들어갔지만 다른 쪽의 누군가는 계속 불구덩이에 있다고 생각해보세요. 즐거울까요? 죽지도 않고 계속 누군가의 고통을 지켜봐야 한다니. 구원받지 못한 사람 역시 죽지도 못하고 계속 불구덩이에 있어야 하잖아요.

하시즈메 맞아요.

오사와 즐겁지 않지만 죽지 못하는 사람과 괴로워도 죽지 못하는 사람으로 나뉘니 말이 안 된다고 생각합니다. 구원해줄 거면 모두 구원해줘야죠. 게다가 구원에 대한 기준을 명확히 해줬으면 해요. 예수가 한 말을 가만히 들어보면 어느 정도의 돈을 갖고 있으면 천국에 갈 수 없다고 암시하는 부분도 나와요. 어쨌든 분명한 기준도 없이 일부만 구원해준다는 게 아무리 생각해도 이상하단 말이죠.

하시즈메 투명성이 떨어진다?

오사와 네. 그렇죠.

하시즈메 제대로 된 기준을 밝혀달라는 말씀이시죠?

오사와 제 말이 바로 그 말이에요. 하하하. 제대로 좀 해줘라! 뭐, 이런 얘기죠.

하시즈메 바로 이 점이 핵심인 거예요. 일신교는 이런 부분에 의문을 갖지 않습니다. 간단히 말해서 구원하는 건 신이고 구원 받는 건 인간이에요.

오사와 인간들 힘으로 구원 받는 게 아니란 말씀이시죠? 잠시 뒤 제3
부에서 나올 이야기와도 관련이 있으니 제대로 짚고 넘어가야
겠어요.

하시즈메 신이 구원해주는 것이니 인간 스스로 구원할 수 없다는 이야
기입니다. 인간의 행위를 우리는 '업(業)'이라고 하고 신의 행동
을 '은혜(恩惠)'라고 합니다. 구원은 업이 아닌 은혜인데요, 신의
은혜에 대해서 우리 인간은 아무런 발언권이 없습니다.

신이 누구를 구원할지는 신 본인만 납득하면 그만인 거예요. 인
간들에게 그 이유를 설명할 책임도, 의무도 없습니다. 그냥 설
명할 필요도 없고 설명하고 싶지도 않다, 뭐, 이런 거죠. 그리고
이를 있는 그대로 받아들이는 것이 바로 일신교입니다.

오사와 그래도 구원받는 사람들이 부러운 건 어쩔 수 없네요.

하시즈메 구원받고 싶다는 마음이 간절할수록 그만큼 이 사회가 잘못
되었다고 생각하는 걸 알 수 있습니다. 일본인들은 자기들이 사
는 사회가 잘못되었다는 생각을 하지 않아요. 지금 살고 있는
집에 만족하고 있으니 굳이 이사 갈 필요성을 못 느끼는 것처럼
말이죠. 가설주택에 살다 보면 불만이 쌓이고 쌓여 어디든 좋으
니 이사하고 싶다는 생각이 들잖아요. 그것처럼 당시 사람들은
두 곳을 떠올린 거죠.

오사와 자기가 어디로 이사 갈지는 신 마음대로라는 거군요.

하시즈메 맞습니다. 그렇기 때문에 일본인들은 현재 상황에 만족하고
있고 역경과 상관없는 민족이라는 말이 됩니다.

10. 역사에 개입하는 신

오사와 계속 강조하지만 기독교는 엄밀히 따지면 유대교와 이슬람교처럼 일신교이기 때문에 우상숭배를 엄격하게 금지했습니다. 주위의 사물이나 사람을 신으로 여기는 종교가 아니란 얘기죠. 그런 특징을 고려할 때 제가 예전부터 이상하다고 느낀 점이 하나 있어요. 오늘 하시즈메 씨에게 그 이야기를 해볼까 합니다.

이슬람교와 비교하면 더 쉽게 알 수 있는데요, 이슬람교에서는 신이 인간 앞에 모습을 드러내는 일이 없습니다. 예언자인 무함마드에게 지시를 내리긴 하지만 그때 역시 무함마드 앞에 직접 모습을 드러내는 게 아니라 대천사 가브리엘을 통해서 간접적으로 전달합니다. 신의 입장에서는 인간들에게 뭐라도 전해야 하니 고육지책으로 매우 신중하게 한 명을 골라 코란을 전달한 것입니다. 그리고 그 후에 종말이 가까워지니 천국(내세)에 갈 수 있는 사람을 정하려 비로소 자신의 모습을 드러내는 겁니다.

하지만 기독교의 경우 예수 크리스트라는 존재가 직접 인간 세계에 들어와 여러 일을 합니다. 저는 이 점이 상당히 이해가 안 가는데, 지금까지 우리가 했던 이야기처럼 예수 크리스트는 예언자보다도 훨씬 높은 존재인 구세주 혹은 신의 아들로 신에게 매우 가까운 존재입니다. 그런 신과 다름없는 존재가 2,000년 정도 전에 이 세상에 출현하여 제자들을 이끌고 팔레스타인 일대를 거닐며 30년 정도 살다 죽었다니. 신이 역사라는 무대에 등장하여 마음껏 자신의 생각을 펼치다 죽었다는 이야기인데 정말 신기하지 않나요?

신이 천지를 창조한 뒤 심판의 날에도 모습을 드러내지 않는다고 알려져 있지만 기독교는 신 그 자체가 역사 한 가운데에서 피조물인 인간처럼 행동합니다. 이슬람교는 이런 이해하기 힘든 일들이 일어나지 않도록 노력하는 것 같아요. 신은 오직 무함마드와 연결되어 있고, 그런 무함마드도 신과의 연결은 간접적이라 그저 코란을 전달받은 정도에 불과합니다. 그러니까 신이 피조물(인간)의 모습을 하고 인간 세계에 내재하지는 않는 다는 듯이 신과 인간의 접촉을 최소화 합니다.

그러나 기독교의 예수 크리스트는 특정 시대, 특정 장소에 당당히 그 모습을 드러내 가르침을 전하고 누군가의 병을 낫게 하는 등 은혜를 베풉니다. 어떻게 생각해보면 굉장히 불공평하지 않나요? 운 좋게 그 시대 팔레스타인에 살고 있던 사람들은 직접 신(의 아들)을 만나거나 접할 수 있었다는 이야기잖아요.

하시즈메 기독교 신도는 이 세상을 예수가 출현하기 이전과 이후로 구분합니다. 서기는 예수 크리스트의 탄생을 기준으로 하는 기독교식 책력이고요. 그럼 유대교는 무엇을 기준으로 삼을까요? 유대교에도 '오래된 세계'와 '새로운 세계'라는 개념이 있었을 테니까요.

오사와 모세가 율법을 건네받았을 때 아닐까요?

하시즈메 음…, 아닙니다.

오사와 그렇다면 노아의 방주 때?

하시즈메 네, 맞습니다. 대홍수가 일어나기 전과 후로 구분합니다. 이때 신이 한차례 직접적으로 이 세계에 개입한 것입니다. 인간의 죄가 너무나도 컸기 때문에 스스로 손을 뻗어 인간을 멸망시키려고 한 것입니다. 단, 신의 앞에서 모범적인 모습을 보여줬던 노아만 빼고요. 노아와 그의 가족, 그리고 동물들도 방주에 탈 수 있었습니다. 대홍수 이후에 신이 이 세계에 개입하지 않았기 때문에 유대교 신도들은 노아의 방주가 일어난 후의 시대를 일종의 '새로운 세계'로 본 것입니다. 노아의 방주 이후 여호와는 아브라함에게 말을 걸고 모세에게는 율법을 전했는데 이 또한 노아를 선택했을 때와 일맥상통한 부분입니다.

노아의 방주가 있기 전에 인간들이 왜 신과의 계약을 어겼는지 궁금하지 않으세요? 그 시기에는 예언자도 없고 율법도 없는 방임 상태였습니다. 신이 이때 인간 세계에 개입하기 위해 모세에게 율법을 내린 것이지요. 율법을 받아 든 인간은 그제야 무엇이 옳고 그른지 율법에 비추어 인식하게 되었고 율법(신의 명령)을 따르기도, 또 어기기도 했습니다. 이때 '죄'라는 개념이 명백해진 것입니다. 노아의 방주 이전에는 율법이라는 기준이 없었는데, 이제 율법이라는 기준이 생겼고 자연스레 위반이라는 개념이 만들어진 겁니다.

저는 이 연장선에 예수의 출현이 있다고 봅니다. 기독교 시점에서 보면 우선 노아의 홍수(신이 직접 일으킨 벌)가 있고 그 후 계약(모세의 율법)을 통해서 인간에게 규범을 정해준 것입니다. 시간이 지나자 '규범을 어겼을 때 어떻게 해야 하는가'에 대한 문제가 생겼고 그런 문제들이 무시할 수 없는 정도에 이르자 이번에는 예수 크리스트가 출현하게 된 겁니다. 예수가 출현한 시점을 대홍수 이후 두 번째 신의 개입이자 최후의 심판으로 볼 수 있습니다.

오사와 그럴 듯한 설명이군요.

하시즈메 그럼 이 다음을 어떻게 이해하면 좋을까요?

오사와 음…, 이미 구원이 끝난 게 아닌가요?

하시즈메 최후의 심판은 구원의 날에도 이뤄집니다.

오사와 천국이 있는데요?

하시즈메 최후의 심판 이후에 천국이 생긴 거예요. 그렇다고 해서 누구나 천국에 갈 수 있는 건 아니지만요. 아니, 아무도 갈 수 없습니다. 왜냐면 모세의 율법을 완벽하게 지킨 사람이 아무도 없기 때문이죠. 천국에 갔다고 해도 모세나 엘리야 같은 극소수의 예언자들만 갈 수 있고 나머지는 전멸하게 됩니다.

오사와 이야기가 그렇게 흘러가는군요. 기독교에는 예수가 십자가에 매달려 죽었기 때문에 인간의 죄가 사라졌다는 속죄 논리가 있는데, 이 논리로 모든 인간이 구원받았다고 할 순 없는 건가요? 예수가 대신 죄를 받았으니 모든 인류가 용서받았다고 이해해도 되잖아요.

하시즈메 우선 지금 말씀하신 것처럼 예수가 십자가에서 죽지 않고 직접 최후의 심판을 일으켰다면 아마 대부분의 인간은 구원받지 못 했을 겁니다.

오사와 맞습니다. 그게 정답일 것 같군요.

하시즈메 그런데 신은 그런 결과를 원치 않았기 때문에 다른 시나리오를 준비했습니다. 바로 예수가 인간(의 아들)으로 등장하여 인간들의 죄를 짊어지고 참혹한 죽음을 맞이하는 것입니다. 예수는 죽은 지 사흘 뒤 부활하여 승천하는데, 재림하기 위해 승천하는 것입니다.

그래서 재림한 뒤에 본격적으로 신의 개입이 일어나는 겁니다. 예수는 인간의 손에 죽음을 맞이했기 때문에 그에 대한 대가를 돌려줄 자격이 있습니다. 인간들은 어떤 벌을 받아도 할 말이 없는 거죠. 동시에 예수는 인간을 용서할 자격도 있습니다. 그리고 예수는 인간 신분으로 사형을 당했기 때문에 모든 죗값을 치렀다고도 볼 수 있습니다. 여기서 어떤 선택을 할지는 예수의 마음입니다. 예수가 재림하는 '그날'에 심판이 일어나는 것이죠. 이런 식으로 어느 정도 상황을 완화시킬 수 있는 완충제를 심어놓은 것이 바로 기독교가 생각하는 신의 계획입니다.

이는 신과 인간의 계약 갱신을 의미합니다. 모세의 율법은 신의 개입으로 더 이상 효력을 발휘할 수 없게 되었거든요. 여기서 말하는 신의 개입이란 예수가 이 세상에 탄생한 것입니다. 그동안 율법을 따르는 것이 원칙이었다면 이제는 신의 새로운 계획에 따라 주어진 기회를 받아들여야 하는 세상이 된 겁니다. 신은 가능한 한 많은 인간들을 구원해야 하는데 이런 식으로는 아무도 구원할 수 없기 때문에 원칙을 바꾸면서까지 인간을 구원하려고 한 것입니다.

신은 우리에게 이런 메시지를 전달했지만 이를 구원의 메시지라고 여기는 사람과 여기지 않는 사람이 있습니다. 구원의 메시지라고 여기는 사람은 신앙을 가진 사람이고 그렇게 생각하지 않는 사람은 신앙이 없는 사람이 아닐까요?

오사와 하하하. 그럼 전 신앙이 없는 사람이군요. 하시즈메 씨의 이야기를 들으면 여러모로 딴지를 걸고 싶어지는데요. 노아의 방주는 제1부에서도 다뤘지만 솔직히 무슨 소리인지 이해가 안 가는 부분이 있어요. 이해하기 쉽게 게임에 비유해볼게요. 신이 게임을 시작했는데 자기 뜻대로 굴러가지 않는 거예요. 그래서 아주 일부분만 남기고 리셋버튼을 누른 거예요. 저는 이걸 보고 '아니, 전지전능한 신이면서 이게 뭐하는 짓이지? 이럴 거면 처음부터 후회할 짓을 하지 말아야지!' 이런 생각이 들었어요.

노아의 방주를 보고 혼란스러웠는데 그 뒤에 나오는 예수는 더 복잡해요. 아까 말씀하신 것처럼 이런 식으로는 아무도 천국에 갈 수 없을 거 같으니 예수에게 모든 죄를 짊어지게 하고 속죄하게 해서 다시 시작하자, 뭐 이런 흐름이잖아요? 모두가 죄를 지어 아무도 천국에 갈 수 없는 상황에서 신이 할 수 있는 일은 뭐가 있을까요? 논리적으로 보면 두 가지가 있는데요. 하나는 정공법으로 아무도 구원하지 않는 거예요. 그냥 천국의 셔터를 확 내려버리는 거죠. 그런데 신은 이런 걸 원하지 않았고 다른 방법을 취한 거예요. 바로 '내 자식'을 십자가에 매다는 매우 특수한 방법으로 인간의 죄를 용서했습니다. 신은 왜 이렇게 수고스러운 방법으로 인간의 죄를 사한 것일까요? 어차피 용서할 거면 그냥 '모두 용서해줄게!' 이러면 좋잖아요. 굳이 자기 아들을 이용하면서까지 그런 번거로운 쇼를 벌이는지 모르겠어요. 제가 혹시 이상한 질문을 한 건 아니죠?

하시즈메 하하하. 그렇게 따지면요, 아담과 이브를 왜 에덴동산에서 내쫓았을까요?

오사와 제 말이 그 말이에요!

하시즈메 아담과 이브를 에덴동산에서 내쫓았으니 인간들이 자기 힘으로 어디까지 할 수 있는지 지켜본 게 아닐까요? 가만히 지켜보다 보니 노아처럼 올바른 인간도 있었지만 대부분의 인간은 몹쓸 녀석들이었죠. 그래서 노아 일행만 남기고 다시 한 번 그 상황을 지켜본 겁니다. 그리고 아브라함에게 말을 걸고 유대민족에게는 '너희는 선택받은 민족이야.'라며 율법을 전해주었습니다. 유대민족은 여호와를 찬양했지만 율법을 제대로 지켰다고는 할 수 없었어요.

기독교 입장에서 보면 이 단계에서 말이 안 맞는 부분이 몇 가지 있는데요. 우선 아브라함을 선택했기 때문에 그 외에 여호와를 모르는 이교도 민족이 많이 등장하게 됩니다. 이 상황에서 여호와가 인류 전체를 심판한다는 건 말이 안 되잖아요. 여호와와의 계약(율법)을 지키는 사람들은 인류 전체로 따지면 극소수에 불과하니까요.

게다가 여호와와 계약을 맺은 유대민족 중에서도 율법을 지키지 못한 사람들이 속출합니다. 가만히 생각해보면 율법은 사람들이 신을 따르기 위한 수단인데 율법이 목적이 되는 건 어딘가 이상합니다. 그래서 신은 이 율법(계약)을 파기할 자유가 있는 거예요. 그래도 계약을 완전히 파기해버리면 노아의 대홍수 이전으로 회귀하는 것이나 마찬가지니까 파기가 아닌 갱신하기로 마음먹고 새로운 게임을 시작하는 겁니다.

여기서 말하는 새로운 게임이란 율법을 원칙으로 삼는 게 아니라 사랑을 원칙으로 삼는 게임을 말합니다. 사랑은 율법과 달라서 아무 조건 없이 기회를 줄 수 있습니다. 사랑은 부름입니다. 인간은 신의 부름(메시지)을 깨닫고 그에 응답해야만 합니다. 예수가 출현한 후 최후의 심판까지 신은 자신의 부름에 인간이 어떻게 응답할지 기다립니다. 여호와를 믿는 사람들은 인류 전체로 확대되기 시작했고 신이 계획한 시나리오가 서서히 진행되었습니다.

11. 사랑과 율법의 관계

오사와 이쯤에서 사랑과 율법이 어떤 관계인지 궁금해졌습니다. 예수는 율법을 폐기하고 사랑을 내세웠는데, 율법을 그저 부정하고 배척하는 것이 아니라 오히려 사랑이야 말로 율법의 결과물이라고 했습니다. 변증법에서 말하는 '지양'이 바로 이거예요. 하시즈메 씨가 지금 말씀하셨듯이 '율법의 게임'에서 '사랑의 게임'으로 바뀌었습니다. 신약의 실현과 함께요.

우리는 예수가 말하는 사랑을 '이웃 사랑'이라고 합니다. 여기서 말하는 이웃이란 주위에 있는 친한 사람들을 의미하는 것이라 생각하기 쉬운데 그건 아니에요. 죄가 많은 사람, 갱생 불가능한 사람, 무리에서 겉도는 사람, 불쾌한 사람 등 그런 사람들이야 말로 우리의 이웃으로 여기고 그들을 사랑해야 한다는 이야기입니다. 그렇기 때문에 예수는 자신을 따르려면 부모, 아내와 자녀, 심지어 자신의 목숨마저 미워하지 않으면 안 된다고 합니다(루카 14장 26절). 가까운 사람을 생판 모르는 사람보다 우선시하는 건 진정한 이웃 사랑이라 할 수 없는 거예요.

앞에서도 말했지만 기독교는 2단 로켓 같은 거예요. 유대교의 특징에서 벗어났다곤 하지만 완전히 배제하는 게 아니라 기독교의 일부분으로 남겨두었으니까요. 이처럼 율법을 폐기했다고 해서 완전히 사라지는 게 아니라 구약성서라는 형태로 보존되는 겁니다. 여기서 저는 왜 율법을 보존하고 있는지 궁금합니다. 그리고 신은 사랑을 그렇게 중요하게 여겼으면서 왜 처음부터 사랑 이야기를 하지 않았는지도 궁금합니다.

신은 모세를 통해서 율법을 전달했는데 인간은 그 율법을 완벽하게 따를 수 없었어요. 아니면 그 반대인 바리새인처럼 강박적으로 율법을 지키는 것 자체를 목적으로 삼는 사람들도 등장했습니다. 어차피 율법을 폐기할 거 그냥 처음부터 사랑만 가르쳤으면 좋지 않았을까요? 왜 신은 율법이라는 걸 만들어 인간들을 곤경에 처하게 한 뒤 사랑을 가르쳤을까……. 이런 의문이 생기네요.

실제로 기독교를 모방한 신흥종교가 많이 있었는데 이들 모두 율법 이야기는 하지 않고 사랑에 대해서만 말했습니다. 이게 바로 신흥종교와 기독교의 차이점이라고 할 수 있는데요. 신흥종교는 처음부터 사랑을, 기독교는 율법을 다룬 후 사랑을 이야기합니다. 기독교에서 율법과 사랑은 어떤 관계라고 볼 수 있나요?

하시즈메 기독교에서 가르치는 사랑은 율법에서 형태만 바꾼 것입니다.

오사와 그런 식으로 받아들일 수밖에 없는 거 아닐까요?

하시즈메 기독교에서 말하는 사랑과 율법에는 신과 인간 사이의 응답이라는 공통점이 있어요. 그리고 신과 인간과의 관계를 설정하는 계약, 즉 신과 인간과의 관계를 바로잡기 위한 노력이라고 볼 수 있습니다. 신과 인간이 맺은 계약이 율법(법률)이 되었지만 예수는 대부분의 율법에 이렇다 할 내용이 없다고 생각했습니다. 그래서 율법을 중요시 여긴 바리새인 학자가 찾아와 '당신은 율법에 대해서 잘 아는 것 같은데 모세의 율법 중 가장 중요한 것은 무엇이라고 생각합니까?'라고 물었을 때, 예수는 '첫 번째는 마음을 담아 당신의 주인인 신을 사랑하는 것(신명기 6장 4~5절), 두 번째는 당신의 이웃을 자신처럼 사랑하는 것(레

비기 19장 8절), 율법은 이 두 가지로 충분합니다.'라고 대답합니다. 그렇게 많은 율법을 단 두 가지로 정리했는데 모두 사랑과 관련된 것입니다.

'간음하지 말라.' 같은 율법은 지켰는지 안 지켰는지 그 기준이 명확합니다. 그에 비해 사랑은 기준이 없기 때문에 어떻게 해야 사랑하는 건지 확실히 알 길이 없습니다. 그래도 사랑을 신과 인간과의 계약이라고 생각했기 때문에 기존의 율법 체계를 남겨둔 것입니다. 이는 기독교가 신이 어떤 마음으로 인간과 계약을 맺었는지를 중요하게 여겼기 때문이라고 생각합니다.

여호와는 왜 아브라함에게 말을 걸었을까요? 아브라함이 여호와를 부른 것이 아니라 여호와가 그를 불렀기 때문입니다. 아브라함은 여호와의 목소리를 따라 약속의 땅에 가게 되었습니다. 그 후 이집트를 지나 모세가 사람들을 이끌고 약속의 땅을 찾아다녔습니다. 이 과정에서 율법을 건네받았고요. 이런 사건들 모두 서로 관계가 있다고 볼 수 있지 않나요?

오사와 그렇게 생각합니다. 지금 하신 말씀 모두 역사로 기록되어 있으니까요.

하시즈메 이제 여호와가 왜 인간에게 말을 걸었는지 생각해봅시다. 일면식도 없는 누군가에게 말을 걸어서 '나를 따르라.'라고 말하는 건 요샛말로 작업 건다고 볼 수 있어요. 신이 그렇게 행동했다는 건 '나 너랑 친하게 지내고 싶어.' 이런 뜻인 거예요.

오사와 도쿄 시부야에서 어떤 남자가 처음 보는 여자에게 말을 걸 듯 신이 아브라함에게 작업을 걸었고 이에 인간(아브라함)이 응답했다는 말이군요.

하시즈메 그렇기 때문에 이 또한 사랑인 겁니다. 전혀 상관없는 사람과 새로운 관계를 맺은 것이니까요. 하지만 그게 율법이라는 형태가 되면, 규칙을 위반했을 때 처벌을 받습니다. 예수가 말하는 사랑에도 그런 부분이 나오잖아요. 그래서 율법과 사랑을 굳이 구분지어 생각할 필요는 없다고 봐요.

저는 예수가 율법을 좀 더 순화시킨 게 사랑이라고 생각합니다. 우선 아브라함의 자손(유대민족)에게만 말을 건 게 아니었으니까요.

오사와 매우 중요한 포인트죠.

하시즈메 그때부터 신의 부름에 응답하기 위한 할례 같은 구체적인 행동들도 필요 없어집니다. 굳이 말하자면 이웃 사랑을 실천하는 정도? 이웃 사랑에서 가장 중요한 것은 '남을 평가하지 않는 것'입니다. 사람이 사람을 평가하지 말라. 왜냐하면 사람을 평가하는 것은 오로지 신뿐이니까요. 신에게 평가받지 않도록 주의를 기울여야 하는데, 이것은 간단합니다. 자신이 다른 사람을 지적하거나 평가하지 않으면 됩니다. 이게 바로 사랑의 핵심입니다.

율법은 사람이 사람을 평가하는 근거로 쓰이잖아요. 그렇기 때문에 없애버린 거예요. 예수는 그런 걸 말하고자 하지 않았을까요? 이런 식으로 신의 메시지는 일관적이라는 것이 기독교의 입장입니다.

하지만 이것도 신의 부름이기 때문에 이해하는 사람과 이해하지 못하는 사람이 있습니다. 그래서 모든 인간을 구원할 수 없는 거예요.

오사와 제가 왜 율법과 사랑이 어떤 관계인지 끈질기게 물어보냐면 일본인들은 기독교에 대해서 단면적으로 이해하는 경향이 있어서 그래요. 예를 들어 기독교를 2층 집이라고 생각했을 때 2층(신약성서)만 본다는 거죠. 사실 1층에 율법(구약성서)이 있기 때문에 이웃 사랑이라는 개념이 생긴 건데 말이죠. 그래서 일본인들이 기독교에 대해서 잘 모르는 것 같아요.

12. 기독교에서 말하는 속죄란

오사와 또 하나 꼭 설명해주셨으면 하는 것이 바로 속죄라는 개념입니다. 죄 없는 예수 크리스트가 십자가에서 죽음을 맞이함으로써 모든 인간의 죄가 사라진다고 해석합니다. 이 해석의 창시자는 따지고 보면 바울이긴 하나 일반적으로 기독교에서 이렇게 이해하고 있잖아요. 하지만 아무리 생각해봐도 왜 예수가 죽어야 인간들의 죄가 사라지는지 이해가 안 가거든요.

하시즈메 그 부분은 성서에 제대로 나와 있지 않습니다. 왜 그럴까요? 너무 당연하게 여겨지는 부분이기 때문에 굳이 적어야 할 필요성을 못 느낀 게 아닐까요? 이 부분은 저도 잘 모르겠지만 어쨌든 제 생각에는 고대의 동해보복법(同害報復法)과 관련이 있지 않을까 싶습니다. '눈에는 눈, 이에는 이'처럼 말이죠.

오사와 복수라 말씀이신가요?

하시즈메 네. 동해보복은 복수법의 일종으로 유대민족이나 고대 사람들에게는 상식처럼 여겨졌습니다. 여기서 말하는 복수법은 형법과 민법을 따로 보지 않았습니다. 피해자(의 가족)가 직접 가해자(범죄자)에게 복수를 하고 이를 형 집행으로 이해했습니다. 죄가 있는 사람에게 보복을 하는 형벌을 내린다. 보복인지 형벌인지 알 수 없지만…, 뭐 둘 다라고 볼 수도 있고요.

그 시대 사람들에게는 형법 중 하나였기 때문에 '죄가 있으니 벌을 내린다, 죄가 없으면 벌을 내리지 않는다.'라는 형법의 원칙을 따르는 것입니다. 죄의 크기에 따라 형벌도 달라졌는데, 예를 들어 한 쪽 눈을 때렸다고 하면 이와 동등하게 한쪽 눈을 맞는 벌을 내려야 한다는 기준을 만들어 죄에 비해 심한 벌을 받지 않도록 많은 신경을 썼습니다. 정의를 지키기 위해 복수를 원칙으로 삼은 것이지요.

그럼 '죄가 없어도 벌을 받을 수 있다.'라는 건 어떤 상황일까요? 이런 상황 때문에 예수가 죽음에 이른 것이잖아요. 복수법은 혈연집단(부족이나 민족 등)은 있지만 국가권력(경찰 및 사법)은 존재하지 않던 시대에 사용된 법입니다. A와 B 두 그룹이 있다고 칩시다. 자신의 집단에 있던 사람이 살해를 당해 그 부족에게는 똑같이 되갚아 줄 의무가 있습니다. 이는 모두의 안전을 위한 법질서를 전제로 하는 것입니다. 예를 들어 B그룹의 b라는 인물이 A그룹의 a에게 살해당해 B그룹의 무리가 a를 죽이는 복수를 하는 겁니다. 이것이 '피의 복수'로 피살자의 권리라고 할 수 있습니다. 그런데 b를 죽인 a를 죽여야 하는데 실수로 a의 형제인 x를 죽인 겁니다. B그룹은 나중에 안 거죠. 자기들이 죽인 게 a가 아니란 걸.

이 경우 진범인 a를 처형할 수 있을까요? 아니요, 할 수 없습니다. 이미 한 사람이 죽었기 때문입니다. 피해자가 한 명이니 복수도 한 명에게만 할 수 있습니다. 동해보복이니까요. 그 이상은 안 됩니다.

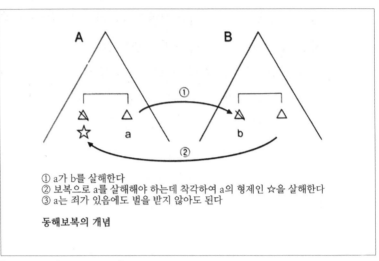

① a가 b를 살해한다
② 보복으로 a를 살해해야 하는데 착각하여 a의 형제인 ☆을 살해한다
③ a는 죄가 있음에도 벌을 받지 않아도 된다

동해보복의 개념

[6. 202쪽 동해보복의 개념]

오사와 그것으로 동등해졌다고 할 수 있겠군요.

하시즈메 연대 책임으로도 볼 수 있어요. 그래서 A그룹에서 죄 없는 x가
　　　　죄를 진 a 대신 죽었기 때문에 죄를 진 사람은 죄가 있어도 풀려
　　　　날 수 있습니다. 예수의 십자가형도 이와 마찬가지입니다. B그
　　　　룹을 여호와라고 보면 인간은 죄를 지었기 때문에 여호와가 그
　　　　벌로 인간을 파멸시킬 수 있습니다. 그런데 인간으로 태어난 예
　　　　수가 '내가 대신해서 죽겠습니다.'라며 인간의 죄를 대신 받고
　　　　십자가에서 죽음을 맞이한 거예요. 그렇게 되면 어쨌든 모든 처
　　　　벌이 끝났으니 여호와는 인간을 벌할 수 없게 되고 인간은 죄를
　　　　지은 채 풀려나는 겁니다.

　　　　예수 크리스트의 경우 '1:1'이 아닌 '1:인류 전체'로 균형이 안
　　　　맞는 것 같지만 신의 아들이므로 그 정도에서 끝나는 겁니다. 신
　　　　의 아들이 인간의 죄를 대신해서 받기 위해 일부러 인간 세계에

출현했다는 것은 인간의 의형제가 되었다고 볼 수 있습니다.

오사와 새로운 해석이네요. 당시 사람들은 왜 기독교의 속죄 논리가 타당하다고 생각했는지 궁금했는데, 원래 씨족이나 부족 간에는 그런 동해보복 습관이 있었기 때문이군요. 그리고 기독교에서 말하는 속죄라는 개념을 문화인류학적으로 접근해도 그 뿌리에는 동해보복 습관이 있지 않을까 싶네요.

그런데 논리적으로 생각해보면 여전히 의문점이 있습니다. 하시즈메 씨도 말씀하셨듯이 예수는 신의 아들이지요. A그룹을 사람, B그룹을 신으로 보면 예수 크리스트는 A와 B 중 B에 속할 겁니다. 동해보복법으로 접근했을 때 B쪽이 '우리 아들(B)을 너희에게(A) 내줄게. 내가 아들을 죽일 테니까 그걸로 너희들에게 복수한 걸로 치자.' 이런 이야기가 되니 여간 이상한 게 아니에요. 신은 상대편의 아들이 아닌 자기 아들을 죽인 것이니 이는 동해보복이라 보기 어렵고요.

창세기에 나오는 이삭의 봉헌이라면 모를까. 죄를 진 인간에게 동해보복 논리를 들먹거리며 너희들(인간) 중 한 명을 희생자로 내놓으라고 하면 말이 되지요. 아브라함은 신의 명령으로 아들인 이삭을 죽이려고 했습니다. 결국 신이 아브라함을 이용해서 이삭을 죽이려고 한 겁니다.

그러나 예수의 경우는 다릅니다. 결국 여호와 쪽 사람이 죽은 거잖아요. 그래서 저는 동해보복 논리와 기독교의 속죄 논리는 앞뒤가 맞지 않다고 생각해요.

하시즈메 여호와가 그렇게 판을 짠 게 아닐까 싶어요. 이 모든 것이 신의 계획으로 예수를 이 세계에 보낸 이유라고 생각합니다.

오사와 그런가요?

하시즈메 지금 아브라함과 이삭 이야기를 하셨는데요. 예수의 속죄는 그 이야기와도 깊은 대응관계가 있다고 생각합니다. 아브라함은 신에게 선택받은 존재잖아요. 신에게 자손의 번영을 약속 받아 간신히 외동아들을 얻을 수 있었습니다.

오사와 꽤 늦둥이였지요.

하시즈메 그런데 이유도 말하지 않은 채 이삭을 여호와에게 제물로 바치라는 명을 받게 된 거죠. 아브라함은 주저하지 않고 그 명령에 따라 이삭을 죽이려했고, 천사가 다가와 '알았다. 이제 그만해라.'라고 하자 멈추었습니다.

신을 위해서라면 주저 없이 자신의 소중한 외동아들도 바치는 것을 보고 여호와가 흡족해했음을 알 수 있습니다. 여호와는 이때의 경험을 잊지 않고 이제는 인간들이 힘들어할 때 자신의 외동아들, 가장 소중한 예수 크리스트를 제물로 삼자는 생각을 하게 된 것입니다. 아브라함과 이삭 때와는 달리 정말 희생을 하게 된 거고요.

이처럼 이삭과 예수 모두 외동아들이었고 제물(물론 이삭은 미수에 멈췄지만)이라는 점에서 여호와가 인간에게 응답했다고 볼 수 있습니다.

오사와 이삭을 제물로 삼으려고 했던 것과 예수의 십자가형은 분명 서로 대응하는 점이 있습니다. 아브라함을 여호와로, 이삭을 예수로 본다면 예수의 죽음은 아브라함과 이삭의 일화를 업그레이드 시킨 느낌입니다.

어쨌든 저는 예수의 십자가형으로 인간들이 속죄할 수 있었다는 이야기는 좀처럼 이해하기 어렵습니다. 와 닿지 않는다고 해야 할까……. 여호와가 너무 독특한 존재이기 때문에 이런 일이 일어난 거 같기도 하고요. 하하하.

하시즈메 일종의 메시지인 거죠. 예수가 인간 세계에 태어나 십자가에서 희생하는 것을 신이 우리에게 주는 메시지라고 여기면 믿음이 있는 사람이라고 볼 수 있습니다.

오사와 그렇군요. 기독교 신도들 입장에서 기분 나쁘게 들릴 수 있겠지만 굳이 자신의 아들을 희생시켜가면서까지 이런 번거로운 일을 벌여야 하는지……. 꼭 그렇게까지 해야 했을까요? 죄 많은 인간들을 용서할 거면 그냥 용서하면 되잖아요. 이러나저러나 여호와의 선택이니 뭐라 할 사람 아무도 없는데.

하시즈메 신도 계약에 묶여있다는 점에선 인간과 다를 바 없습니다. 일단 계약을 맺은 이상 여호와도 인간들에게 구원 받으려면 우리 계약을 이행해달라고 얘기할 수밖에 없거든요. 그런 규칙 때문에 일이 진행되는 거니까요. 율법을 원칙으로 한 게임이 진행되고 있는 상황이니 신이라고 해도 계약을 무시하고 인간들을 구원해줄 순 없잖아요.

13. 예수는 자신이 부활할 것을 알고 있었을까

오사와 복음서를 읽어보면 예수는 몇 번이고 자신이 살해당할 지도 모른다는 예언을 합니다. 유대인들이 보내는 강한 질투와 시샘을 느낀 것이 아닌가 싶은데요. 예수는 이렇게 자신의 죽음을 예견했고 실제로 살해당했습니다. 그리고 죽은 지 사흘 만에 부활했지요.

이때 '예수는 자신이 부활할 것을 알고 있었을까?'라는 궁금증이 생깁니다. 어쨌든 예수는 신의 아들이기에 설령 죽는다고 해도 후에 다시 살아날 것이라고 생각했을 가능성이 충분합니다. 하지만 설령 자신이 부활할 것을 알고 있었다고 해도 사형을 당하는 것과 잠자듯 편안하게 죽는 것에는 큰 차이가 있습니다. 후자라면 그 영향력은 미비했을 것입니다. 하시즈메 씨는 예수 본인이 부활할 것을 알고 있었다고 생각하시나요?

하시즈메 기독교를 이해할 때 빼놓을 수 없는 키포인트인데요. 아까 말씀드린 마트료시카 이야기를 다시 떠올려보죠. 마트료시카의 가장 바깥쪽에 있는 인형은 역사적으로 실존한 예수로 볼 수 있다고 했죠? 예수는 신의 아들이 아닌 그저 평범한 인간으로, 때로는 의의 교사로 바리새인 사람들의 심기를 불편하게 만드는 가르침을 전하다 붙잡혔고 사형을 당합니다. 인간으로 태어나 고생이란 고생은 다 하다가 저 세상으로 간 느낌입니다. 그걸로 끝이에요. 사흘 후에 부활할 것이라곤 생각하지 못했다고 봅니다.

오사와 역사적으로는 그렇군요. 역사적 인물 예수는 원죄로 사형에 처해졌습니다. 그런데 신앙을 갖고, 그러니까 예수가 신의 아들이라고 생각하고 읽을 때 이 부분을 어떻게 이해하면 좋을까요?

하시즈메 기독교 신자는 예수를 신의 아들이며 예수 본인 또한 그런 의식을 갖고 있어야 한다고 생각했습니다. 그런 자각이 없으면 복음을 전할 수 없기 때문입니다. '나는 신의 아들이며 너희들을 대신하여 희생할 것이다.'라는 뜻을 함축하여 가르쳤기 때문에 의의 교사가 전하는 도덕적인 가르침이 아닌 '복음'이 되는 것입니다. 복음이란 이를 듣고 있는 사람들은 구원을 받는다는 의미이니까요.

예수의 가르침이 복음이 될 때 비로소 기독교가 성립됩니다. 그러기 위해선 아까 말했듯 예수 스스로가 신의 아들이라는 것을 자각해야하니 본인이 부활할 것도 아마 알고 있었을 겁니다. 그렇게 생각하면 고통스러운 상황에 놓였다고 해도 힘들기만 할 뿐, 두려움을 느끼지 않으니 인간들이 느끼는 고통과는 그 성질이 다릅니다.

오사와 씨가 하신 질문에 대한 답을 찾기 위해 많은 사람들이 고민했을 겁니다. 깔끔하게 정리하자면 예수는 100% 신의 아들로 인간일 확률은 0에 수렴한다, 예수가 고민하거나 괴로워하는 것처럼 보이지만 모두 연기다! 이런 결론에 도달하게 됩니다. 처음부터 예수 크리스트는 허상, 즉 가상인물인 3D 영상이라고 생각하는 사람들도 있었는데, 그게 바로 '기독가현설'입니다. 이런 논리라면 모순 없이 일신교 체제를 확립할 수 있습니다.

오사와 하지만 그렇게 따지면 기독교의 특징이 확 줄어들잖아요.

하시즈메 정반대로 예수는 100% 인간으로 신의 아들이 아니며 기껏해야 예언자라는 논리도 있습니다. 이 또한 별 무리 없이 일신교의 논리와 일치합니다. 하지만 이 두 논리 모두 사람들의 궁금증을 해소할 수 없었습니다. 그래서 결국 어느 쪽도 아닌 한 가운데로 의견을 모으기로 한 것입니다. 그것도 하나로 합쳐서 평균점을 찾은 것이 아니라 '예수 크리스트는 완전한 인간이면서 완전한 신의 아들이다.'라는 결론으로 말이죠.

이런 결론이 나오기까지 필연적인 무언가가 있었을 겁니다. 우선 '예수의 가르침=복음'이라는 공식이 성립되려면 예수는 신의 아들이어야만 합니다. 하지만 예수는 인간으로 태어나야만 했습니다. 왜냐하면 예수가 기독가현설처럼 가상인물이었다면 인간을 구원할 힘이 없으니까요. 역사적으로 봐도 예수는 인간의 모습으로 십자가에서 죽음을 당했습니다.

양쪽의 의견을 모두 수용했기 때문에 예수 크리스트는 비논리적이고 불합리한 존재가 된 거예요. 신의 아들이면서, 동시에 인간인 존재가 신의 주도로 이 세계에 출현했다고 생각하면 예수는 비논리적인 존재가 되는 것입니다. 어쨌든 이런 이유로 기독교 교리는 어느 정도 정리되기 시작했습니다.

오사와 간신히 이야기를 짜 맞췄다는 생각만 드는 군요. 하시즈메 씨 말씀대로 논리적으로 설명하려고 하면 눈에 보이는 기독교의 형체는 실체가 아니라는 말이 됩니다. 그렇게 따지면 십자가 위에서 죽든 말든 무슨 상관이냐 이거죠. 십자가 위에서 죽었기 때문에 이만큼 강한 영향력을 미치게 되었으니 예수는 신의 아들이 아닌 인간으로서 죽음을 맞이해야 합니다. 그런데 그럼 이번에는 인간 하나 죽은 거에 지나지 않으니 수많은 예언자들의 희생과 별 다를 것이 없고 예수의 가르침을 복음이라고 할 수 없게 됩니다.

그렇기 때문에 두 논리 모두 가능성이 있다고 할 수 밖에 없는 거고요. 이 점이 바로 기독교가 보여주는 역설의 단면이 아닐까 싶습니다.

하시즈메 예수는 100% 신이며 100% 인간입니다. 이는 부정할 수 없습니다. 그렇기 때문에 예수는 200%의 존재가 되는 것입니다. 우리 인간들은 그런 예수 크리스트의 내면을 감히 상상할 수 없습니다. 애초에 그런 인간은 존재하지 않으니까요. 십자가 위 예수 크리스트는 인간이 받는 고통과 똑같은 고통을 받아야하는 동시에 한시도 신의 아들이라는 사실을 잊어서는 안 됩니다. 신의 아들이라는 사실을 자각하면 인간과 똑같은 고통을 느끼지 못할 것이라 생각하는 사람도 있는데요. 기독교는 '신의 아들이라고 자각하는 동시에 인간으로서의 고통도 느꼈다.'라는 공식적인 교리를 채택했습니다.

군이 비유를 들자면 오늘날의 해리성 장애와 비슷합니다. 즉 이중인격이라는 거죠. 하나의 인격이 완전한 인간으로, 또 완전한 신으로 변하는 것입니다.

오사와 그렇게 생각할 수밖에 없겠네요. 복음서를 읽고 있으면 예수는 인간으로서 상당한 고통을 받는 것 같은 인상을 주니까요. '죽음을 예감하고 두려움을 느끼는 것은 아닐까?'라는 생각마저 드는 데요. 최후의 만찬이 끝난 뒤 예수는 제자들을 이끌고 겟세마니(올리브 산)에 가 혼자서 기도를 드립니다. 이때 신에게 십자가형이라는 참극을 피할 수 있다면 피하고 싶다는 기도를 드리면서도 만일 그것이 신의 뜻이라면 받아들이겠다는 식의 이야기도 합니다. 이때 예수가 느끼는 고통은 인간들이 경험하는 고통과 똑같다고 밖에 표현할 길이 없습니다. 이 부분에서 많은 사람들이 강한 심적 동요를 느낀 것 역시 예수가 인간적으로 괴로워하고 있는 모습을 발견했기 때문이겠죠.

14. 유다의 배신

오사와 인류사에서 가장 큰 영향력을 미친 사건을 하나 꼽으라면 저는 예수의 십자가형이라고 대답할 겁니다. 단 한 명의 죽음이 결과적으로 인류사에 큰 자취를 남겼고 지금까지도 많은 영향을 미치고 있으니까요.

저는 그 이유가 예수가 너무 참혹하게 살해당했기 때문이라고 생각하는데요. 특히 누명이라고 밖에 볼 수 없는 죄목으로 십자가에 매달려서 잔인하게 살해당했잖아요. 이것만으로도 사람들은 큰 심적 동요를 느낄 겁니다.

그래도 예수가 명예롭게 죽었다고 보는 이도 있습니다. 비록 그렇게 죽음을 맞이하긴 했지만 결과적으로 순교했다고 볼 수 있으니 영광스럽게 죽었다고 할 수 있으니까요. 그런 의미에서 예수는 사후에 구원받은 것이라 볼 수 있습니다.

그러나 이 일련의 사건 속에서 완전히 구원받지 못한 자가 있죠. 바로 유다입니다. 유다는 예수만큼이나, 아니 그 이상으로 비참한 삶을 보냈다고 할 수 있는데요. 복음서를 읽어보면 유다는 정말 구원해줄 가치도 없는 인간으로 묘사됩니다.

뭐, 유다 말고 다른 사도들도 정도가 달라서 그렇지 어쨌든 예수를 배신하긴 했습니다. 예수가 체포되자마자 모두들 재빠르게 모습을 감췄고 베드로의 '닭이 두 번 울기 전에 세 번 나를 부인하리라.'라는 장면도 유명하지요. 그렇기 때문에 다른 사도들도 꼴사납게 묘사되긴 마찬가지지만 그들은 예수가 죽은 뒤 원시기독교단을 만들어 그 안에서 영향력 있는 지위에 올랐습니다.

그리고 사후에 최고의 성인으로 추앙받았죠. 하지만 유다만큼은 달랐습니다. 구원할 가치도 없다는 거죠.

복음서마다 유다의 배신에 대한 기록이 조금씩 다른데 역사적으로 사실인지 아닌지 애매한 부분도 있습니다. 유다는 시기적으로 언제 예수를 배신하려고 했을까요? 저는 최후의 만찬 때가 아닐까 추측합니다. 예수는 제자들과 함께 식사하면서 '이 중에 한 명, 나를 배신할 녀석이 있다.'라고 예언하며 부정적인 뉘앙스를 풍깁니다.

이게 무슨 뜻인지 잘 생각해봐야 하는데, 예수가 이런 식으로 말을 하자 제자들이 저마다 '전 아니죠?'라면서 입을 열기 시작합니다. 이 장면에 대해서 복음서마다 조금 다르지만 마태오복음에서는 유다가 마지막에 '저는 아니지요?'라고 묻습니다. 그러자 예수는 유다를 향해 '너는 분명 그렇게 말했도다.'라고 대답합니다. 이런 이야기를 들으면 인간은 오히려 그 '함정'에 빠지는 경우가 있습니다. 하면 안 된다고 생각할수록 무심코 저질러버리는 경우가 종종 있잖아요. 그래서 예수는 제자들 중 누군가가 자신을 배신해야만 하는 상황을 만들어 함정에 빠지도록 한 게 아닌가 싶습니다.

예수도 누군가에게 살해당한다는 것을 슬프게 생각했습니다. 그리고 피하고 싶다는 생각도 했고요. 또 한 편으로는 구약성서 속 예언 때문에 자신이 죽지 않으면 이 상황이 끝나지 않을 것이란 것도 알고 있었습니다. 그렇기 때문에 이 상황을 마무리 짓기 위해서 제자들을 함정에 빠트려 자신을 배신하도록 유도한 건 아닐까요?

좀 더 생각해보면 말이죠, 최후의 만찬에서 '너희들 중 한 명'이라고 말할 때 예수는 사실 누가 자신을 배신할지 몰랐던 것 같아요. 그래서 이런 말을 했을 때 가장 불안해하고 함정에 빠질 것 같은 제자를 찾아내기 위해서 일부러 그런 먹이를 던진 것이 아닐까요? 그런 의미에서 '이 중에 누군가가 나를 배신한다.'라는 예수의 말은 전형적인 자기 성취적 예언일지도 모른다는 생각을 했습니다.

하시즈메 오사와 씨의 추측은 상당히 신빙성이 있다고 봅니다. 복음서가 설득력을 얻기 위해서 예수는 반드시 무죄여야 합니다. 그런데 예수는 형사범으로 기소되어 사형을 당했으니 '예수는 사실 누명을 쓴 것이다.'라는 흐름이 되어야 하는 거죠.

오사와 그렇습니다.

하시즈메 원죄라고는 해도 일단 법정에서는 증거신문 등 제대로 된 절차를 밟았습니다. 강압적인 수사를 해선 안 되며 정식으로 사형을 집행해야 했던 거죠. 그 다음에는 예수를 잘 모르거나 혹은 예수에 대해 너무 잘 안 탓에 예수를 인정하지 않는 사람들, 즉 이 이야기를 만들어가는 악역이 없으면 복음서는 성립되지 않습니다.

그들은 굳은 신념을 지닌 사람들로 유대교 바리새인도 많았지만 예수의 제자들도 포함되어 있었습니다. 예수를 보호해야 할 사람들이 예수를 보호하지 않았다는 말입니다. 제자들이 똑똑하고 유능해서 예수가 사형 당하지 않았다면 아마 지금의 복음서는 없었을 겁니다. 그래서 원죄라는 장치를 넣은 것입니다. 베드로도 여러 실수를 저지르긴 했지만 예수가 사형을 당하도록 결정적인 역할을 한 것은 아닙니다. 오직 유다만 주체적으로 제자들의 역할을 넘어서 이 플롯에 가담한 것입니다. 즉, 배신했다는 이야기죠.

이 이야기 속에서 유다의 배신이 절대적으로 필요하다는 건 오사와 씨 말씀대로 유다가 복음서에서 가장 중요한 역할을 맡고 있으며 신의 계획을 완성시키기 위한 결정적인 키라고 생각합니다.

오사와 저 역시도 그렇게 생각합니다.

하시즈메 유다는 그 계획의 일부가 아닐까, 신이 유다를 움직이게 한 건 아닐까……. 뭐, 이런 생각까지 든다니까요. 유다 입장에서 적힌 '유다복음'이라는 책이 비교적 최근에 발견되어 얼마 전에 번역서가 출간되었습니다.

오사와 저는 아직 읽어보진 않았는데 무슨 내용인지 궁금해지네요.

하시즈메 다른 복음서에 비해 상당히 짧은데 요점만 말씀드릴게요. 유다는 예수가 가장 신뢰하는 제자였습니다. 예수가 십자가형을 당한다는 계획을 실현시키기 위해 유다의 힘이 꼭 필요했습니다. 그래서 예수는 유다에게 '너는 제자들 중에서 내가 제일 믿을 수 있는 녀석이다. 나를 은화에 팔아주길 바란다. 이런 부탁을 할 수 있는 것은 너 뿐이다.'라고 합니다. 이를 들은 유다는 그대로 실행에 옮깁니다.

현재 가톨릭교회는 천국의 열쇠를 보관하던 베드로를 시작으로 대대로 법왕의 자리를 이어오고 있습니다. 그렇기 때문에 '유다복음'을 절대로 인정할 수 없겠지요. 이 번역서가 나왔을 때 바티칸이 바로 성명을 발표하고 영미권 미디어에서 심도 있게 다뤘지만 일본에는 기사 한 줄 안 나왔더군요.

오사와 가만히 생각해보면 부활이라는 이 연극에서 누군가가 예수를 배신하는 것, 즉 유다의 역할이 엄청 중요합니다. 단 유다복음속 이야기처럼 예수와 유다가 서로 짜고 했다면 이 연극이 인간에게 미치는 영향력은 상당히 줄어들 겁니다.

예수는 되도록 십자가형을 피하고 싶었지만 오이디푸스의 비극처럼 어쩔 수 없이 휘말리게 되었습니다. 후세에도 강한 인상을 남긴 것은 배신을 당했기 때문입니다. 그런데 만약 유다복음에 나온 것처럼 물밑에서 둘이 이런 계획을 짰다면 애초에 배신이라고 할 수 없으니 참 애매한 문제라고 생각합니다.

하시즈메 그래서 성서에 포함되지 못한 거 아닐까요?

오사와 하긴 그렇겠군요. 이런 내용을 성서에 넣었다면 처형, 부활 스토리가 완전히 물거품이 되어버릴 테니까요. 하지만 저는 유다를 보면 항상 안쓰러운 마음이 들어요.

15. 이해할 수 없는 비유 1 – 불의한 일꾼

오사와 하시즈메 씨는 복음서를 읽으면서 이해 안가는 부분 없으셨나요? 저는 예수가 든 비유 중에 이해 안 가는 게 몇 개 있었거든요.

하시즈메 어떤 비유요?

오사와 이미 나왔던 이야기지만 예수는 항상 비유를 들어 천국을 설명했습니다. 천국을 정의하는 단어는 없었어요. 물론 예수가 든 비유 중에는 딱 들어맞는 것도 있었지만 좀처럼 이해가 안 가는 부분도 적지 않았습니다.

가장 이해가 안 갔던 부분부터 말씀드리자면 '불의한 일꾼'이라는 비유입니다. 엄청 유명한 이야기는 아니지만 저 말고도 많은 사람들이 이해하기 어려우실 거예요. 어떤 부자가 일꾼 하나를 두고 있었습니다. 여기서 부자는 신으로 보면 될 것 같습니다. 일꾼은 부자의 재산을 관리했는데 누군가가 부자에게 '당신의 일꾼이 재산을 함부로 사용하고 있습니다.'라고 한 겁니다. 일꾼을 의심하던 부자는 그를 불러 회계 보고를 하게 했고 두 번 다시 네 놈에게 돈을 맡기지 않겠다고 합니다. 일꾼은 일자리를 잃는 건 아닌지 불안해하기 시작했습니다.

이때 일꾼은 만약 일자리를 잃게 되어도 다른 사람에게 도움을 받을 수 있도록 미리 선수를 쳐야겠다는 생각을 하게 됩니다. 일꾼은 부자의 재산을 관리했기 때문에 부자의 채무 관계를 알 수 있었는데, 부자에게 채무가 있는 사람들을 하나씩 불러 자기 마음대로 차용증을 새로 쓰게 했고 이런 식으로 채무를 줄여주었습니다.

일반적인 상식에서 보면 말도 안 되는 이야기죠. 일꾼은 부자의 재산을 자기 마음대로 사용한데다가 언제 일자리를 잃을지 모르게 되자 이제는 차용증까지 꾸며 부자가 빌려준 채무를 줄여주었으니 업무상 이중횡령이라고 할 수 있습니다.

그런데 이 사실을 안 부자가 화는커녕 일꾼을 칭찬하는 겁니다. '너는 빈틈이 없어 참으로 훌륭하다.'라고 말이죠. 도대체 부자는 무슨 생각으로 이렇게 칭찬한 건가요? 그리고 이 이야기와 천국이 무슨 상관이 있나요?

하시즈메 루카복음서 16장에 나오는 이야기군요. 부자는 당시 법정 최고 이율을 웃도는 이자로 돈을 빌려주었기 때문에 이를 없던 일로 하는 것은 정당한 일이라 볼 수 있습니다. 그래도 석연찮은 부분이 있지요. 복음서의 비유는 사람들의 일반적인 상식을 뒤흔들만한 이야기들입니다. 금전 관리를 제대로 해야 하는 일꾼이 횡령과 불법이라니, 참 말도 안 되죠.

언제 해고될지 모르는 일꾼은 자신의 미래에 대해서 생각하기 시작했고, 부자의 채무 관계를 이용해서 우애를 다지자는 결론을 내립니다. 이웃의 채무를 변제해주면 자신의 죄가 사라질 것이라고 생각한 겁니다. 이런 일꾼을 칭찬한 부자는 돈이 지배하는 이 세상이 결국 끝날 것이란 걸 암시합니다. 즉 이 부자는 여호와라는 거죠. 그렇기 때문에 이 이야기는 '신과 부(富) 모두 섬길 수 없다.', '부정으로 얼룩진 부(富)로 우애를 쌓자.'라는 의미입니다. 종말론을 따르는 행동은 세속의 윤리와 도덕을 초월하는 것입니다.

오사와 음…, 아직도 이해가 잘 안되네요. 일꾼이 자기 돈을 준 거면 대단한 일이 맞지만 부자의 돈으로 생색을 내려 했잖아요. 회사에서 해고될 것 같으니 회사의 돈을 누군가에게 증여하고 그 사람을 통해 이익을 보려한 거 아닌가요? 너무 말이 안 되니까 루카복음서에만 실린 거 아닐까요? 이런 내용을 읽어본 적이 없거든요.

16. 이해할 수 없는 비유 2
– 포도 농장의 일꾼, 방탕한 아들, 99마리와 1마리

오사와 또 궁금한 이야기가 있습니다. 바로 '포도 농장의 일꾼'인데요. 이건 앞서 말한 비유보다 더 유명한 이야기입니다. 포도 농장을 가진 자(=신)가 자신의 포도 농장에서 일할 일꾼을 찾아 나섰습니다. 그리고 아침 일찍 일꾼A를 찾아 하루 일당 1만 엔을 주겠다고 합니다. 어느 정도 시간이 흐른 뒤 일꾼들이 모여 있는 곳에 가서 그때까지 일을 구하지 못한 일꾼B를 고용합니다. 오후에는 일꾼C를, 저녁에는 일꾼D를 만나 농장에서 일을 해달라고 부탁했습니다.

그리고 하루의 노동을 끝내고 일당을 건네는 장면이 나오는데 일꾼 중에는 A처럼 아침 일찍부터 일한 자가 있는가하면 D처럼 마지막 한 시간만 일한 자도 있었습니다. 이런 상황에서는 일반적으로 임금 차이가 생기는 것이 당연하잖아요? 그런데 농장 주인은 일꾼들 모두에게 똑같이 1만 엔을 지불한 것입니다. 당연히 일꾼A가 농장 주인에게 항의를 했습니다. 그러자 주인은 일꾼A에게 '나는 당신에게 1만 엔의 일당을 약속했고 약속대로 당신에게 지불했소. 내가 내 돈을 어떻게 쓰든 상관하지 마시오.'라고 합니다.

일꾼A가 불만을 표하는 것이 당연하다고 할 수는 없지만 오래 일한 자와 짧게 일한 자가 똑같은 임금을 받는다는 것은 불평등한 것 아닐까요? 일꾼A가 상대적 박탈감을 느끼는 데에는 그만한 이유가 있다고 생각하는데 예수는 괜찮다고 합니다.

하시즈메 굉장히 유명한 이야기지요. 저녁 늦게 일을 시작한 사람은 한 시간 정도 밖에 일을 하지 않았는데 돈을 받을 때는 하루치 일당을 받았으니, 좀 더 오래 일한 사람들은 왜 저 사람이랑 똑같은 일당을 받는지 불만이 생기고 혹시나 자신들이 좀 더 많이 받을 수 있지 않을까 기대감도 듭니다.

오사와 솔직히 저라도 그럴 것 같아요.

하시즈메 그런데 모두 똑같은 일당을 받았습니다. 농장 주인에게 화를 내며 항의하자 계약한 대로 준 것이라는 답변만 돌아왔습니다. 농장 주인은 '나는 저녁부터 일한 사람에게도 똑같은 임금을 주고 싶습니다.'라는 말까지 덧붙여서요.

이는 '유아세례를 받아서 어릴 때부터 기독교 신자였던 사람과 어른이 되어서 신자가 된 사람, 말년에 병상에서 급하게 세례를 받은 사람 중 누가 천국에 갈 수 있는가?'라는 문제로 치환할 수 있습니다. 그리고 예수 크리스트는 누구나 똑같이 천국에 초대하고 싶다고 생각하는 것으로 이해할 수 있습니다.

오사와 그렇군요.

하시즈메 이에 대해서 유아세례를 받아 오랜 시간 동안 기독교 신자였던 사람(=일꾼A)이 불만을 가져서는 안 된다는 이야기입니다. 이는 농장 주인, 즉 신의 권한이니까요. 그런데 꼭 이렇게 해석하지 않아도 이 이야기는 상당히 심오한 의미를 가지고 있습니다.

오사와 이보다 한 단계 업그레이드 된 버전인 '방탕한 아들' 말씀이신가요? 이 이야기도 유명한 이야기인지라 조금이라도 신약성서를 접한 적이 있는 사람이라면 모두들 알 거라고 생각하는데요.

두 아들을 둔 아버지는 생전에 증여하는 형태로 아들들에게 많은 재산을 물려주었습니다. 형은 계속 고향에 머무르며 그 재산을 기반으로 열심히 일했지만 동생은 집을 떠나 놀기만 했고 빈털터리가 되었습니다. 돈이 없어 이제는 돼지 사료로 끼니를 이어나가야 하는 상황에 이르자 아버지에게 돌아가면 일자리도 다시 얻을 수 있을 거라 생각했습니다.

아버지는 동생을 거둘 뿐만 아니라 사라진 아들이 돌아왔다는 이야기에 매우 기뻐하며 성대하게 파티를 열었습니다. 이때 마침 밭일을 마치고 돌아온 형이 매우 화를 냈습니다. '나는 아버지가 하신 말씀을 한 번도 어기지 않았고 동생이 이렇게 된 건 자업자득인데 갑자기 이렇게 파티를 열다니요!'

그러자 아버지는 '저 아이는 집을 나갔다 이제 겨우 돌아온 것이다. 죽었던 아이가 살아 돌아온 것이야. 기뻐하는 건 당연하지 않겠느냐.'라고 말했습니다. 아까 나온 포도 농장 주인이 '나는 똑같은 임금을 주고 싶소.'라고 말한 것과 상당히 비슷한 논리입니다. 성실하게 일한 건 형인데 그저 놀기만 한 동생이 아버지(신)에게 환영을 받는다는 이야기잖아요. 이건 정의나 공정과는 거리가 멀죠. 이런 식으로 임금을 주는 회사가 있다면 성실한 사원들은 모두 그만두거나 일을 안 하려고 해서 도산하고 말 겁니다.

하시즈메 99마리와 1마리 이야기에도 이런 상황을 엿볼 수 있습니다.

오사와 없어진 양들 이야기 말씀하시는 거죠?

하시즈메 99마리의 양을 두고 사라진 1마리를 찾기 위해 떠난다는 이야기입니다. 잃어버린 양을 찾았을 때 너무 기뻐서 두고 온 99마리의 양을 깜빡 잊었을 정도라고 적혀있습니다. 이렇듯 신이 인간을 배려하는 방법은 인간의 상식을 뛰어넘는다는 이야기입니다. 신과 인간의 관계를 인간과 인간의 관계로 이해하려면 안 된다는 것이 지금까지 나온 이야기들의 공통점입니다.

오사와 방금 포도 농장 이야기도 그렇지요.

하시즈메 그렇습니다. 잃어버린 양 이야기에도 나오지만 신은 인간 한 명, 한 명 다들 어디서 무엇을 하고 있는지 잘 알고 있습니다. 신은 각각에 맞게 구원해줄 방법을 생각하고 있기 때문에 남과 비교하면 안 되는 겁니다.

오사와 그래도 신에게 구원받으려고 평생 열심히 산 사람과 마지막의 마지막까지 향락적인 생활을 보내다 정말 끝에서야 신앙에 눈 뜬 사람 중 누구를 구원해야할 지 모르겠어요.

하시즈메 신의 입장에서는 모두 다 똑같습니다. 오히려 신을 잊고 살던 사람들이 마지막 순간에 신을 바라보게 된다면 그만큼 기뻐할 겁니다. 제가 좀 삐딱하게 보는 건가요?

오사와 아니요. 하하하. 그 나름대로 심오한 의미가 있다고 생각하기 때문에 괜찮습니다.

17. 이해할 수 없는 비유 3
– 마리아와 마르다, 카인과 아벨

오사와 아직 이야기가 좀 더 남아 있는데 괜찮으시죠? 어떻게 보면 복음서 중에서 가장 별 거 없는 이야기일 수도 있는데 이 이야기 속 예수는 도대체 무슨 생각으로 이랬는지 정말 모르겠어요.

하시즈메 괜찮습니다.

오사와 '마리아와 마르다'(루카 10장) 이야기인데요. 예수 일행이 마리아와 마르다 자매의 집에 초대를 받았습니다. 예수가 왔다고 하여 언니인 마르다는 열심히 대접할 준비를 하는데 동생 마리아는 예수와 이야기만 할 뿐 일을 돕지 않았습니다. 이에 화가 난 마르다는 예수에게 '마리아는 일을 도와주지 않습니다. 좀 꾸짖어 주세요.'라고 했습니다.

그러나 예수는 마르다에게 '너는 별 것도 아닌 일에 신경 쓰고 있구나.'라며 '중요한 것은 단 하나, 마리아는 지금 잘하고 있다는 것이다.'라고 말했습니다. 이 말은 마치 마르다는 옳지 않고 마리아가 올바르단 식으로 들립니다. 이게 무슨 뜻일까요? 솔직히 자신들을 환대하려고 열심히 준비하는 마르다에게 할 말은 아니잖아요.

보통 마르다는 일상생활을, 마리아는 신을 직관적으로 인식하고 사랑하는 생활을 각각 우화적으로 표현하고 있다고 해석하는데요. 마르다는 일상적이고 사소한 일에 정신이 팔려있고 마리아는 예수의 말을 경청하고 있습니다. 그런데 이 상황을 순수하게 보면 거추장스럽게 해석할 필요가 없어요. 저는 예수가 마르다에게 실수했다고 봅니다.

어디까지나 제 추측이지만 이 일화가 돌고 돌아 성서에까지 실렸다는 건 그 당시 예수 주위에 있던 제자들도 당황했기 때문 아닐까요? 물론 제자나 복음서를 만든 사람은 예수가 실수했다고 생각할 리 없으니 분명 심오한 의미가 있을 거라고 생각해서 기록에 남긴 게 아닐까 싶습니다. 후세의 기독교 신도는 성서에 적힌 내용이니 중요한 이야기라고 생각해서 다양한 해석을 내놓았고요.

하지만 저처럼 신앙에서 자유로운 사람은 이런 인간 예수의 행동을 허심탄회하게 볼 수 있어서 그런지 그렇게까지 종교적인 의미를 찾을 필요는 없지 않나 싶습니다. 아까 나온 무화과나무 이야기와도 마찬가지로 예수의 인간적인 측면이 두드러진 부분이 아닐까요? 마리아는 물론 귀여운 동생입니다. 마르다가 귀여운 마리아를 조금 골탕 먹일 생각으로 말한 건데 예수는 '마리아는 이대로도 괜찮아.'라고 했으니, 하하하. 하시즈메 씨는 어떻게 생각하시나요?

하시즈메 음…, 저는 마르다가 마리아에게 화를 내면 안 된다고 생각합니다.

오사와 그런가요?

하시즈메 예수를 맞이하려고 마르다가 기분 좋게 부엌에서 일하거나 물을 내주고, 청소를 했다면 좋았을 텐데 내심 마리아가 부러웠던 거예요. 게다가 이런 감정을 마리아에 대한 분노로 나타냈잖아요. 만약 진심으로 예수를 환대할 생각이었다면 마리아의 역할과 마르다의 역할 모두 필요하다고 이해했을 테니 자신의 역할에 만족하고 마리아에게 질투심을 느낄 필요가 없는 거죠. 그래서 마르다는 예수에게 좋은 소리를 못 들은 거예요.

오사와 음, 그렇게도 볼 수 있겠지만 이 부분을 심도 있게 연구한 중세의 대신학자 마이스터 에크하르트의 글을 읽어보면 그 역시 뭔가 말이 안 된다고 생각했던 걸 알 수 있습니다. 무엇보다도 그 후 대응이 우리와는 정반대에요. 저는 단순하게 예수가 인간적인 실수를 한 것으로 이해했습니다. 하지만 에크하르트는 예수가 잘못했다고 생각하지 않았기 때문에 도대체 무슨 소리를 하는 지 알 수 없는 해석을 내놓습니다. 사실은 마르다가 잘한 거다, 뭐 이런 식으로요.

하시즈메 창세기에 나오는 카인과 아벨도 이와 비슷합니다.

오사와 아, 맞아요.

하시즈메 낙원에서 추방당한 아담과 이브는 부부가 되어 카인과 아벨 형제를 낳습니다. 일하지 않으면 살 수 없으니 카인은 농업을, 아벨은 유목을 하게 되었죠. 처음으로 수확물을 얻자 형제는 신에게 제물로 바쳤는데, 신은 아벨의 제물만 기쁘게 여기고 카인의 제물은 반기지 않았습니다. 카인은 화를 내며 동생 아벨을 공터로 불러내 죽였고 신은 카인을 살인죄로 규탄하며 추방시켰습니다. 하지만 신이 왜 아벨의 제물만 기쁘게 여겼는지에 대해서는 나오지 않습니다. 이 일화는 보는 시각에 따라 너무하다는 생각도 드는데, 이 이야기는 어떻게 생각하시나요?

오사와 이상하다고 생각해요. 하지만 창세기 중 특히 첫 부분은 이해하기 어려운 내용이 계속 나오잖아요. 하하하. 일단 참고 읽는 거죠. 물론 전 카인이 불쌍하다고 생각합니다. 부모에게 사랑받지 못한 아이처럼 행동하잖아요. 마음이 아프죠.

하시즈메 결국 인간은 신에게 사랑받는 자와 그렇지 못한 자가 있다는 얘기가 됩니다. 인간은 건강한 사람과 병에 걸린 사람, 천재와 그렇지 않은 사람 등 모두 다르잖아요? 그래도 받아들여야 하는 겁니다. 이런 차이를 만들고 용인한 것은 신이니까요. 그러니 이 세상에는 축복 받은 자와 그렇지 못한 자가 존재하게 되는데 일신교에서는 이를 신에게 사랑받는 자와 그렇지 못한 자라고 해석할 수밖에 없습니다.

그리고 인간은 반드시 자기보다 사랑받는 자가 누군지, 그렇지 못한 자가 누군지 찾습니다. 이걸 하나하나 질투의 감정이나 신에 대한 분노로 표출하면 일신교라고 할 수 없어요. 그래서 절대적으로 금지해왔는데 카인과 아벨이 처음으로 그런 감정을 드러낸 것입니다. 그 전에는 아담과 이브 밖에 없었고 남자와 여자였기 때문에 이런 차이는 눈에 띄지 않았는데 카인과 아벨은 형제잖아요.

오사와 그렇습니다.

하시즈메 방금 전 마리아와 마르다도 자매였잖아요. 저는 카인과 아벨의 다른 버전이라고 생각합니다.

오사와 이유는 모르겠지만 인간들은 신에게 사랑받고 혹은 사랑받지 못합니다. 제1부에 나온 욥기의 주제이기도 하죠. 하지만 이보다도 더 중요한 건 '일신교가 어떻게 지금까지 신을 유지해왔는가.'입니다.

하시즈메 이런 상황에서 신의 존재를 믿을 수 없게 되면 일신교라고 할 수 없지요.

오사와 그렇습니다.

하시즈메 가장 중요한 건 예수의 이야기에 귀를 기울이는 것이라고 이해하면 됩니다.

18. 기독교를 만든 남자, 바울

오사와 이미 몇 번이고 등장한 이름이지만 아직까지 제대로 이야기를 나누지 못한 사람이 하나 있죠? 바로 바울입니다. 사실 우리들은 이미 바울이 한 이야기, 바울이 만든 교리를 전제로 기독교에 대해서 이야기를 나눴습니다. 생각해보면 우리가 알고 있는 기독교의 모습을 확립시킨 사람은 바울이라고 해도 과언이 아닙니다. 실제로 신약성서의 대부분은 바울이 쓴 것이니까요. 그래서 전통적 의미에서 봤을 때 기독교 교주가 누구냐고 물으면 예수보다도 바울이 더 어울릴지도 모르겠습니다.

그러나 바울은 베드로나 유다와는 달리 처음부터 예수를 따른 직접적인 제자는 아니었습니다. 방금 전에도 잠깐 말씀드렸지만 바울은 어느 날 갑자기 극적인 회심을 느껴 기독교 신도가 됩니다. 그 전까지는 오히려 기독교를 철저히 탄압해왔습니다. 갑자기 찾아온 회심을 통해 기독교를 필사적으로 변호하고 체계화시켜 나가죠. 역사적 사실인 동시에 다른 종교에서는 찾아볼 수 없는 독특한 구성입니다.

다시 정리해볼게요. 인간 세계에 신의 아들인지 구원자인지 모를 존재가 등장합니다. 신처럼 막대한 영향력을 끼치는 이 존재 옆에는 12명이나 되는 제자가 있었습니다. 그러나 기독교라는 종교를 체계화시키는 데 공헌한 건 그 12명의 제자가 아닌 한참 뒤에 들어온 바울이라는 사람입니다. 정작 바울은 생전에 예수를 만난 적도 없는데 말이죠. 하시즈메 씨는 바울이라는 인물에 대해서 어떻게 생각하시나요?

하시즈메 바울의 고향은 타르수스라는 소아시아 마을로 어릴 때는 사울이라는 이름을 사용했습니다. 그는 유복한 유대교 가정에서 태어나 헬레니즘 문명에서 성장했기 때문에 그리스어를 유창하게 구사할 수 있었고 로마 시민권을 갖고 있었습니다. 총명한 지식인이었으나 어딘지 모르게 말주변이 없는 사람이었습니다.

독실한 유대교 신도로 바리새인이었습니다. 그는 청년행동대장 같은 위치에 올라 신흥 세력인 기독교 신자들을 닥치는 대로 붙잡아 들여 신문하고 탄압했는데, 이때 신문을 통해서 기독교에 대한 지식을 얻은 것으로 보입니다.

어느 날 바울은 말을 타고 예루살렘에서 다마스쿠스로 이동하던 중 갑자기 예수 크리스트를 만나게 되었고 앞이 보이지 않아 말에서 떨어졌습니다. 어느 정도 시간이 지나자 눈은 원래대로 돌아왔고 세례를 받아 기독교 신도가 되었습니다(회심). 그때부터 복음을 전하는 단교 여행을 하며 여생을 보냈습니다.

오사와 바울의 회심에는 무엇이 크게 작용했나요?

하시즈메 기독교 신도들을 신문하면서 그들이 자기보다 올바르고 깊은 신앙을 가졌다는 생각이 든 것으로 보입니다. 독실한 유대교 신도였던 바울 입장에서는 여간 괴로운 일이 아니었을 거예요. 자기가 신문을 하는 정당성 자체가 흔들렸을 테니까요.

그때부터 의식할 수 없는 깊은 죄책감과 자기형벌의 감정이 쌓이게 되었고 기독교 신도들을 신문하는 일을 계속할 수 없었습니다. 하지만 그만두려고 해도 간부였기 때문에 쉽게 발을 뺄 수 없었고 무리하게 일을 진행하면서 오히려 폭발적인 회심이 생겨난 것으로 보입니다.

오사와 신약성서는 네 가지 복음서로 구성되어 있고 뒤이어 사교행전이 있는데 여기까지가 역사 속 이야기입니다. 그 다음부터는 편지가 포함되어 있어요. 하시즈메 씨 말씀대로 실제 작성 시기는 이 순서와 반대로 편지가 가장 오래된 것입니다.

편지 부분 문두에는 '로마인들에게 보내는 편지'가 나오는데 이는 바울이 쓴 것 중 하나로 의외로 내용이 어렵습니다. 사교행

전까지는 역사 이야기로 사건이 일어난 순서대로 글이 진행되어서 술술 넘어가지만 그 이후에 나오는 내용은 잘 읽히지 않더군요.

하시즈메 거의 논문 수준이죠.

오사와 맞아요.

하시즈메 바울이 왜 편지를 썼는지 궁금하지 않으세요? 바울은 포교 활동 중 구금되어 자유롭게 활동할 수 없었는데요. 그래도 로마 시민권을 가지고 있었기 때문에 편지를 쓸 수 있었습니다. 그래서 많은 편지를 작성하였고 그 중 몇 개가 남아있는 겁니다. 바울은 내성적이고 골격이 작아 웅변에 그다지 적합한 인물은 아니었습니다. 바울이 아니더라도 입담 좋고 설득력 있게 전도하는 사람들은 많았으니까요. 이런 점은 모세와 조금 비슷합니다.

오사와 모세도 언변이 좋은 편이 아니었지요.

하시즈메 그러나 뭔가 기록하거나 쓰는 것이 능숙한 편이었습니다. 언변이 좋지 않으니 문장력이 뛰어났던 걸지도 모르겠네요.

오사와 요즘에도 그런 사람들이 꽤 있지요. 아마 바울이 없었다면 예수가 해온 것들을 교리로 정리하지 못해 지금까지 이어지지 않았을 거예요. 예수의 말과 행동을 논리적으로 정리하고 의미를 부여한 덕분에 그런 일들이 역사 전체를 규정하는 구조가 되기도 했습니다. 그렇게 생각해보면 바울의 공헌을 무시할 수 없지요.

그런데 왜 이런 교리들이 예수의 직접적인 제자들이 아닌 간접적인 제자로 분류되는 바울에 의해 만들어졌냐는 거죠. 예수를 따라다니면서 그 장소에 함께 있던 제자들보다도 바울이 더 자세하게 묘사하다니 참 신기하죠.

하시즈메 제자 12명은 그다지 능력이 뛰어난 편이 아니었어요. 12명 중에서 그나마 성실했던 유다가 금전 관리도 담당했었고, 여러 모로 다른 사람들보다 똑똑한 편이었습니다. 베드로가 리더를 맡긴 했지만 제자들의 원래 직업은 어부 등 평범한 인물들이었다고 합니다.

그리고 언어 문제도 있었는데요. 예수와 12명의 제자들은 히브라이어(내지는 히브라이어의 방언인 아람어)로 말했습니다. 히브라이어로는 헬레니즘 문명 사람들에게 전도할 수 없었고 히브라이어를 사용하는 유대인 커뮤니티에서만 활동할 수 있었습니다. 마치 영어를 못하는 일본인 같아서 신흥종교를 만들어도 전 세계에 포교할 수 없었습니다. 이때까지만 해도 기독교는 소수의 신도들로 이루어져 있었는데, 그리스어가 능숙했던 바울이 등장한 거죠. 지금으로 따지면 영어 실력이 뛰어난 국제파인 셈이었고 헬레니즘 문명에 기독교를 포교할 수 있었습니다. 초기 교회에서는 히브라이어로 활동하는 국내파와 그리스어로 활동하는 국제파가 세력을 양분하고 있었죠. 정치 세력의 변화로 예루살렘의 활동 거점을 빼앗기면서 교회는 바울의 교리를 바탕으로 국제파의 기초를 다질 수 있었습니다.

오사와 당시 헬레니즘 문명에서 그리스어란 인텔리들의 국제 공통어였나요? 평범한 사람들은 그리스어를 구사할 줄 몰랐나요?

하시즈메 헬레니즘 문명의 공통어는 그리스어였습니다. 공통어로 글을 읽을 수 없다고 해도 일상생활에서는 그리스어로 소통을 해야만 했기에 교양이 있든 없든 모든 사람들이 자유롭게 구사할 수 있었던 언어는 그리스어뿐이라고 생각합니다. 그래서 교회에서도 그리스어가 사용되었던 거고요.

오사와 그렇군요. 그렇다면 성서 내용 중 바울이 쓴 건 어떤 내용인가요?

하시즈메 바울이 쓴 편지가 대부분이긴 한데 개중에 바울의 이름을 빌려온 것도 있습니다. 정말 바울이 쓴 건 절반 정도가 아닐까 싶습니다.

오사와 이는 역사적으로 증명된 사실인가요?

하시즈메 '로마인의 편지', '코린트인에게 보내는 편지' 등은 바울이 쓴게 확실합니다. 그 외에 바울이 쓴 게 무엇인지는 학자마다 의견이 다릅니다.

오사와 정말 바울이 쓴 것도 있지만 바울의 시점에서 쓰여진 것도 있더라고요.

하시즈메 네, 그렇습니다.

오사와 바울의 이름만 따온 것도 포함하면 절반 이상이 바울이 작성한 거군요.

하시즈메 오늘날의 교회가 만들어진 것은 바울 덕분이라고 생각합니다.

19. 초기 교회는 어떤 모습이었을까

오사와 교회 이야기가 나와서 말인데요, 전반적인 내용은 뒤에 나올 제3부에서 다루도록 하고 일단 제2부 마지막은 초기 교회에 대해서만 잠깐 이야기를 나눠볼까 합니다. 고등학교에서 세계사를 배웠다면 로마의 콘스탄티누스 1세가 313년에 기독교를 공식 인정하고(밀라노 칙령) 392년에 테오도시우스 1세가 국교화한 것을 알고 계실 겁니다. 로마제국은 과거에 기독교를 탄압했지만 어느새 기독교를 국교로 인정했는데 그 사이에 무슨 일이 있었던 거죠?

하시즈메 헬레니즘 문명은 한마디로 종교의 르네상스 시기였습니다. 그리스의 신, 로마의 신, 그 외에도 많은 신들이 있어서 모든 도시국가에서 종교가 뒤섞이는 상황이었습니다. 그래서 다양한 신전이나 여러 우상들이 존재했는데 기독교 신도들은 그런 우상을 철저히 배제하였고 다른 종교와 관계를 갖지 않는다는 점이 특징이었죠. 유대교도 이런 점은 비슷했지만 유대인 커뮤니티에서 벗어나지 못했기 때문에 공공연하게 알려지진 않았습니다. 그래서 초기 기독교는 갑자기 등장하여 사람들에게 강한 인상을 남겼고 이런 특징 때문에 기독교는 무신론이다, 신을 숭배하지 않는다는 소문까지 돌았습니다.

오사와 우상숭배를 하지 않을 뿐인데 신을 모시지 않는 것처럼 보였군요.

하시즈메 네. 게다가 이상한 의식을 지낸다는 소문도 있었는데요. 처음에는 성찬식 정도로 정말 식사만 했었습니다. 그런데 모두들 굶고 의식에 참석하자 교회의 재정 상황이 이를 뒷받침할 수 없게 되었고, 교회에서는 식사를 마치고 오라고 한 뒤 빵과 포도주 의식으로 바뀌게 되었습니다. 교회에서는 일요일에 기도를 하지만 그 외에는 다양한 행사가 열렸고, 그래서 그런지 성찬식에서 인육을 먹고 피를 마신다는 소문도 돌았습니다.

유대교의 시나고그(유대교 회당)와 이슬람교의 모스크는 남자와 여자가 따로 착석하지만 기독교의 교회는 남녀가 함께 합니다.

여자는 베일을 써야 한다고 규정하는 교회도 있었지만 중간에 베일을 벗기 때문에 계속 써야 하는 무슬림과는 차이가 있습니다. 또 무슬림은 복장 규정이 있기 때문에 겉으로 보면 단번에 무슬림이라는 것을 알 수 있지만 기독교 신자는 복장만으로는 알기 어렵습니다. 또 이슬람은 시간을 정해서 단체로 기도를 하고 기독교 신도는 문을 걸어 잠그고 조용히 기도를 하는 것도 다릅니다. 그래서 기독교 신도들이 언제 기도하는지는 지극히 사적인 것으로 알기 어렵습니다.

그 사이 기독교는 로마제국의 표적이 되었고 제왕숭배를 거절한다는 등의 이유로 체포되어 사자의 먹잇감으로 던져지고, 하여간 눈엣가시 같은 존재가 됩니다. 그러던 중 로마의 권력자가 기독교로 개종하기도 하고……, 로마의 입장에서 봤을 때 탄압의 대상에서 적당히 이용할 수 있는 종교로 발전하게 되는 거죠.

오사와 그래서 공인되었군요. 제3부에서는 세속의 권력과 종교를 관련지어 예수가 죽은 뒤 기독교가 후세에 어떤 영향을 미쳤는지에 대해서 알아보겠습니다.

제3부 서양은 어떻게 만들어졌는가?

1. 성령이란 무엇인가

오사와 기독교는 여러 형태로 사회에 스며들어 사람들에게 영향을 미쳤습니다. 한마디로 '서양'을 만들었다고 할 수 있죠. '세계화(Globalization)'를 비롯하여 근대화란 개념은 견해에 따라 지구적, 인류적 규모의 서양화라고 볼 수 있습니다. 따라서 서양세계의 성립 과정 역시 현대사회를 이해하는데 중요한 열쇠가 됩니다. 기독교가 서양세계의 근간을 이룬다는 또한 분명한 사실로 제3부에서는 기독교가 어떻게 서양세계를 구축해나갔는지 중요한 포인트 몇 가지를 설명하려 합니다. 이번 주제는 상당히 어려운 데다가 범위가 넓은데, 우선 로마가 기독교를 국교로 인정한 뒤 어떻게 전개되었는지 알아봅시다.

예수가 죽은 뒤 몇 백 년 정도 지난 후 기독교에서는 삼위일체라는 교리가 생겼습니다. 이는 상당히 독특한 교리인데요. 성부(聖父)와 성자(聖子)와 성령(聖靈)으로 구성된 삼위(三位)가 하나가 되는 것이 바로 삼위일체(三位一體)입니다. 성령이라는 단어는 성서에도 등장하지만 이 세 가지가 무슨 관계인지에 대해서는 아무런 설명이 없습니다. 그러나 기독교를 일관성 있게 이해하기 위해서는 신(성부)과 크리스트(성자), 성령의 관계를 분명히 해둬야 합니다. 그래서 이 세 가지를 하나로 봐야 한다는 해석이 등장하게 된 겁니다. 당시 삼위일체설 외에도 다양한 해석이 있었는데 피 튀기는 논쟁을 통해 최종적으로 삼위일체가 정통 교리로 결정되었습니다.

삼위일체는 그리스어로 '세 개는 우시아(Ousia)로서는 하나이나 휘포스타시스(Hypostasis)[27]로서는 세 개다.'라고 표현했는데요. 삼위(세 인격, 세 위격)로 존재하지만 본질(essence)은 하나의 신이라는 논리입니다. 이를 어떻게 이해하면 좋을까요? 우리는 제2부에서 예수가 신인지, 인간인지에 대해서 이야기를 나눴잖아요. 어느 정도 이해하나 싶었는데 이제는 성령이라는 새로운 개념이 등장했습니다. 하시즈메 씨는 삼위일체라는 교리에 대해서 어떻게 생각하시는지 궁금합니다.

하시즈메 스케일이 큰 주제인 만큼 좀 나눠서 설명하는 게 좋을 것 같네요. 먼저 성령에 대해서 이야기를 나눈 뒤 기독교의 공회당을 시작으로 삼위일체에 대해서 생각해보도록 하겠습니다.

오사와 네. 삼위일체설은 공회당을 통해서 정통 교리로 결정되었습니다. 공회당은 기독교회의 정상회담쯤으로 생각하면 되는데요. 재미있는 건 불교에는 공의회라는 개념이 없다는 거예요. 공의회가 열리는 이유도 궁금합니다.

하시즈메 우선 성령부터 설명하자면 사교행전에도 등장하는 개념입니

---

27) 라틴어로는 페르소나(Persona), 일본어로는 위격(位格)으로 번역한다.

다. 예수는 금요일 오후 3시에 십자가에서 숨을 거뒀습니다. 금요일 일몰부터 시작되는 안식일 때문에 마음이 급해진 사람들은 빈 묏자리에 시체를 대충 밀어 넣은 뒤 큰 돌로 덮고 돌아갔습니다. 다음 날 하루 종일 쉬고서 일요일에 다시 묘를 찾았는데 묏자리는 이미 텅 비었고 예수가 부활했다는 이야기입니다.

갈릴래아 쪽으로 가면 부활한 예수를 만날 수 있다(마태오 28장)는 얘기를 듣고 제자들이 찾아가자 모습을 드러낸 예수가 눈앞에서 승천했다고 합니다. 그래서 예수는 지금 하늘에 있는데, 인간이 과연 승천할 수 있을까요? 엘리야가 불의 전차를 타고 승천한 전례가 있긴 하나 부활한 뒤 승천한 것은 예수가 처음입니다. 승천한 예수가 다시 이 세상에 내려오면(재림) 종말이 왔을 때라고 하는데 우리는 그 날이 언제인지 알 수 없으며 그때까지 예수 크리스트와 연락을 할 수 없습니다.

여호와는 자신의 의사를 전하기 위해 예언자와 예수 크리스트를 이용했는데요. 예수 크리스트가 할 일을 다 하고 퇴장한 뒤에는 더 이상 예언자가 나타날 수 없었습니다. 예언자는 예수 크리스트의 출현을 예언했기 때문에 더 이상 할 일이 없었긴 거죠. 예언자도 사라지고 예수도 승천하자 복음(예수 크리스트의 말)만 책으로 남았을 뿐, 정말 아무 것도 없는 시대가 되어버린 것입니다. 사람들은 종말이 올 때까지, 그러니까 예수가 재림할 때까지 복음서 하나로 버텨야만 하는 겁니다.

이렇게 세상에 남겨진 인간과 승천한 신을 이어주는 유일한 수단이 바로 성령인 것입니다. 성령은 승천한 예수를 대신하여 제자들이 모여 있는 곳에 내려옵니다. 불같은 형태로 등장하기도 하고 제자들의 몸속에 들어가기도 합니다. 유대교에서도 예언자가 빙의(영에 씌운 상태)되는 일이 있었는데 기독교에서는 이를 성령에 의한 것으로 봅니다.

성령이 몸에 들어오면 외국어를 구사하는 등 여러 가지 일을 할 수 있게 됩니다. 제자 중 어떤 이가 알 수 없는 소리를 하자 혹시 술에 취한 건가 싶어 가만히 들어보니 배운 적도 없는 외국어로 이야기를 하고 있었다는 기록도 있습니다. 또 성령은 종종 중요한 것을 일러주기도 합니다. 구교여행 중이던 바울이 소아시아에서 어디로 갈지 고민하자 성령이 길을 알려주었습니다. 이는 바울의 육감이나 혹은 바울과 관련된 첩보 조직원이 슬쩍 흘린 것일 수도 있지만 어쨌든 이 모두를 성령의 작용으로 봅니다.

예수 크리스트는 비록 자신의 육체는 없어도 신도들이 모여 있는 곳에 항상 함께 한다고 했습니다. 그래서 예수 크리스트 대신 성령이 존재하는 것입니다. 성령에 대한 이런 설명은 사교행전에도 나오는데, 성서에 이런 내용이 나오는 이상 기독교 신도들은 성령의 존재를 믿을 수밖에 없는 것입니다.

오사와 하지만 성령이 무엇인지 쉽게 와 닿지 않습니다. 신이나 예수를 매개로 신도들이 서로 텔레파시를 주고받는 것이라 이해하면 되나요? 아니면 인터넷 네트워크 같은 건가요? 신도들이 모여 있는 곳의 분위기와도 상관이 있나요? 예수는 신도들이 모여 있는 곳엔 본인도 함께 한다고 생각해달라고 했습니다. 이런 예수의 말이야 말로 (정말 성령이 존재한다면) 성령이란 신도들의 연결고리를 그들 나름대로 해석한 것이 아닐까 싶은데요.

하시즈메 오사와 씨가 말씀하신대로 성령은 네트워크나 상호 작용 같은 역할을 하긴 하지만 일본인들이 흔히 생각하는 텔레파시와는 성격이 조금 다릅니다. 성령은 단 하나 뿐이라는 점이 가장 큰 차이점입니다. 그리고 신이 내려주신 거고요. 성령은 신과 인간을 이어주는 매개체로 결과적으로 보면 인간과 인간도 이어주고 있습니다. 이 점이 중요한데 성령은 수직 방향으로 작용합니다.

바울의 서간을 신의 말(성서)로 완성시키기 위해서도 꼭 필요한 존재입니다. 바울은 예수가 살아 있을 때, 그리고 예수가 부활했을 때 직접 대면한 것이 아니라 여행 도중 갑자기 예수의 환영을 봤을 뿐입니다. 그러나 그는 사도라는 이름으로 회심을 한 뒤 많은 서간을 작성하고 각지의 교회로 보냈습니다.

가만히 생각해보면 이런 바울의 서간이 신의 말인지 아니면 그냥 바울이 쓴 편지인지 알 수 없습니다. 복음서는 예수 크리스트에 대한 증언이라 할 수 있는데 신이 나서서 증명해주지 않으면 진짜 신의 말이라고 볼 수 없습니다. 바울의 서간은 복음서와 같은 증언이 아니라 예수 크리스트를 어떻게 이해하면 좋을지 바울 개인의 생각, 즉 해석을 담은 것입니다. 해석은 인간의 것이니 성서로 삼으면 안 되고요.

그래서 바울의 서간은 바울의 생각이 아니라 '바울로 하여금 그렇게 생각하도록 만들었다.'라는 논리가 생기는 겁니다. 무엇이 그렇게 만들었을까요? 바로 성령입니다. 성령이 바울의 손을 움직여 글을 쓰게 만든 겁니다.

한마디로 성령이 바울의 몸을 빌렸다고 생각하면 이해하기 쉬울 거예요. 이는 기독교에 자주 등장하는 '성령의 움직임에 의해'라는 논리로, 바울의 경우 그 작용이 두드러졌기 때문에 그의 서간이 성서에 포함된 것입니다. 그래서 성령, 즉 신의 권위가 작용하여 예수에 대한 '해석'이 성서로 채택된 것입니다. 원래 성서는 해석본이니까요. 그런데 구약성서나 코란에는 이런 개념이 없습니다.

2. 교리는 공의회에서 결정된다

하시즈메 성령 덕분에 바울의 서간이 성서가 되었습니다. 이제 그 성령과 성자(예수), 성부(신)의 관계에 대해서 짚어보도록 할게요. 예수가 정말 신의 아들인지에 대해서 여러 의견이 있었듯 성령과 성자, 성부의 관계를 둘러싸고도 정말 많은 의견이 있었습니다. 바울의 서간에도 이에 대한 명확한 정의가 나오지 않습니다.

일신교는 '인간의 영역'과 '신의 영역'을 엄격하게 구별하는 특징이 있습니다. 그리고 '인간의 영역'에 권위를 포함시키지 않습니다. 그런데 인간이 내린 해석이 없으면 교회라는 집단이 유지될 수 없다는 문제가 발생합니다. 이미 성서가 편찬되었으니 이 문제를 어떻게 해결할지 고민하게 되었고 사람들은 공교회라는 답을 내놓습니다.

공교회는 각 교회의 지도자 위치에 있는 사람들(주교)이 한 명도 빠짐없이 모인 교회를 가리킵니다. 그들은 공교회에 모여 올바른 교리(해석)란 무엇인지 논의를 하고 결정을 내립니다. 의견이 갈릴 때는 다수파의 의견을 정통 교리로 삼는데 만약 소수파가 다수파의 의견을 따르지 않으면 이단으로 간주되어 교회에서 추방당합니다. 이런 식으로 교리가 결정되었습니다.

이런 방법이 가능했던 이유는 공교회에 성령의 작용이 있었기 때문입니다. 인간들이 생각한 해석이라고 할지라도 공교회에 모여서 어떤 해석(교리)이 옳은지 의논하고 결론짓는 것은 '인간의 영역'을 뛰어넘습니다. 그래서 모든 신도들은 공교회의 결정에 따라야 하며 이는 기독교의 관습입니다.

삼위일체설 역시 이런 과정을 통해 정통 교리로 인정받았습니다. 학설 자체만 보면 모순도 많고, 설득력 있는 반대 의견도 많았지만 옥신각신한 결과 381년 제1차 콘스탄티노플 공의회에서 정통 교리로 채택되었습니다.

학자마다 의견이 분분하긴 하나 총 일곱 차례 공의회가 개최되었다고 합니다. 그 중 중요한 공의회는 삼위일체설을 정통 교리로 채택한 제1차 니케아 공의회(325년)와 제1차 콘스탄티노플리스 공의회(381년), 크리스트의 신인양성(神人兩性)론을 채택한 에페소스 공의회(431년)와 칼케돈 공의회(451년) 등이 있습니다.

오사와 좀 더 자세히 들여다볼게요. 다른 일신교인 이슬람교에서는 코란을 가장 중요한 법원(法源)으로 삼고 그 다음으로 무함마드의 언행을 기록한 순나를 중요시 여깁니다. 그런데 이것만으로도 답을 내릴 수 없을 때는 이슬람법 대학자들이 서로 논의하고 합의하는데 이를 '이주마'라고 합니다. '이주마'는 기독교의 공의회와 비슷한 개념인가요?

하시즈메 언뜻 보면 비슷해 보이지만 사실 성격이 다릅니다. 공의회에서는 해석에 대한 차이가 있기 때문에 다수결로 결론을 내리지만 이슬람교의 이주마는 만장일치가 아니면 결론을 내릴 수 없습니다. 만약 의견 차이가 생기면 그것이 다수의 의견이든 소수의 의견이든 상관없이 인간의 의견에 지나지 않기 때문에 신

초기 기독교의 연혁	
28년	예수 전도 개시
30년 경	예수 처형
50년	유대교 신자와 기독교 신자, 로마에서 추방
51~57년	바울의 전도
64년	네로 황제의 박해. 바울 순교
70년	예루살렘 멸망
70~100년 경	공관복음서 완성
100년 경	요한복음서 완성
180년 경	신약성서 완성
303년	디오클레티아누스 황제의 대박해 시대
313년	콘스탄티누스 황제 밀라노 칙령으로 기독교 공인
325년	제1차 니케이 공의회 (예수를 신과 동일시하는 아타나시우스파가 정통으로 공인받아 예수를 인간이라 보는 아리우스파는 이단으로 여겨졌다.)
375년	게르만인 대이동 시작
381년	제1차 콘스탄티노플 공의회 (삼위일체설을 정통 교리로 인정했다.)
392년	테오도시우스 황제 기독교를 국교화
395년	동서로마분열
431년	에페소스 공의회 (예수의 신성과 인성을 분리하여 생각하는 네스토리우스파가 이단으로 여겨졌다.)
451년	칼케돈 공의회 (예수는 신성과 인성이라는 두 가지 본성을 지녔다는 양성론이 정통 교리로 인정받고 단일성이라는 단성론이 이단으로 여겨졌다.)
476년	서로마제국 멸망

의 의견이라 볼 수 없습니다. 그래서 양쪽 모두 틀린 겁니다. 이렇듯 이주마는 기독교 공의회와 달리 다수결로 결정하지 않습니다.

오사와 이주마와 공의회를 비교해보면 이슬람교와 기독교의 차이를 알 수 있습니다. 제2부에 나오듯 기독교의 경우 복음서끼리도 서로 내용이 조금 다릅니다. 신은 하나지만 그를 경험한 인간들의 시점과 견해는 다양하기 때문에 신약성서에도 그런 차이가 생기는 것으로 이해할 수 있습니다.

한편 이슬람교의 경우 무함마드가 직접 신에게 전해들은 것이 대부분이기 때문에 성서인 코란에는 다양성이나 다의성이 있다고 할 수 없습니다. 또 그래서도 안 되고요. 순나 역시 어떻게 전승되어 왔는지 그 경로를 분명히 한 뒤 일의적으로 하고자 하는 의지가 상당히 강했습니다. 이슬람법의 경우 애초부터 의견 불일치는 있을 수 없으며 만약 서로 의견이 엇갈린다고 하면 이는 엄청난 스캔들이 되는 것입니다. 그래서 이슬람법을 해석할 때 조금이라도 의견차가 생기면 결론을 내릴 수 없게 됩니다.

그러나 이와 반대로 기독교에서는 공의회에서 여러 의견이 나오는 것을 당연하게 여겼습니다. 의견이 서로 일치하지 않는다는 것을 전제로 삼고 결론을 유도했던 게 아닐까 싶은데요. 그렇다고 해서 기독교가 다양한 해석과 의견에 무조건 관용적이었다고는 할 수 없습니다. 오히려 그 반대라고 생각하는데, 다수파의 의견을 정통이라 여긴다고 했잖아요? 이는 정치적 전술에 가까워서 힘이 있는 사람이 내놓은 해석을 정통 교리로 여기는 것입니다. 그리고 그와 다른 생각은 이단이 되는 것이고요. 공의회에서 채택한 가장 중요한 정통 교리가 바로 삼위일체설입니다. 하지만 도대체 무슨 말을 하고자 하는지 이해가 안 되는 해석이기도 합니다. 성부와 성자, 성령이 서로 다른 초월적인 개념이 되면 일신교의 근본적인 원칙이 무너지게 됩니다. 그래서 이 세 가지는 하나가 되어야 하는데 세 가지 모두 각각 분명한 역할이 있다는 문제가 발생합니다. 상당히 중요한 문제인데요. 결국 이 세 가지를 하나로 설명하기 위해서 고육지책으로 등장한 결론이 바로 삼위일체설입니다. 물론 다른 일신교인 유대교나 이슬람교에서는 이런 문제가 없었습니다.

3. 로마 가톨릭과 동방정교

오사와 지금까지 우리는 대담을 진행하면서 '기독교'라고 뭉뚱그려 말했지만 사실 크게 두 가지로 나눠서 설명해야 합니다. 일본인들은 기독교라고 하면 보통 가톨릭 위주로 생각하는데요. 가톨릭이란 로마를 중심으로 한 기독교로 서유럽에서 번영했습니다. 16세기가 되면서 프로테스탄트(Protestant)가 등장하는데 이들은 '가톨릭에 항의(Protest)하는 것'이라는 의미부터 넓게는 가톨릭의 분파에 속하기도 합니다. 이와 별개로 동측 기독교, 즉 정교(Orthodox)라고 불리는 기독교도 있습니다.

서양을 이해하자는 우리의 목표를 고려해보면 가톨릭 계열을 주로 언급하게 되지만 그 전에 가톨릭과 별개로 정교가 있다는 사실을 이해할 필요가 있습니다. 도대체 왜 로마 가톨릭과 동방정교는 분리된 것일까요? 그리고 이 둘 사이에는 어떤 차이가 있는지 궁금합니다.

하시즈메 기독교에는 상반되는 두 가지 조직 원리가 있습니다. 하나는 모두 평등해야 한다는 생각입니다. 신 앞에서는 모두 평등하기 때문에 인간은 서로 평등하다고 생각하는 겁니다. 그래서 조직 내 상하 관계를 가능한 한 없애려는 경향이 있습니다. 이와 반대로 통일을 중시하는 생각도 있습니다. 그래서 상하 관계가 있는 조직을 만들려고 한 것이고요.

어느 쪽이든 너무 지나치면 기독교의 본래 특징이 사라지기 때문에 두 의견 모두 적절히 섞어야 하는데요. 각 교회에 장로가 있고 그 밑에 주교를 두었습니다. 그리고 지역을 관리하는 대주교와 대주교를 관리하는 총대주교를 두어 상하 관계를 설정했습니다. 이는 로마 군대를 모방한 것으로 보입니다.

총대주교가 있는 교회를 총대주교좌라고 하는데 처음에는 예루살렘, 안티오키아, 알렉산드리아, 콘스탄티노폴리스, 로마에 위치하여 5대 총대주교좌라고 했습니다. 이 중 초기 세 곳은 곧 문

[7. 255쪽 기독교 전방]

을 닫았고 콘스탄티노폴리스와 로마 두 곳만 남게 되었습니다. 총대주교좌 아래에는 많은 교회가 있어서 다양한 해석이 나왔습니다. 이때 전체 회의를 열어 다양한 해석 중 하나를 꼽아 정통 교리로 삼은 것입니다. 이 전체 회의에서는 주교가 대표권을 행사했는데 각지에서 수 백 명의 주교가 모여 들어 대등하게 논의를 진행하는 등 평등을 중시하는 원리도 남아 있었습니다.

이 회의에 참가하지 않거나 회의에서 내린 결론을 인정하지 않아 이단으로 추방당한 기독교 분파도 많았습니다. 그 대표적인 예로 칼케돈 공의회에 참가하지 않고 삼위일체설을 인정하지 않은 아르메니아 사도 교회가 있습니다. 동방정교(그리스 정교)와 서방교회(로마 가톨릭)는 이런 마이너 교회나 이단과 달리 기독교회의 원류라고 볼 수 있습니다. 총 7회 열린 공의회 내용 모두를 승인하였고 이에 따라 전통이라 인정받았거든요. 이런 점에서는 동방교회나 서방교회는 차이가 없습니다.

동방교회와 서방교회가 분열한 것은 스폰서였던 로마제국이 테오도시우스 황제가 죽은 뒤 동서로 분열했기 때문입니다(395년). 로마제국이 동서로 분열된 지 얼마 지나지 않아 공의회가 열리지 않게 되었습니다. 길거리에 경호 인력을 배치하는 등 경비를 부담하기 어려워졌기 때문이죠. 공의회가 열리지 않게 되면서 해석의 차이를 좁혀나갈 방법이 사라지게 되었습니다. 이때부터 동방정교와 서방교회의 해석이 점점 어긋나기 시작했고 결국 별개의 교회로 발전하게 되어 오늘날에 이르게 된 것입니다. 정통교회도 가톨릭교회도 결국 모두 '진짜' 교회입니다. 우리들이 가끔 식당에 가면 어디는 원조라고 하고 어디는 본점이라고 하는 것처럼 둘 중 누가 정통성을 갖고 있는지는 알 수 없는 겁니다.

이제부터는 이 둘의 실질적인 차이점에 대해서 알아볼게요. 우선 전례 언어가 다른데요. 동방교회에서는 그리스어를, 서방교회에서는 라틴어를 사용합니다. 그 외에 이콘[28]이나 여러 크고 중요한 문제에 대해서 서로 다른 해석을 내놓습니다. 게다가 동방교회는 막스 베버의 황제교황주의(Caesaropapism), 즉 정치적 리더와 교회의 수장이 일치된 체제였기 때문에 독특한 발전을 이뤄냈습니다. 동방교회는 새로운 지역에 포교하기 위해 그 지역의 언어를 전례 언어로 삼았고 점점 교회와 총대주교좌는 분열하기 시작했습니다. 러시아어를 사용한 러시아 정교회, 세르비아어를 사용한 세르비아어 정교회 이런 식으로요. 전례 언어로 오직 라틴어만 사용하고 가톨릭교회의 분열을 인정하지 않았던 서방교회와는 상반된 행보라고 볼 수 있는데요. 서방교회는 '하나의 교회+많은 국가'라는 체제로 서유럽 세계의 토대를 만들었습니다.

오사와 이야기를 듣다 보니 한 가지 궁금증이 생겼는데요. 로마교회는 왜 라틴어만 인정했나요? 동방교회가 그리스어를 선택한 이유는 알겠습니다. 신약성서가 그리스어니까요. 그런데 꼭 라틴어를 사용해야 하는 이유라도 있는 건가요? 성서에도 그런 내용이 나오지 않아 엄청 궁금해요.

로마교회가 라틴어만 사용했기 때문에 서양에서는 오랜 기간 '

---

28) 정교회와 가톨릭에서 주로 그리는 종교적 상징물.

라틴어=학문적인 언어'라는 인식이 있었습니다. 예를 들어 근대 철학의 기점이라고 할 수 있는 데카르트의 '방법서설'은 프랑스어였지만, 그 핵심 명제인 '코기토 에르고 숨(Cogito, ergo, sum, 나는 생각한다, 고로 나는 존재한다.)'은 라틴어로 표현되는 경우가 많습니다. 데카르트와 파스칼이 주고받은 편지 또한 대부분 라틴어였다고 해요. 그래서 근대 초기까지 라틴어의 권위는 상당했습니다. 그런데 왜 로마교회에서 라틴어를 사용했는지 모르겠어요.

하시즈메 원래대로라면 그리스어인데 말이죠.

오사와 그러니까요.

하시즈메 헬레니즘 문명의 공통어는 그리스어이지만 서방 로마교회는 로마제국과 밀접한 연관이 있었을 때 라틴어를 사용하기로 결정했습니다. 성서 역시 불가타라는 라틴어 성서를 사용했고요. 예수가 히브라이어로 말했기 때문에 이슬람교와 달리 기독교는 성서를 번역해도 아무 문제가 없습니다. 예수는 그리스어를 할 줄 몰랐거든요. 그런데 바울이 그리스어로 편지를 썼습니다. 신약성서와 복음서, 묵시록 모두 그리스어로 작성되었습니다. 그래서 복음서는 애초에 예수의 말, 그러니까 신의 말을 그리스어로 번역한 것이라 봐도 무방합니다. 그렇기 때문에 라틴어로 번역해도 큰 죄가 되지 않습니다. 라틴어는 로마제국의 서쪽 지역에서 많이 쓰였는데 그 사람들 입장에서는 가톨릭교회가 라틴어를 사용하니 얼마나 고마웠겠어요.

오사와 그래도 꼭 라틴어를 써야 한다는 게 흥미롭습니다. 16세기에 루터가 독일어로 성서를 번역한 건 유명하잖아요. 그만큼 서유럽의 성서는 라틴어가 기본이었다는 이야기인데 이와 반대로 신약성서의 그리스어를 고집한 동방정교는 포교할 때 그 지역의 언어를 사용해도 전혀 문제가 되지 않았습니다.

여담이지만 로마 가톨릭이 라틴어 중심이었기 때문에 서유럽 지식인들 대부분 그리스어에 능숙하지 못했습니다. 그래서 중세 후반에 아리스토텔레스와 플라톤이 재평가 되면서 기독교 신학도 발달했지만 서유럽 지식인들의 그리스어 실력이 여러 모로 발목을 붙잡았습니다. 조금 특이한 발전을 이룬 셈이지요.

4. 세속적 권력과 종교적 권위의 분리

오사와 다시 본론으로 돌아와서. 로마제국이 분열되면서 기독교 또한 동서로 나뉘어졌습니다. 지금 우리들은 근대사를 규정하는 주요 인자인 서양에 대해서 이야기하고 있습니다. 그리고 그 서양의 중심이 되는 건 서측의 기독교(가톨릭)이고요. 오늘날의 세계 흐름을 고려해볼 때도 가톨릭교회가 정착한 지역의 문화가 역사에 상당한 영향을 끼친 것을 알 수 있습니다.

하지만 그 지역이 처음부터 선진국이었다곤 할 수 없습니다. 로마제국이 동서분열 된 이후 서로마제국은 백년도 지나지 않아 멸망했으니까요. 15세기 중반까지 천년 이상 유지된 동로마제국(비잔티움 제국)과는 대조적인 모습입니다. 게르만족의 대이

동 등으로 눈 깜짝할 새에 서로마 지역의 정치적 통일성이 사라
져버린 것입니다. 일단 신성로마제국[29]이 있긴 했지만 정치적으
로 뭐가 있던 건 아니었거든요. 그래서 서로마제국이 소멸하면
서 그 지역은 정치적으로 완전히 공중분해 되어버린 셈입니다.
서유럽 지역이 문화적으로나 문명적으로 독특한 통일성을 가
졌기 때문에 지대한 영향력을 미친 건 사실입니다. 그 예로 EU
를 들 수 있는데요. EU의 초기 회원국이면서 현재에도 핵심적
인 역할을 하는 나라들 대부분이 서로마제국이 있던 곳에 위치
합니다. EU는 서로마제국이 있던 곳에 만들어진 거나 마찬가지
인 거예요. 그런 의미에서 서로마제국의 위상은 지금까지 이어
지고 있다고 볼 수 있습니다.

이제 과거 서로마제국이 있던 지역(가톨릭이 정착한 지역)에는
무슨 특징이 있었는지 알아봅시다. 저는 세속적 정치권력과 종
교적 권위가 아주 깔끔하게 분리된 점을 꼽고 싶습니다. 로마
교황이 아닌 다른 권력자가 정치적 권력, 즉 세속적 권력을 쥐
고 있었습니다. 물론 신성로마 황제가 가장 중요한 인물이긴 하
지만 그 외에도 왕이나 봉건영주가 있어서 중세에는 그들이 군
웅할거하고 있었습니다.

그리고 세속적 권력과 종교적 권위는 그다지 원만한 관계가 아
니었는데, 로마 교황이 신성로마 황제를 파문하여 곤란하게 만
들거나 반대로 황제의 권력이 강해져 교황을 연금하기도 했습
니다. 이렇게 복잡한 관계가 된 건 양쪽 모두 기본적으로 분리 ·
독립한 상황이었고 자신들의 영향력을 어떻게 해서든 강화시키

---

29) 중세에서 근대 초기까지 이어진 기독교 성향이 강한 유럽 국가들의 정치적 연방체제

려고 했기 때문입니다.

이렇게 서유럽(가톨릭)에서는 세속적 권력과 종교적 권위가 분리되었는데 이에 비해 비잔티움 제국은 아까 말씀드렸듯 교황이 곧 황제로 세속적 권력과 종교적 권위는 한 사람이 가지고 있었습니다. 이슬람 또한 그렇고요.

왜 서측 기독교 지역만 세속적 권력과 종교적 권위가 명확히 분리되었던 걸까요?

하시즈메 로마제국이 건재하고 기독교회가 약체였던 시기에는 정치권력과 교회가 서로 대립각을 세우고 있었습니다. 황제가 이교도였음에도 그의 권력 때문에 교회는 황제의 의견을 따를 수밖에 없었습니다. 정치와 교회는 이런 식으로 좋든 싫든 분리되어 있었습니다.

그 후 상황이 변하면서 기독교 신도는 다수파가 되었고 황제 역시 기독교 신도가 되었습니다. 여기서 우리는 몇 가지 사실을 알 수 있는데요. 로마제국이 분열한 뒤 동측에서는 황제와 교회의 수장이 일치해야 한다고 했지만 서측은 제국 그 자체가 해체되었기 때문에 그런 선택지 자체가 사라지게 된 것입니다. 그래서 로마교회는 정치권력 없이 정면 돌파 할 수밖에 없었고 동측과는 다른 운명을 걷게 된 것입니다. 그 후 게르만족이 하나 둘 기독교로 개종해나갔습니다. 혹시 야기 유지(八木雄二) 씨의 『천사는 왜 타락하는가? : 중세 철학의 흥망』[30]을 읽어보셨나요?

오사와 네. 읽어봤습니다.

하시즈메 야기 씨가 강조하듯 서유럽 사람들은 기독교로 개종하기 전

---

30) 天使はなぜ 落するのか 中世哲　の興亡 (春秋社, 2009)

드루이드교를 믿고 있었습니다. 드루이드교는 원래 켈트인들이 믿던 종교로 켈트 사회에서 성직자들은 상당한 사회적 지위를 갖고 있었습니다. 종교적 권위를 인정하는 사회적 배경 때문에 기독교로 개종한 뒤에도 왕들이 성직자나 교회관계자들을 매우 존경하고 우대해주었습니다. 아일랜드에 켈트인들이 살았는데 잉글랜드 같은 곳보다도 먼저 기독교로 개종하고 기독교가 이른 시기에 자리 잡은 데에는 이런 배경이 있습니다.

게르만족도 드루이드교의 영향을 받았는데요. 게르만족은 정치 권력이 강했기 때문에 왕의 명령으로 하루아침에 기독교로 개종하고 교회를 지었습니다. 십자가까지 걸었지만 무엇을, 어떻게 모시면 될지 몰랐습니다. 그래서 개종하기 전 그들이 하던 대로 기독교를 숭배했습니다. 게르만족은 식목, 소인, 요정 등을 숭배했었는데 그 대상만 바뀌었을 뿐 기독교로 흡수되었습니다.

우리가 흔히 아는 기독교의 모습이 갖추어진 것은 수 백 년도 더 된 일입니다. 당시 교회는 실체가 없고 왕권에 종속되어 있었기 때문에 로마교회 입장에서는 이상한 존재였습니다. 이때 주교나 신부를 임명하는 권리 정도만 로마교회에 넘겨주자는 성직임명권 논쟁이 일어납니다. 이 논쟁을 보시면 아시겠지만 그만큼 서측 세계에서 교회의 입지가 약했습니다.

그런데 시간이 지나자 서유럽에서 봉건제라는 독특한 사회 기반이 형성됩니다. 로마제국이 근거지로 삼은 지중해연안과 게르만족이 정착한 북방지역의 농업과는 전혀 다른 것입니다. 지중해연안에서는 오이코스 같은 노예들을 부려 대규모 농사를 지었는데 제국의 해체와 함께 사라졌습니다. 북방지역에 정착한 게르만족은 소규모 가족경영으로 삼림지대에서 농업을 이어나갔는데, 그들을 지배하는 소영주가 토지를 기반으로 주종 네트워크를 이루는 봉건제를 만들었습니다. 이때 교회도 토지를 기부 받아 영주가 되었고 슬슬 정치권력에 대항할 힘을 갖추었습니다(일본에서도 비슷한 시기에 귀족과 사사(寺社)[31], 무사의 네트워크가 형성되었다는 점이 상당히 흥미롭습니다). 이때 수도원도 많이 만들어졌는데 국왕은 교회나 수도원에 대한 세금을 면제해주었습니다. 교회는 구약성서대로 십일조를 내라고 주장하기도 했는데요. 십일조는 원래 유대교 제도였기 때문에 조금 석연찮은 구석이 있었으나 크게 문제가 되지 않았습니다. 이런 식으로 정교분리가 아닌 왕권과 교회가 공존하는 서유럽교회의 틀이 만들어진 것입니다.

오사와 그렇군요. 지금 포인트만 집어서 설명해주셨는데 기독교의 침투 과정, 그리고 기독교가 오늘날까지 큰 영향을 미친다는 결과를 생각해보면 여러 모로 궁금증이 생깁니다. 어쨌든 서측 기독교는 정치적 실체가 없었잖아요? 이슬람에서는 정치적 실체와 종교가 모두 존재하였고 정치적 실체가 종교를 보호했습니다. 기독교 역시 로마가 국교로 인정했을 때 그런 분위기가 조금 만들어졌고요. 동서분열 이후 서쪽은 주요 스폰서가 사라졌기 때문에 기독교인지 뭔지 알 수 없는 종교들이 많이 생겨서 교회가 성직자의 인사권을 얻는 것마저 힘들어질 정도로 입지

---

31) 신사와 사찰 세력.

가 좁아졌습니다.

그저 종교를 전도하는 것에 만족하고 현실적인 스폰서가 없는 상황이기 때문에 상식적으로 보면 불리한 입장이었습니다. 관념만 존재하고 정치적 실체가 없으니 사회적 영향력을 잃어버리는 경우가 많았습니다. 그런데 결과만 놓고 보면 정치적 권력이 없던 서측 교회가 어떻게 지금까지 영향력을 유지할 수 있었을까요?

하시즈메 기독교회는 로마제국에서 한 차례 특권적 지위를 인정받았고 그 맛을 봤기 때문에 약소 왕권에 복종하는 건 말도 안 된다고 생각했습니다. 그래서 약소 왕권에 넘어가지 않고 교회의 통일과 독립을 유지하는데 힘을 쏟습니다. 야만적이고 문화적으로 뒤쳐졌던 게르만 왕권 입장에서 로마제국의 유산을 물려받은 로마교회는 쓸 만한 존재였고요.

우선 교회는 라틴어를 전례 용어로 삼고 절대 게르만의 지방 언어를 용납하지 않는 전략을 취합니다. 그 당시 게르만의 지방 언어는 문자가 없어서 적당히 둘러대기도 좋았습니다. 아마 그때 가톨릭교회가 지방 언어를 사용했다면 지방의 민족교회로 전락했을 겁니다. 하지만 라틴어를 계속해서 고집했고 아무리 못 배운 사람이라고 해도 어느 정도 라틴어를 구사할 수 있게 되었습니다. 그러면서 자연스레 상업이나 외교 등 여러 정보 전달에 유리한 입장이 되었고 정치면에서 봐도 어느 정도 이용 가치가 생기게 된 것입니다. 교회가 분열하지 않고 하나의 조직으로 똘똘 뭉치면 정치권력을 뛰어넘는 네트워크를 구축할 수 있기 때문에 이런 이점이 더욱 빛을 발하는 것입니다. 이게 바로 가톨릭교회가 지금까지 존속할 수 있었던 큰 이유 중 하나라고 생각합니다.

뿐만 아니라 신의 은혜와 구원이 없으면 인간은 살아갈 수 없다는 일신교의 논리는 정치권력에 개입할 때 상당히 중요한 역할을 했습니다. 종말이라는 교리를 각색하여 악마나 지옥, 연옥 등 오직 교회만이 예수 크리스트를 대신하여 사람들을 구원할 수 있다고 선전했거든요. 한마디로 교회에 오면 정치권력보다 더 중요하고 대단한 구원을 찾을 수 있다는 이야기입니다.

그리고 기독교는 결혼에도 개입했는데, 결혼은 본래 세속적 성격을 띠기 때문에 기독교와 상관이 없었지만 교회는 수백 년에 걸쳐서 이를 성사(聖事, Sacrament)로 여겼습니다. 교회가 인정하는 결혼이야 말로 진정한 결혼이란 이야기인데 인간의 주권자인 신이 허락해야 결혼할 수 있다고 생각했습니다. 봉건영주는 토지로 자신의 권력을 과시했고 자신의 후손에게 상속하려 했습니다. 정식 결혼을 통해서 얻은 아이들에게 상속권이 생기니 자연스레 교회에 정치권력이 생겼습니다.

교회의 성직자는 독신이기 때문에 상속 문제가 일어나지 않습니다. 가족이나 혈연과 엮일 일이 없으니 서유럽 전체를 관리하는 관료 기관을 만들 수 있었는데, 주로 봉건영주들이 그 구성원이 되었습니다. 일본의 사사 세력도 이와 비슷하지만 그들은 토지를 분할 상속하지 않아 상속에서 제외된 아들에게 약간의 땅을 떼어주는 식으로 교회나 수도원을 관리하도록 했습니다. 이런 식으로 교회와 봉건영주는 마치 2인 3각 경기를 하듯 서로에게 도움을 주었습니다.

5. 성스러운 언어와 포교

오사와 로마교회는 오직 라틴어만 전례 언어로 삼았습니다. 한 마디로 라틴어를 '성스러운 언어'로 결정한 것이죠. 세계종교는 문자표기가 가능한 언어로 신의 초월성을 나타냈습니다. 이런 성스러운 언어와 포교의 관계에 대해서 생각해보면 대조적인 두 가지 전략을 알 수 있습니다. 하나는 성스러운 언어를 고집하지 않고 현지어를 적극 사용하는 전략으로 동방정교가 이 전략을 취했습니다. 그리스어를 성스러운 언어로 인정했지만 전례 등에서는 현지어를 적극 사용하며 포교에 나섰습니다. 이런 전략에는 신이 가진 초월성이 약화된다는 약점이 있는데요. 아까 하시즈메 씨가 말씀하셨듯이 총대주교좌가 무슨 언어를 사용하는지에 따라 하나씩 분열되었습니다.

이와 반대로 성스러운 언어를 고집하는 전략도 있습니다. 이슬람교가 그 대표적인 예인데, 코란은 아랍어야만 하며 절대 번역해선 안 됩니다. 라틴어만 고집하는 중세 가톨릭 역시 그렇습니다. 이렇게 성스러운 언어만 사용하면 신이 가진 초월성이 사라지거나 교회의 통일성에 금이 갈 일도 없습니다.

하지만 이런 전략에도 분명 한계가 있습니다. 중세 가톨릭의 경우 라틴어를 할 줄 아는 지식인이 아니면 성서를 읽을 수도 없었고 교리를 이해하기 힘들었습니다. 평범한 사람들은 성서를 읽고 자신의 스타일로 이해하거나 해석해서 내면화할 수 없다는 말입니다. 실제로 나중에 이런 문제 때문에 루터가 성서를 독일어로 번역하기도 했습니다.

정리해보면 동방정교는 적극적으로 현지어를 사용해서 포교를 했고 이슬람교는 성스러운 언어를 엄수했습니다. 가톨릭은 동방정교와 이슬람교 중간으로 라틴어를 고집하긴 했으나 아랍어에 대한 이슬람교의 집념에 비하면 아무 것도 아니었습니다. 그래서 종교개혁 때 많은 번역서가 출간될 수 있었습니다.

언어에 대한 가톨릭의 이런 유연한 태도는 근대사회 형성에 어떤 역할을 했을까요?

하시즈메 기독교는 일신교지만 유대교의 유대법이나 이슬람교의 이슬람법 같은 종교법이 없습니다. 삼위일체설 같은 학설을 중심으로 삼을 뿐입니다. 그러나 이런 학설, 교리를 라틴어로 설명하면 대중은 이게 무슨 말인지 이해하지 못했습니다. 이때 큰 도움을 준 것이 바로 그림(십자가에 매달린 예수나 이콘, 성인화 등. 일신교가 우상숭배를 엄격하게 금지한 것을 생각하면 아이러니합니다)이나 음악, 의식(빵과 포도주를 이용한 성찬, 세례, 고해 등)이었습니다. 그림 및 음악, 의식은 언어나 교리를 몰라도 어느 정도 이해할 수 있었습니다.

처음에는 약점으로 작용했지만 결과적으로 가톨릭교회에 이점이 되었습니다. 중세 시대의 봉건영주는 지방색이 두드러졌기 때문에 여기까지는 프랑스, 거기부터는 독일 이런 식으로 구분하는 게 아니라 여러 민족과 지방 언어가 다양하게 뒤섞이면서 발전했습니다. 이때 그들의 유일한 공통점이 가톨릭교회였습니다.

중세에 접어들면서 강력한 왕이 등장하게 되는데요. 왕이란 국가를 형성하는 핵심이지만 봉건영주와는 다릅니다. 전통에 얽매인 봉건영주는 자신의 영토에서 조세권과 재판권을 가진 군주입니다. 그런데 이 영토는 영주의 사유재산이기 때문에 상속문제가 일어나고 후대에는 영토 범위가 바뀌기도 합니다. 자식들이 있으면 나누어줘야 하고 먼 친척의 영토를 상속받기도 하고요. 굉장히 복잡해서 마치 오셀로 게임처럼 소유권을 갱신했습니다. 이에 비해 왕은 자신의 영토에 대해서 딱히 걱정할 일도 없었고 일괄적으로 영토를 통치합니다. 중세 일본에서도 이와 비슷한 개념이 있는데요. 유럽의 왕에 상응하는 존재인 다이묘(大名)[32]가 등장하여 무로마치시대부터 전국시대에 걸쳐서 여러 장원이나 영주들에게 세금을 걷었습니다(일엔지배, 一円支配).

다시 서유럽 이야기로 돌아와서 봉건영주와 귀족, 왕은 굉장히 사이가 나빴습니다. 서로 각축을 벌이거나 심지어 전쟁을 일으키며 왕이 세력을 키워나갔습니다. 잉글랜드나 프랑스 등 여기저기에서 왕이 등장하게 되는데 이때 교회와 왕이 어떤 관계에 놓여있는지 집중할 필요가 있습니다. 교회는 왕을 뒷받침하면서 왕의 정통성을 증명하는 대관이라는 의식을 생각해냅니다. 이 의식으로 교회는 명목상으로라도 왕보다 우위에 있음을 내세울 수 있었는데요. 이런 식으로 교회가 왕보다 우위에 서면 교회의 수장인 교황이 왕들을 전쟁에 내보낼 수도 있고 십자군

---

32) 10~19세기 일본에서 각 지방의 영토를 다스리며 권력을 누리던 지방 영주로 후에는 권력이 커지면서 호족을 의미하게 된다.

도 만들 수 있었습니다.

그러나 이슬람에서는 이런 논리가 없습니다. 매우 성공한 종교인데다가 일원적이기 때문에 기독교처럼 교회나 성직자, 교황 이런 게 없습니다. 대관하는 주체가 없는 거죠. 유럽에서는 교황 스스로 대관하는 것이 아니라 추기경 등 대리인이 진행합니다. 가톨릭교회는 지역할당제로 모든 지역에 담당자가 있습니다. 서유럽에서는 가톨릭교회가 보편성을, 왕권이 민족적 지역성을 대표합니다. 이런 이원체제를 전제로 세속적이고 절대적인 왕권 국가 개념이 만들어진 것입니다.

6. 앞서나가던 이슬람교

오사와 17세기경에 성립된 이슬람교는 일신교 중에서도 후발 주자에 속합니다. 기독교보다도 훨씬 뒤에 등장했거든요. 언뜻 보면 대충 만들어진 것 같지만 기독교처럼 애매한 부분도 없고 일관성 있다고 생각합니다. 물론 이슬람교가 후발 주자였기 때문에 그럴 수도 있겠지만 종교 이념을 살펴보면 꼭 그런 것도 아니더라고요.

3대 일신교 중에서 가장 오래된 유대교를 기준으로 기독교와 이슬람교를 비교해볼게요. 지금까지 우리는 기독교가 얼마나 유대교 정신을 이어왔는지, 그와 동시에 유대교를 어떻게 부정했는지 알 수 있었습니다. 그리고 유대교에는 없는 요소가 기독교에 존재한다는 사실도요. 예수 크리스트가 그 대표적인 예입니다. 예수 크리스트를 설명하는데 상당히 애를 먹었는데요. 삼위일체설도 어떻게 생각하는지에 따라 궤변으로 들릴 수 있습니다.

이에 비해 이슬람교는 기독교만큼 유대교를 부정하지 않았고 오히려 유대교 정신을 자연스럽게 발전시켜나갔습니다. 이슬람교에서 무함마드는 특별한 존재이지만 전에도 이야기했듯 그 역시 예언자입니다. 이렇듯 이슬람교는 유대교 전통인 예언자를 부정하지 않습니다.

신약성서도 내용이 일치하지 않거나 모순되는 점이 있지만 코란은 그렇지 않죠. 뿐만 아니라 이슬람교는 상당히 타당한 법체계를 갖추고 있습니다. 코란은 문제가 발생했을 때 어떻게 해결해야 하는지 자세한 매뉴얼을 담고 있습니다. 후계자 문제도 그렇습니다. 기독교에서는 누가 예수의 정신을 계승하고 있나요? 물론 베드로나 바울도 중요한 인물이긴 하지만 후계자와는 그 개념이 다릅니다. 애초에 신의 아들에게 후계자가 있을 리 없잖아요. 그런데 이슬람교는 무함마드의 후계자가 누구인지 확실히 정해져있습니다. 점점 시간이 지나면서 의견이 갈리긴 했지만 적어도 초기에는 큰 문제가 없었습니다.

이제 근대화에 대해서 이야기 해볼까요? 막스 베버는 근대화의 본질을 합리화라고 했습니다. '합리화(혹은 합리성)란 무엇인가?'라는 철학적 문제는 차치하고 막스 베버가 말한 대로 '근대화=여러 분야에서 일어나는 합리화 과정'이라고 칩시다. 기독교보다는 이슬람교가 더 합리적으로 보이지 않나요? 그런데 왜 기독교(가톨릭)가 근대화의 주도권을 쥐게 된 것일까요?

역사를 거슬러 올라가면 중세까지는 이슬람권이 가톨릭보다도 훨씬 앞서고 있었습니다. 기술, 철학, 사상 등 대부분 이슬람권이 더 우위에 있었습니다. 중세 후반 아리스토텔레스 철학이 이슬람권에서 가톨릭 세계로 역수입되면서 기독교 신학의 수준을 크게 끌어올렸다는 사실 또한 이슬람권이 얼마나 앞서고 있었는지 보여주고 있습니다. 가톨릭이 이슬람교를 추월하기 시작한 건 16세기경 대항해시대부터입니다. 그리고 종교사에 대입해보면 종교개혁이 일어날 때 쯤 그 조짐이 보이기 시작했습니다.

기독교에 비해 일관성 있고 합리적인데다가 중세 시대까지는 단연 선두를 달리던 이슬람교가 근대화 과정에서 기독교에게 주도권을 빼앗기다니. 이상하지 않나요?

하시즈메 상당히 중요한 대목인데요. 우선 종교의 일관성만 놓고 보면 이슬람교와 기독교 중 아마 이슬람교에 더 많은 사람들이 몰릴 겁니다.

오사와 이슬람교와 기독교 교리 중 어느 쪽이 더 설득력이 있는지 물으면 다들 이슬람교라고 할 거예요. 기독교에서 말하는 부활이나 신의 아들, 삼위일체설 등 이해하기 힘든 부분이 많잖아요. 실제로 신도 수만 봐도 이슬람교의 규모는 상당합니다. 하지만 단순히 신도가 얼마나 더 많은지가 아니라 기독교에는 이슬람교와 다른 플러스알파의 영향력이 있기 때문에 판도가 뒤바뀌었다고 생각합니다.

하시즈메 기독교의 우위성에 대해서 여러 이야기가 있는데요. 종교개혁도 중요하지만 신대륙 발견도 그만큼 중요하고 과학기술의 발전이나 산업혁명, 자본주의도 빼놓을 수 없습니다. 그 중에서 기독교 신도가 자유로이 법을 만들 수 있다는 점이 가장 근본적인 이유라고 생각합니다.

오사와 율법은 없는 거나 마찬가지니까요.

하시즈메 유대법이든, 이슬람법이든 종교법에서 법을 만드는 주체(입법자)는 신입니다. 신이 법을 만드는 거예요. 인간도 법을 만들 수야 있지만 '신의 법'을 만들 수 없으며 인간이 만든 법은 '신의 법'보다 아래입니다. 예를 들어서 신이 헌법, 민법, 형법 같은 법을 만든다고 치면 인간은 지방자치단체의 조례 정도 밖에 못 만드는 거예요. 비교도 할 수 없는 거죠.

이처럼 기독교 신도가 자유롭게 법을 만들 수 있는 건 기독교회와 입법은 별개였기 때문입니다. 초기 교회는 로마제국의 임의단체 중 하나였기 때문에 힘도 없었고 당연히 법을 만들 수 없었습니다. 그래서 로마제국의 법을 따랐는데, 로마제국은 기독교회와 전혀 상관없는 이교도 단체로 세속적인 법을 만들 수 있었습니다. 그런 로마제국이 사라지자 게르만족의 관습법이나 영국의 코먼로(Common Law)를 따르게 되었습니다. 시간이 지나면서 이런 법이 시대착오적이란 생각이 들어 이제는 자기들끼리 새로운 법을 만들자는 이야기가 나오게 되었습니다. 그래서 대표들이 의회에 모여 입법을 하는 의회제 민주주의가 시작된 겁니다.

근대사회로 진입하는데 있어서 가장 중요한 것은 자유로운 입법체제로 기독교 사회는 이것이 가능했습니다. 예를 들어서 은행을 만들어 이자를 받거나 기업에게 예금을 만들어주고 수표를 발행하는 등의 일을 하려면 상당히 복잡한 법적 절차가 필요합니다. 유대인들은 유대법을, 이슬람교 신도는 코란이나 순나, 이슬람법을 기준으로 삼지만 기독교 신도는 그렇지 않습니다.

기독교 신도는 일의 정당성을 따지기 전에 무엇이 하고 싶은지 생각하고 그것이 금지된 것이 아니라면 할 수 있다고 생각합니다. 목적 다음에 수단을 생각하고 실현까지의 로드 맵을 작성하는 거죠. 요즘에 자주 볼 수 있는 폴리시 페이퍼(Policy Paper)나 매니페스토(Manifesto)와 비슷한 방법입니다.

기독교 원리에서 종교개혁은 전통 사회의 습관도, 교회의 관행도 성서에 근거한 것이 아니면 모두 무의미하다는 결론을 이끌어냅니다. 당시 로마교회는 말 그대로 관습으로 똘똘 뭉쳐있었기 때문에 종교개혁의 이런 비판은 중요한 의미를 갖습니다.

신대륙의 발견은 대항해 시대를 불러오는데, 대항해라고 해도 당시 중국인, 이슬람교도 등도 모두 항해 능력을 가지고 있었습니다. 중요한 건 항해 능력이 아니라 신대륙으로 이주하려는 동기입니다. 왜 기독교 신도만 신대륙으로 대거 이주했을까요? 구대륙에서 박해 받았기 때문입니다. 종교개혁으로 인해 기독교는 또 다시 균열이 생겼고 무관용과 종교전쟁을 일으켰습니다. 전쟁을 하면 당연히 승자와 패자가 생기고 패자는 갈 곳이 없어집니다. 그러니 신대륙을 찾아 떠나는 거예요. 구대륙에서 안락한 생활을 할 수 있다면 누가 군이 신대륙을 찾아 떠나겠어요. 그래서 중국인, 인도인, 아랍인은 적극적으로 신대륙을 찾아 나서지 않았습니다. 오직 기독교 신도만 그런 동기를 갖고 있었습니다.

7. 그리스 철학과 기독교 신학의 융합

오사와 사회학에서 종교개혁은 상당히 중요한 사건입니다. 종교개혁에 대해서 이야기를 나누기 전에 우선 기독교의 영향력에 대해서 알아보도록 하죠. 제1부 마지막에 말한 것처럼 의식 수준의 신앙만으로는 기독교를 이해할 수 없습니다. 무의식 속 신앙 역시 놓쳐선 안 됩니다. 그래야 비로소 기독교가 미치는 영향력을 온전히 이해할 수 있습니다. '난 종교 같은 거 몰라요. 교회도 안 가는 걸요.'라고 말한다 해도, 무의식 속에서는 기독교적 에토스(Ethos)[33]나 생활양식을 가진 사람도 많습니다. 지금 하시즈메 씨가 말씀하신대로 꼭 기독교 신도가 아니더라도 기독교 정신을 기반으로 법을 설명할 수 있습니다.

이제 하시즈메 씨에게 질문을 드릴게요. 저는 유럽과 일본의 관계에 대해서 일본에 거의 없었던 것, 혹은 일본이 수입해야만 했던 것 중 하나가 철학이라고 생각합니다. 물론 일본에도 전통적 사상이라는 게 있긴 하지만 사실 철학은 유럽에서 수입되어 알려지게 된 거잖아요. 원래 철학은 기독교에서 출발한 게 아닙니다. 일반적으로 철학의 기원이라고 하면 고대 그리스라고 생각합니다. 고대 그리스는 기독교보다 훨씬 앞선 것이고 유대교와도 딱히 상관이 없습니다. 그런데 중세에 이르러서 철학과 기독교 신학은 떼려야 뗄 수 없는 관계가 됩니다. 유럽에서 철학이 발달하고 점점 정교해진 것은 기독교 신학과 융합되었기 때

---

33) 그리스어로 성격, 관습을 의미하는 철학 용어. 이와 반대로 예술 같은 감정적 요소는 파토스(Pathos)라고 한다.

문이라고 보는데요. 아까 설명한 삼위일체 등도 중세 기독교 신학과 철학에 있어서 중요한 주제입니다.

여기서 궁금한 건 기독교와 아무 상관없이 발전해 온 철학이 기독교와 적절히 다투면서 융합했다는 사실을 어떻게 받아들여야 하나는 거죠. 바울은 그리스의 영향을 받은 교양인이었고 신약 성서도 그리스어로 작성되었기 때문에 상당히 이른 시기부터 그리스 계열 문화(헬레니즘)와 유대교, 기독교 문화(헤브라이즘)가 융합될 조짐을 보였습니다. 그리고 중세, 즉 아우구스티누스 이후 기독교 신학은 플라톤이나 신플라톤주의, 아리스토텔레스 등의 논리로 슬슬 모습을 드러내기 시작하죠.

특히 중세 후반 아리스토텔레스의 권위는 상당합니다. 아까 그리스 철학이 이슬람권에서 역수입 되었다고 했는데, 실제로 당시 아리스토텔레스의 문헌은 성서를 잇는 권위를 가졌고 주요 신학자나 철학자가 아리스토텔레스의 개념을 사용하여 의견을 냈습니다.

그런데 생각해보면 아리스토텔레스는 기독교에 별 관심이 없었습니다. 정확히 말하면 아리스토텔레스는 기독교가 만들어지기 훨씬 이전에 활동한 사람이니 당연합니다. 그래서 아리스토텔레스의 철학은 기독교 신학을 위한 것도 아니며, 어떻게 보면 기독교에 불리한 내용이 많이 나옵니다. 그럼에도 아리스토텔레스의 이론을 억지로 성서 내용에 갖다 붙인 거예요. 엄청 놀라운 일인데요. 하시즈메 씨는 이 두 가지 문화의 융합에 대해서 어떻게 생각하시나요?

하시즈메 흥미로운 질문이군요. 철학의 중심에는 이성이 있습니다. 이성은 원래 그리스에서 발전했는데 이 점은 자세히 말하지 않아도 모두 잘 알고 계실 거예요. 기독교 신도들은 처음에 이성에 대해서 그리 깊게 생각하지 않았기 때문에 이슬람권을 통해서 역수입 된 아리스토텔레스를 시작으로 그리스 철학에 대해 다시 진지하게 생각하게 되었습니다. 기독교 신도는 종교적 의미에서 이성을 재해석했는데 그 결론도 상당히 중요합니다. 기독교는 '신이 세계를 창조했고 인간도 창조했다. 신에게는 그런 설계도가 있으며 의도된 것이다. 인간은 신의 설계도나 신의 의도를 이해해야만 신을 이해할 수 있다.'라고 생각했고 '그러기 위해서는 어떻게 해야 하는가?'라는 질문에 대한 답으로 이성을 꼽은 것입니다.

토마스 아퀴나스의 '자연법론'이란 이론이 있습니다. 그의 저서 신학대전 중 유대법에 대해서 설명한 구법에 '법에는 신법, 자연법, 인정법이 있다.'라는 대목이 나옵니다. 기독교 신학의 가르침에 따르면 법은 신법, 자연법, 인정법(인간이 만든 법)으로 계층구조를 이룹니다. 신의 법이란 신이 우주를 만든 설계도를 의미하는데 이는 신의 문서에 신의 말로 적혀 있어 인간은 볼 수도, 이해할 수도 없습니다. 단 일부분은 인간도 알 수 있는데, 그 부분이 바로 자연법이라는 겁니다. 자연법은 신법 중 인간의 이성을 통해 발견할 수 있는 부분으로 신이 만들었고 인간은 오직 볼 수만 있습니다. 이성은 신과 동등한 인간의 정신 능력으로 수학과 논리학을 의미합니다. 인간은 죄가 많고 한계가 있어 신보다 훨씬 열등한 존재이지만 이성만큼은 신과 비교해도 부끄럽지 않습니다. 수학의 증명이나 논리 단계는 신과 인간 모두 똑같은 과정을 거치기 때문에 인간이 자연법을 발견할 수 있는 겁니다.

자연법이라고 했는데 기독교에서 말하는 '자연(nature)'은 이해하기 힘듭니다. 제가 이해한 바에 따르면 자연은 '신이 만든 그 자체'라는 의미로 신의 업이지, 인간의 업이 아닙니다. 신이 만든 산이나 강은 그 자체가 자연이고 식물이나 동물도 자연입니다. 동물은 타고난 대로 활동하기 때문에 죄(신을 배신하는 것)를 범할 수 없습니다. 그래서 신이 만든 인간이 날 때부터 가진 성질(nature)도 자연인 것입니다. 법률에도 이렇듯 자연적인 것이 있습니다. 예를 들어 도둑이나 살인은 인간의 이성에 비춰봤을 때 그래서는 안 되는 거예요. 그래서 이는 신이 정한 자연법에 해당합니다(유대법이나 이슬람법은 성서에 정확한 규정이 나오므로 성서 밖에서 자연법을 발견한다는 논리가 없습니다).

이성에 대한 이런 생각 때문에 신앙과 이성을 갖추는 것을 바람직한 태도라고 여기게 됩니다. 이성은 신에게 유래한 것이고 신과 협동하는 것입니다. '신에게 이성적으로 접근하면 어떻게 될까', '이성을 통해 신을 이해할 수 있을까' 등등 이성은 신이 인간에게 내려준 능력이기 때문에 그 능력을 사용하면 신의 존재를 확실히 증명할 수 있다고 생각했습니다. 이게 바로 신학의 최초 주제였습니다(신학이라고 해도 내용은 철학입니다). 막상 해보니 쉽지 않은 거예요. 이때 이성으로 이해할 수 없는 부분에는 신앙으로 얻은 지식(신의 은혜)이 있다는 사실을 알게 됩니다. 그래서 이성과 신앙 모두 인간에게 필요한 요소인 겁니다. 이성을 통해서 신의 전모를 확인한다? 불가능합니다.

그런데 반대로 신이 창조한 이 세계(우주)는 신이 아니므로 인간의 이성으로 모두 설명할 수 있습니다. 우주에 이성을 적용해보면 신의 의도나 설계를 이해할 수 있지 않을까 생각했습니다.

이런 과정을 거쳐서 자연과학이라는 토대를 만들 수 있던 겁니다. 여기서 말하는 자연과학은 아리스토텔레스의 자연학과 다릅니다. 아리스토텔레스는 이성으로 자연을 설명했지만, 그게 신의 설계도대로 이루어졌다는 증거가 되는 건 아닙니다. 자신의 이성을 통해서 자연을 바라보면 우리 모두 코페르니쿠스가 되고 케플러가 되고 데카르트가 되고 뉴턴이 되겠죠.

자, 이제 자연현상에 대해서 명쾌하게 해명했다 치고 이제 사회현상에도 이성을 적용해봅시다. 스피노자부터 토마스 홉스, 루소, 존 로크, 데이비드 흄, 칸트, 헤겔, 마르크스가 떠오를 텐데요. 철학과 자연과학, 사회과학은 신앙이 이성을 바람직하게 여긴다는 것을 전제로 합니다. 기독교적 문맥과 동떨어지고 때때로 기독교에 반대하면서까지 이성을 놓지 않는 이성주의를 만들어냈습니다. 프랑스에서는 대혁명 때 가톨릭교회와 연을 끊고 교회령을 몰수하여 프랑스공화국을 수립, '이성 신앙'을 가졌습니다.

오사와 맞아요.

하시즈메 이성을 종교로 삼은 거죠. 여담으로 혁명 전 프랑스는 영국에 대항하여 미국 독립을 도와주고 프랑스 대혁명 때는 미국이 도와주었습니다. 그런 연유로 미국 독립 100주년 때 프랑스는 자유의 여신상을 선물했어요. 미국이 그걸 뉴욕에 세운 거고요. 가만히 생각해보면 '자유의 여신'은 기독교 신이 아니니 우상이 될 수 있습니다. 청교도나 복음파 입장에서는 프랑스 혁명을 일으킨 무신론자들이 골탕 한 번 당해보라고 보낸 선물로 보일 겁니다. 일본인들은 단순히 미국이 자유의 나라이기 때문에 자유의 여신상을 세웠다고 생각하는데 사실 그렇게 간단한 문제가 아닙니다.

8. 신의 존재를 증명하려는 이유

오사와 아마 중세 시대 신학자나 철학자는 이슬람권에서 역수입 된 아리스토텔레스를 재발견했을 때 그 정교함에 깜짝 놀랐을 겁니다. 그래서 그와 똑같은 수준으로 교리를 연구하려고 했고, 철학이 점점 발전하게 되었습니다. 제가 궁금한 건 왜 신의 존재를 증명하려고 애 썼냐는 거죠. 신학자들에게 신의 존재는 증명의 대상이 아닌 전제잖아요?

서양 중세 철학사의 대가 에티엔 질송은 '존재의 우위'가 중세 이후 서양 철학의 핵심이라고 설명했습니다. 즉 '존재란 무엇인가'를 묻는 것이 철학이라는 거죠. 실제로도 그랬다고 생각합니다. 근대 철학자 중 마르틴 하이데거가 이쪽 부류였는데 꼭 하이데거가 아니더라도 서양 철학은 존재에 대한 강한 집착을 보였습니다.

도대체 왜 존재가 중요한 걸까요? 존재 중의 존재란 결국 신의 존재를 의미합니다. 여호와는 존재라는 뜻으로 신에 대해서 묻는 것은 결국 존재에 대해서 묻는 것이 됩니다. 그래서 중세 시대에는 신의 존재가 그 중심이었습니다. 예를 들어 토마스 아퀴나스는 다섯 가지 방법으로 신의 존재를 증명하려고 했고 이는 이성의 작용 원리가 되었습니다.

계속 하는 말이지만 신은 분명히 존재하고 이는 전제가 됩니다.

중세 신학자, 철학자에게 '신의 존재를 믿습니까?'라고 물으면 '당연하죠.'라고 대답할 겁니다. 그런데 왜 증명해야만 하는 걸까……, 불확실한 존재라서? 존재증명이라는 과정 자체가 신을 모독하는 일이라 생각하는데 사람들은 왜 이렇게 강박적으로 신의 존재를 증명하려고 하는 걸까요?

하시즈메 음, 굉장히 어려운 질문이네요. 우선 일신교에서는 존재에 대해서 2단계로 설명합니다. 신도 존재하고 신이 만든 세계도 존재한다고요. 존재한다는 면에서는 똑같습니다. 그러나 그 수준이 다릅니다. 우리들이 알고 있는 존재는 눈에 보이고 만질 수 있으며 우리 주위에 있습니다. 이 세계 속에 존재하는 것이지요. 그에 반해 신의 존재는 눈에 보이지 않고 확인할 수 없습니다. 신의 존재는 시간적, 공간적으로 제한될 수밖에 없습니다. 우리들의 감각을 뛰어넘지만 모든 존재를 존재하게 만든 근거이니 감히 의심할 수 없는 존재인 것입니다. 신이 모든 것을 창조하고 모든 것을 존재하게끔 한 것은 성서에도 나오므로 의심할 여지가 없습니다.

신이 세계를 창조했다는 것은 "존재해라 → 네. 존재하겠습니다." 같은 명령입니다. 그냥 스위치를 누른 거예요. 그러나 눈에 보이는 건 우리들 앞에 펼쳐진 세계뿐, 신은 보이지 않습니다. 이성적으로 접근하면 오직 이 세계만 인식하고 이해할 수 있습니다. 이 세계와 신의 관계는 이성으로 파악할 수 없기 때문에 신앙의 영역이 되는 것입니다.

그래서 2단 로켓이 되는 거예요. 이성으로 갈 수 있는 데까지 가보고 신이라는 영역이 나타나서 더 이상 전진할 수 없으면 그때 신앙으로 2단 로켓을 꾸려 날아간다는 거죠. 이게 일반적인 기독교적 발상입니다. 신앙 없이 신의 존재를 증명하려고 하니 야심이 과한 것이지요. 지나치게 이성을 믿는 사람들이 하는 짓입니다. 실패해도 잃을 게 없거든요. 만약 신이 우리에게 그만큼 대단한 이성을 주셨다면 어쩌면 가능할 지도 모르겠군요. 하지만 전 쓸모없는 짓이라고 생각합니다.

철학이 존재에만 관심을 가진 것은 인간이 신에게 내재되었기 때문입니다. 기독교의 힘이 강해지면서 신이 존재의 근거가 되었습니다. 철학이 신학에서 분리되면 신을 존재의 근거로 삼을 수 없는데, 그렇게 되면 신 대신 이성을 존재의 근거로 삼아야만 한다고 생각한 거죠.

철학이 '내재'에 대해서 제대로 된 답을 내리지 못한 반면 이성을 원동력으로 삼아 자기 입맛대로 이 세상에서 일어나는 문제를 해결하려는 학자들이 속출했습니다. 철학은 핑계에 불과할지도 모릅니다.

오사와 어떤 의미에서는 모순되고 있다는 거군요.

하시즈메 네.

오사와 상당히 모순되는 부분도 있어서 제3자 입장에서 보면 그렇게까지 신경 쓸 필요가 있나 싶긴 한데 그 나름대로 재미도 있어요. 제1부에서 우상숭배를 금지한 이야기를 할 때 일신교에서 말하는 신의 '존재'는 보거나 만질 수 있는 일반적인 존재와는 전혀 다르다고 했잖아요. 일반적으로 우리가 보고 만질 수 있는 것을 존재한다고 하는데, 신에게는 적용되지 않습니다. 그래서 가장 '존재하지 않는' 근거로 '존재'를 확정짓는 것이 일신교의 신입니다.

중세 신학에서는 신에 대해서 원래 긍정적으로 평가할 수 없다고 했습니다. 이를 '부정신학'이라고 하는데 예를 들어서 '이 건물은 크다.'라든가 '이 볼펜은 작다.'라고 할 수 있죠? 하지만 신에 대해서 '신은 크다.'라든가 '신은 위대하다.'라고 해버리면 일반 존재들과 신을 비교할 수 있게 됩니다. 그래서 신에 대해서 긍정적인 술어를 붙일 수 없는 거예요. 신에 대해서 '~가 아니시다.'로 부정적으로만 표현해야 하는 겁니다.

이렇게 되면 가장 곤란해지는 것이 다름 아닌 '존재한다.'라는 술어입니다. '이 펜이 존재한다.'라고 말했을 때와 '신이 존재한다.'라고 말했을 때의 '존재한다.'는 똑같은 의미일까요? 아니요. 부정신학에서 보면 전혀 다른 의미가 됩니다. '존재한다.'는 말 자체가 동음이의어가 되는 거예요.

그렇게 되면 '신이 존재한다.'의 '존재한다.'는 어떤 의미인지 알 수 없습니다. '신의 존재증명'이란 도대체 무엇을 증명하려는 걸까요? 이때 타협안으로 토마스 아퀴나스의 '존재의 유추(Analogia Entis)'가 등장합니다. '신이 존재한다.'와 '펜이 존재한다.'는 똑같은 의미는 아니지만 유추적인 것이라는 논리입니다. 이것도 무슨 소리인지 잘 모르겠지만요.

중세가 끝나갈 때 쯤 두 종류의 '존재한다.'는 완전히 같은 의미라고 단정 짓는 철학자가 등장합니다. 바로 '존재의 일의성'을 주장한 둔스 스코투스입니다. 여기까지 오니 다시 원점으로 돌아간 느낌인데요. 두 종류의 '존재한다.'가 서로 똑같은 의미라고 해도 일반적인 존재의 근거가 되는 것은 우상숭배 금지 이론에 따라 모두 거부해야 합니다. 그래서 '신이 존재한다.'라는 게 도대체 무슨 의미인지 모르겠어요.

신의 존재에 대해서 생각하자마자 이야기가 복잡해지는데, 하시즈메 씨 말씀대로 이런 과정을 통해서 독특하고 합리적인 체계가 만들어진 것도 분명한 사실입니다. 무슨 의미가 있을까 생각해보다가 긍정적인 지식 체계가 만들어진 게 아니라 풀 수 없는 문제를 필사적으로 풀어보려고 하다가 오히려 좋은 결과를 만들어냈다는 이야기입니다.

기독교는 공이 존재할 수 없는 진공 상태에서 배트를 힘껏 휘둘렀는데 무슨 이유에서인지 갑자기 공이 튀어나와 배트에 맞고 그대로 홈런이 된다는 식의 영향을 끼친다고 생각합니다.

9. 종교개혁 - 프로테스탄트의 등장

오사와 슬슬 프로테스탄트에 대해서 이야기 해봅시다. 프로테스탄트는 16세기부터 17세기에 걸쳐 가톨릭 주류파를 비판하며 등장한 기독교 집단입니다. 우선 간단하게 프로테스탄트와 가톨릭은 어떤 차이가 있는지 궁금합니다.

하시즈메 종교개혁의 주제는 신과 인간의 영역을 분리하고 관계를 바로 잡는 것입니다. 그래서 신에게 받은 것을 증명할 수 없으면 신에게 받은 것이라 할 수 없고 우상숭배가 되므로 거부해야 하는 엄격한 규칙을 강행했습니다.

신은 인간에게 예수 크리스트를 보냈습니다. 인간들은 예수를 신에게서 온 가장 큰 메시지로 여겼고 복음이라고 생각합니다. 그러나 예수에게 직접적으로 가르침을 받은 인간들은 한정적입니다.

예수가 자취를 감춘 뒤 이 세계에는 복음서 등의 예수에 대한 기록이나 바울의 서간이 남았습니다. 우리는 이를 신약성서라 합니다. 인간이 성서를 통해서 신에 접촉하는 것을 바람직하게 여겼는데요. 성서가 만들어진 후 공의회에서는 성서를 어떻게 해석할지 결정하였고 이런 해석(교리)까지 포함하여 성서라고 했습니다. 이렇게 '신-성서-인간'이라는 관계가 형성되었고 이 외에는 아무도 끼면 안 된다고 생각했습니다. 이것이 바로 성서 중심주의입니다.

성서 중심주의는 신앙과 신의 관계를 바로 잡고 성서를 근거로 모든 것을 정당화하려는 증명 방법론입니다. 가톨릭교회에 미사나 성직자(사제나 성부)가 있지만 성서를 근거로 삼지 않습니다. 그래서 존재해선 안 되는 거예요. 교회당도 필요 없고 의식도 필요 없고 성서만 있으면 된다는 극단적인 생각을 하며 오직 나와 신만 연결되는 것을 이상적으로 봅니다. 이때 교회도 필요 없다는 무교회파도 출현하는데 일반적인 프로테스탄트들도 이렇게까지 극단적으로 나오진 않습니다. 보통 집단(교회)을 만들고 목사를 둡니다.

그런데 성서는 있는 그대로 이해할 수 없는 책입니다. 해석을 달지 않으면 이해하기 힘든데 이때 자기 마음대로 해석하면 안 됩니다. 왜냐하면 해석은 '인간의 것'이니까요. 그래서 공의회가 채택한 삼위일체설을 따릅니다. 그 외에도 여러 정통 교리를 따르는데 프로테스탄트도 여기까지는 인정합니다. 그런데 가톨릭교회가 성서에 나오는 것도 아니고 공의회가 채택한 것도 아닌 출처가 모호한 교회의 전승 등을 따르기 시작합니다. 성인숭배나 연옥 같은 이야기를 하면서 면죄부를 팔고 고해, 7가지 성사 등을 진행하자 프로테스탄트는 이를 인정하지 않았고 몇몇 집단(교회)으로 분리될 수밖에 없던 거예요. 조금이라도 의견이 갈리면 성서에 이런 이야기가 어디에 나오느냐며 언성이 높아졌고 상대방을 설득할 수 없게 되면서 분열하게 된 겁니다. 그래서 루터파와 칼뱅파, 퀘이커교도, 침례교도, 영국 국교회 등 수많은 교회(종파)가 생긴 것입니다.

이렇게 갈라지기만 한 건 아니고 합병한 경우도 있습니다. 초기 감리교회는 분리되었지만 오래 전에 통합했고 유니테리언 교회와 유니버셜리스트 교회도 서로 비슷한 생각을 가지고 있어 유니테리언 유니버셜리스트 교회로 합쳐졌습니다. 미국의 교회는 자유 경쟁 체제이므로 내리막길에 들어선 교회는 교회당을 다른 교회에 팔거나 간판을 새로 내걸었습니다. 마치 은행의 인수·합병처럼 말이지요.

오사와 미쓰비시도쿄UFJ[34] 같은 건가요?

하시즈메 네. 그렇게도 볼 수 있겠네요. 교회도 마찬가지예요. 사실 교회(단체)는 그렇게 중요하지 않거든요. 결국 개인이 중요한 거지. 가장 중요한 건 개인과 신의 관계니까요. 투자가의 행동을 고려해서 이윤을 낼 수 있으면 좋은 거고 어디에 투자하는 지는 부차적인 문제이기 때문에 기업이나 투자 펀드가 어떻게 뭉치든, 어떻게 흩어지든 별 관심이 없습니다. 프로테스탄트는 이렇게 생각하는데 가톨릭은 또 다릅니다.

오사와 만약 가톨릭이 그런 태도를 취했다면 교회가 하나씩 사라졌을 거예요.

---

34) 2006년 1월 1일 도쿄 미쓰비시 은행과 UFJ 은행이 합병하여 만들어진 일본 은행.

하시즈메 가톨릭은 구원을 위해서 교회가 꼭 필요하다고 생각합니다. 예전에는 말 그대로 교회가 구원을 도와줬습니다. 예수의 대리인 자격으로 사람들에게 구원을 약속했거든요. 그런데 종교개혁 이후 여러 비판을 받게 되자 이런 활동을 접었고 면죄부 판매도 그만두었습니다. 하지만 공의회의 결정을 따랐기 때문에 자신들이야 말로 유일한 정통 교회라는 입장을 고수했습니다. 기독교 신도가 되려면 그 유일한 교회에 참석해야만 한다고 생각했던 거예요. 정통 교회의 수장은 예수 크리스트이고 신도들이 예수의 손발이 되기 때문에 예수와 신도들이 분리될 수 없다고 생각했습니다.

프로테스탄트의 교회에서는 가톨릭 세례를 인정했기 때문에 가톨릭교회의 신도가 와도 성찬(빵과 포도주 의식)에 참여시켜주었습니다. 반대로 가톨릭교회에 프로테스탄트가 찾아가도 똑같이 대했을 거예요. 이런 점을 생각해보면 분열했다고 해도 하나의 교회라고 생각합니다.

오사와 그렇군요. 이야기를 들으면서 가톨릭과 프로테스탄트를 비교해보니 계속 모순점들이 보이네요. 가톨릭의 경우 신과 인간 사이에 성직자나 성인, 의식이 개입합니다. 그리고 교회도 뗄 수 없는 조직이 되고요. 이와 반대로 프로테스탄트의 경우 성직자나 성인, 의식, 교회를 쓸모없는 것, 없어도 그만인 것, 오히려 있으면 안 되는 것으로 여기고 배척했기 때문에 신과 인간이 직접 연결됩니다. 때문에 어떤 의미에서 보면 신과 인간의 차이가 뚜렷해질수록 직결된다는 역설이 생깁니다.

성서와의 관계도 마찬가지인데요. 프로테스탄트에게 있어서 성서는 신과 인간의 관계에서 유일한, 절대 배제할 수 없는 증거이므로 신자 한 명 한 명이 읽고 나서 성서를 바르게 해석해야 합니다. 그래서 독일어 번역을 시작으로 여러 언어의 성서가 등장하게 된 거예요. 신자가 성서를 내면화한 것이죠. 가톨릭교회에서는 라틴어 성서를 사용했기 때문에 평범한 신자는 읽으려고 해도 읽을 수 없었어요. 그래서 라틴어 성서가 신과 인간을 가로 막는 벽처럼 느껴진 겁니다.

정리하자면 신과 인간의 사이를 철저하게 이념적으로만 이해하려고 할수록 신과 인간이 1:1로 연결된다는 말입니다. 떨어지면 떨어질수록 가까워진다는 소리죠.

10. 예정설과 자본주의의 수상한 관계

오사와 사회학의 고전 중의 고전이라 할 수 있는 막스 베버의 '프로테스탄티즘의 윤리와 자본주의 정신'이라는 책이 있습니다. 이는 사회학 문헌 중에서도 가장 많이 읽힌, 가장 큰 영향력을 미친 책이라고 해도 과언이 아닙니다.

이 책에서는 프로테스탄티즘, 특히 칼뱅의 교리에 규정된 생활 태도(에토스)가 근대 자본주의에 결정적인 한 방을 날렸다고 합니다. 굉장히 유명한 이야기인데 사실 베버가 살아있던 시대부터 오늘날까지 비판적으로 보는 사람도 적지 않습니다. 물론 저는 베버의 이야기가 상당히 설득력 있다고 생각하지만요.

이 책의 전반에는 루터에 대해서, 후반에는 주로 칼뱅에 대해서 나옵니다. 종교개혁과 근대 자본주의의 합리적 관계에서 특히 칼뱅파가 중요한데요. 칼뱅파의 생활태도(에토스)가 의도치 않게 자본주의 정신이라는 결과를 낳았기 때문입니다. 하지만 이런 상황을 설명하는 것도 쉽지 않습니다. 저도 지금까지 여러 번 강의에 나가 이 이야기를 다뤘지만 여간 어려운 게 아니었어요.

칼뱅파는 프로테스탄트의 가장 완벽한 모습이라고 할 수 있는데, 루터의 용기 있는 한 걸음으로 종교개혁이 시작되었고 후에 등장한 칼뱅은 루터의 정신을 보다 순화시켜 끝까지 끌고 갔습니다. 칼뱅 입장에서는 루터가 허술했다고 생각할지도 모르겠군요.

칼뱅파의 교리는 예정설(혹은 이중예정설)이라고 합니다. 기독교 신자는 천국에서 영생할지 아니면 지옥에 떨어져 영원히 고통 받을지 두 갈래 길에 놓이는데, 결과는 최후의 심판에서 들을 수 있습니다. 이에 대해서 예정설은 두 가지 이론을 가지고 있습니다. 첫 번째는 신이 이미 누굴 구원할지 결정했기 때문에 인간이 어떻게 행동하든 바꿀 수 없다는 것입니다. 인간이 신의 환심을 사려고 이것저것해도 신의 결정을 바꿀 수 없다는 거죠. 두 번째는 원리적으로 인간이 신의 결정을 미리 알아차릴 수 없다는 것입니다. 일신교에서 말하는 신의 원리를 있는 그대로 받아들인다는 이야기인데, 그렇다고 해도 인간은 타락하거나 불신에 빠질 위험이 있습니다. 예를 들어 교사가 학기 첫 수업이 시작되기도 전에 학생들에게 '너희들 성적은 리포트 내기 전에 이미 정해 놨다. 너희들이 뭘 하든 그건 의미가 없어.'라고 말하면 어떨까요? 당연히 학생들 모두 의욕을 잃고 게을러질 겁니다.

그 당시 대부분의 기독교 지도자들도 이런 걱정을 했을 거예요. '이건 좀 아닌 거 같은데?'라고 말이죠. 악하거나 죄를 진 사람들이 회심했을 때 가장 큰 문제가 생깁니다. 아무리 나쁜 사람이라도 회심만 하면 신이 그를 용서해주고 천국에 갈 수 있도록 해준다고 칩시다. 많은 사람들을 회개하도록 이끌 수 있겠죠. 하지만 예정설은 이 반대 논리이니 사람들을 선(善)으로 이끌만한 계기가 없어지는 거예요.

그런데 베버는 이런 걱정은 기우에 지나지 않으며 예정설에서 말하는 행동양식과 생활태도는 결국 자본주의 정신으로 이어진다고 했습니다. 아까 말했듯 칼뱅파는 이런 결과를 의도하지 않았어요. 칼뱅이나 프로테스탄트는 자본주의를 발전시킬 생각이 전혀 없었거든요. 베버는 이런 기묘한 인과관계에 대해서 열심히 설명했지만 너무 들쭉날쭉해서 많은 사람들이 이해하지 못했습니다.

도대체 예정설이 왜 자본주의 정신의 원인이 되었을까요? 베버의 설명을 해석하거나 비판하는 식으로 하시즈메 씨의 생각을 들려주세요.

하시즈메 성서에는 '이럴 때에는 이렇게'라며 각각 상황에 맞게 다른 설명이 나옵니다. 구원예정설도 그런 테마 중 하나죠. 기독교도 일신교이기 때문에 신이 주권을 쥐고 있다고 봅니다. 신이 인간을 삶아 먹던 구워 먹던 그건 신의 자유인 거예요. 기독교에서 말하는 구원은 집단이 아닌 개인 차원입니다. 그래서 최후의 심판 때 신은 인간 한 명 한 명에 대해서 자유롭게 결정하는 겁니다. 모두 구원받을 수도 혹은 모두 구원받지 못할 수도 있습니다. 또 누구는 구원 받고, 누구는 구원 받지 못할 수도 있어요.

그럼 인간의 행동(인간의 업)이 구원에 영향을 끼칠 수 있을까요? 영향을 끼친다는 설과 그렇지 않다는 설이 있는데, 합리적으로 보면 그렇지 않다는 설이 더 설득력이 있습니다. 만약 인간의 행동이 조금이라도 신의 결정에 영향을 준다고 생각해보세요. 그럼 신과 인간의 상호작용이 일어난다는 이야기인데 일신교에는 맞지 않잖아요. 그래서 인간의 행동은 아무런 영향을 끼치지 않는다고 생각하는 게 맞습니다.

결론만 보면 이렇긴 한데 사실 성서를 읽어보면 중간 중간 모순되는 부분도 나옵니다. 신이 무슨 행동을 한 뒤에 후회를 하는 거예요. 예를 들어서 노아의 대홍수 때 처음에는 인류 모두를 죽이고 처음부터 다시 시작하려고 했는데 지상을 보니 의인인 노아가 있는 거예요. 그래서 처음에 세운 계획을 조금 바꿔서 노아와 그 일족만 방주에 태우는 식으로 도와줍니다. 원래 예정에 없던 내용인데 노아의 올바른 행동을 보고 계획을 바꾼 거예요.

성서를 읽다보면 이렇게 신이 결정하고 인간은 아무 것도 할 수 없다는 원칙이 보입니다. 그런데 신이 하나하나 살펴서 나의 생각이나 마음, 행동을 알아차리고 응답해줍니다. 인간들은 성서의 이런 부분을 통해서 자신을 위로하는 거예요. 예수 역시 장황하게 기도하지 말라고 가르칩니다. 우리가 무엇을 하는지 다 알고 있으니까요. 구원예정설은 신이란 그렇게 무른 존재가 아니라며 철저하게 신의 주권을 따졌습니다. '신이 후회한다. 인간의 행동거지를 보고 자신의 생각을 바꾼다.'라는 생각을 일체 하지 않습니다.

이제 '예정설로 인간들은 근면해지는가?'라는 문제가 생깁니다.

구원예정설은 인간의 행동과 구원은 상관없다는 입장이기 때문에 이 설을 믿는 사람들은 게으를 것이라 생각합니다. 하지만 베버는 그와 반대라고 주장했습니다.

실제로 구원예정설을 믿은 청교도는 근면한 생활을 유지했습니다. 구원예정설의 구조를 제대로 이해하면 가능한데요. 한 마디로 이 세계가 창조됨과 동시에 구원을 받을 수 있는 사람은 정해진다는 것입니다. 복권에 비유하면 추첨을 끝낸 뒤 파는 것과 똑같은 거예요. 어떤 복권이 당첨될지 모르면 판매가 끝난 뒤 추첨을 하던 미리 추첨한 다음에 복권 번호를 금고에 넣어 놓고 팔던 당첨 확률은 똑같고 별 차이가 없거든요. 사람들의 마음이 좀 그래서 그렇지.

어떤 복권이 당첨 복권인지 알 수 없는 것, 그리고 자신의 행동이 당첨 확률과 관계가 없다는 게 복권의 본질이지 먼저 추첨할지 나중에 추첨할지는 중요한 게 아닙니다. 구원도 마찬가지인데요. 신이 누구를 구원할지 최후의 심판 때 결정하나, 천지창조 때 결정하나 매한가지인 거예요. 어딘지 석연찮은 구석이 있다고 생각하는 사람들이 있는데 그건 그 사람들이 잘못된 거고요.

잘 따라오고 계신가요? 어쨌든 이렇게 구원예정설은 기독교 논리를 단순화시킨 겁니다. 지금까지 설명대로라면 인간은 근면하게 일해도 아무 소용없다고 생각해서 게을러지거나 아니면 오히려 더 근면하게 생활할 겁니다.

게임이론으로 생각해볼게요. 플레이어는 신과 인간으로 두 명입니다. 신에게는 (인간을) '구원한다/구원하지 않는다', 인간에게는 '근면하게 일한다/타락한 생활을 한다'라는 선택지가 있습니다. 구원예정설이니 우선 신이 먼저 구원한다/구원하지 않는다 중에 하나를 선택하고 그 다음 인간이 근면하게 일한다/타락한 생활을 한다 중 하나를 선택합니다. 그리고 인간은 신이 어떤 선택을 했는지 알 수 없다는 것이 이 게임의 기본설정입니다. 그런데 신이 인간을 구원하기로 결정했을 때 인간은 근면하게 일하나 타락한 생활을 하나 구원받기 때문에 굳이 근면하게 일할 필요가 없습니다. 그래서 타락한 생활을 하는 게 낫습니다. 한편 신이 인간을 구원하지 않는다고 결정한 경우 마찬가지로 인간은 근면하게 일하나 타락한 생활을 하나 어차피 구원받지 못하므로 근면하게 일할 필요가 없습니다. 이때도 타락한 생활을 하는 게 더 낫습니다. 이런 식이면 어느 쪽이든 타락한 생활을 하는 게 낫다는 결론이 나오는데요. 이런 타락한 생활이 지배전략[35]이 되는 것입니다.

구원예정설을 믿는다고 하면 사람들이 무절제하고 타락한 생활을 할 것 같죠? 그런데 또 그렇진 않습니다. 왜냐하면 이 게임의 이유를 증명하고 싶어 하니까요. 자신의 이익을 따지면 타락한 생활을 하는 게 지배전략이 됩니다. 그런데 근면하게 일하는 사람이 있다면 이는 신의 은총(은혜)을 입어 그렇게 되는 겁니다. 근면하게 일하는 건 신이 명령한 이웃 사랑의 실천이기도 합니다. 그래서 자기가 신의 은총을 받았다는 확신이 있다면 매일 성실하게 일할 수밖에 없는 겁니다.

오사와 자신이 구원받았다는 확신이 들면 지배전략과 다른 식으로 생각하는 거군요.

---

35) 상대의 전략과 상관없이 자신이 우위를 점하는 것.

하시즈메 네, 그렇습니다. 신의 은총은 게임이론이든, 지배전략이든 그런 개념을 초월하는 거예요. 자기가 은총을 받았다고 생각한 사람들은 성실하게 일하지만 그렇지 못해 타락한 생활을 하는 사람들도 일에 지장이 생깁니다.

오사와 게으른 생활을 하면 사람들이 '아, 저 녀석은 구원받지 못한 놈이네.' 하니까요?

하시즈메 네. 게으른 사람이 운영하는 빵집은 빵이 팔리지 않고 은행에는 사람들이 돈을 맡기지 않을 겁니다. 그럼 장사가 잘 안 되겠죠. 그러니 모두들 근면하게 일할 수밖에 없는 겁니다. 베버가 말한 건 이런 게 아니었을까요?

오사와 그렇군요. 베버가 게임이론으로 설명한 건 아니지만 상당히 흥미로운 이야기네요. 이때 중요한 건 게임이론에서 도출된 순수한 결론이 아니라 당연한 결과인 지배전략을 일부러 부정하는 듯한 행동양식이 오히려 지배권을 쥔다는 역설이 작용한다고 봅니다. 그만큼 예정설이 독특한 결과를 도출한다는 건데요.
말씀하신대로 성서 속의 신은 예정설에서 말하는 철저한 신과 마음이 오락가락하는 신 둘 다라고 생각합니다. '노아의 방주' 뿐만 아니라 에덴동산에서 인간이 금단의 과실을 먹었을 때도 신의 오산을 엿볼 수 있었습니다. 자신의 분신 같은 '신의 아들'을 인간 세계에 내려 보내 십자가에서 죽게 만든 것도 신의 계획이었을까요? 이건 너무 나간 건가? 어쨌든 이런 식으로 성서 상당 부분에서 '후회하는 신'을 볼 수 있습니다.
그런데 서양에서는 절대적 권력을 가진 신, 예정설에서 말하는 철저한 신으로 점점 순화되면서 기독교 개혁이 일어났습니다. 그게 바로 종교개혁입니다.

11. 이자 제도의 허용

오사와 자본주의와 기독교의 관계에 대해서 생각할 때 이자 이야기가
자주 언급됩니다. 이자는 기독교 신자 사이에서 예전부터 금지
된 것인데요. 특히 중세 시대 때 엄격하게 금지하여 이자를 받는
것은 엄청난 죄악으로, 신의 뜻을 어기는 것으로 간주했습니다.
고리대금업자는 천국에 발을 붙일 수도 없는 일로 여겼고요.
그러나 자본주의는 이자를 인정하지 않으면 이야기가 시작되지
않습니다. 그래서 어느새 이자는 종교적 걸림돌에서 당연한 것
으로 여겨지게 되었습니다. 이자가 허용된 건 프로테스탄트가
등장하기 직전인데, 중세 시대 때에는 두말 할 것도 없이 큰 죄
였던 이자가 왜 지금은 아무렇지 않게 되었을까요? 이에 대해서
다양한 역사연구도 있는데 이를 어떻게 이해하면 좋을까요?

하시즈메 유대교는 이자를 받는 것을 금지했습니다. 기독교도 오랜 시
간 동안 이자를 허용하지 않았고, 이슬람교 역시 모두 이자를 받
지 않았습니다. 유대교의 율법에서 시작된 것인데 유대교 신자
들끼리는 이자를 받으면 안 되지만 유대교 신자가 이교도에게
이자를 받는 건 괜찮았다고 해요. 그래서 기독교 신자는 유대교
신자에게 이자를 지불하고 돈을 빌려도 됩니다. 유대인들도 기
독교 신자에게 돈을 빌릴 수 있었고요.

오사와 셰익스피어의 '베니스의 상인'은 기독교 신자가 유대인에게 돈
을 빌리는 이야기잖아요. 거기에서도 이자를 받는 유대인 샤일
록이 악역을 맡습니다.

하시즈메 이자 없이 돈을 흔쾌히 빌려주는 사람이 없으니 돈을 빌리기
가 쉽지 않죠. 어떻게 해서든 빌려야 할 때는 이자를 내는 일이

꽤 있었다고 해요. 그럼 왜 이자를 받으면 안 됐던 걸까요? 이자 그 자체가 나쁜 게 아니라 이자를 받으면 동지를 괴롭게 만들기 때문입니다. 돈을 빌리려는 사람들은 대부분 경제적으로 힘든 사람들입니다. 경제적으로 힘든 사람들에게 돈을 빌려주고 이자를 받아내려고 하면 안 되는 겁니다. 그래서 이자 없이 돈을 빌려주라는 이야기입니다.

유대교는 이런 규정이 많은 게 특징인데, 전당포를 예로 들어볼게요. 웃옷을 담보로 돈을 빌릴 경우 웃옷을 일몰까지 돌려주라고 합니다. 왜냐면 당시 웃옷은 밤에 잘 때 모포 같은 역할을 했기 때문에 웃옷이 없으면 추위를 견디기 힘들었거든요. 거지들은 웃옷 말고는 담보 잡을 만한 것이 없으니 저녁이 되면 꼭 웃옷을 돌려줘야 합니다. 그리고 맷돌도 담보로 잡으면 안 됩니다. 맷돌이 없으면 생활하는데 많은 어려움이 생기니까요. 이런 규정들이 많이 있었는데 이자 금지는 그 일환이었습니다. 돈을 빌리는 사람들을 힘들게 해선 안 되며 사업을 시작하기 위해 돈을 빌리는 건 괜찮습니다. 하지만 그런 대금까지 포함해서 이자를 금지했습니다.

기독교는 유대 법률을 부정하지만 수도원이나 교회는 형태만 바꿔 십일조를 거뒀습니다. 서양사에서 십일조는 기독교 세금으로 보는데요, 원래는 유대교 세금으로 '다른 곳에서도 걷고 있으니 우리들도 일반 소비세로 보겠다.'라며 도입한 거라고 해요. 베니스의 상인 시대까지만 해도 이자에 대한 반발이 강해 금융업 등이 제대로 이뤄지지 않았지만 동인도 회사 등이 생기면서 투자에 대한 이익을 배분하는 시스템이 생깁니다. 큰 배를 만들어 외국으로 보내고 무역을 통해 이윤이 생기면 돈을 출자한 사람들이 이를 나눠 먹는 겁니다. 조선업에는 거액이 필요하니 돈을 출자한 사람들이 그룹을 만드는데요. 기대이익을 이자로 주겠다는 약속을 해서 상업은행의 시초가 됩니다. 이런 형태가 네덜란드나 잉글랜드에 정착하게 된 거고요.

오사와 말씀하신대로 유대교는 이자 그 자체를 막는 게 아니라 이웃 사랑이나 동지애 정신에 반하는 것을 죄악시했기 때문에 이자가 인정받을 여지는 있었다고 봅니다. 그러니 이자에 관해서 그럴싸한 이유를 갖다 붙여 정당화되었고 결국 이자가 당연해졌습니다. 이런 과정 등 이자에 대한 연구들이 여럿 있습니다.

예를 들어서 프랑스 중세사의 대가 자크 르 고프가 쓴 '연옥의 탄생'을 보면 본래 기독교에는 천국과 지옥만 있었는데 중세에 들어서 연옥이라는 개념이 정착했다고 합니다.

연옥은 천국과 지옥으로 가기 전 중간 단계로 대합실 같은 곳인데, 천국과 지옥 밖에 없다는 건 무죄와 사형 밖에 없는 것과 마찬가지입니다. 조금 불리하지 않나요? 예를 들어서 소매치기는 유죄가 맞습니다. 그러니 무죄라고 내보낼 수도 없고 그렇다고 갑자기 사형을 내리자니 불쌍하잖아요. 이런 상황에서 연옥이라는 곳에서 어느 정도 괴로운 시련을 견디고 과오를 씻어낸다면 갑자기 지옥에 가지 않아도 됩니다.

르 고프는 이런 연옥의 개념이 이자의 정당화와 통용에 좋은 구실이 되었다는 주장을 합니다. 연옥 덕분에 고리대금업자들이 지옥에 떨어지지 않는다는 거죠. 바꿔 말해서 이자를 받는 장사를 해도 구원 받을 가능성이 있다는 겁니다. 그래서 점점 이자를 받아도 되는 분위기가 된 거예요.

하지만 연옥이 있다고 해도 이자는 필요악일 뿐, 적극적으로 정당화되는 건 아닙니다. 이자가 대대적으로 응용되어 발전을 이룬 것은 산업자본주의가 보급되었을 때인데, 여기서 핵심 역할을 한 것은 아까 말한 프로테스탄트였습니다. 물론 프로테스탄트는 연옥을 인정하지 않았습니다. 성서에는 연옥과 같은 중간 영역에 대한 근거가 나오지 않으니까요. 그래서 연옥의 성립과 이자의 보급 사이에는 생각만큼 깊은 상관관계가 있던 건 아니었나봅니다.

12. 자연과학의 탄생

오사와 베버의 이론에서 자본주의 정신과 기독교(프로테스탄트)의 관계를 살펴봤는데요. 생각해보면 자본주의 정신 그 자체는 기독교와는 전혀 다른 것입니다. 오히려 세속적이고 반종교적으로 보이기까지 하니까요.

아까 말씀드렸지만 기독교 영향이란 이렇듯 기독교와 전혀 상관없는 형태로, 혹은 기독교 그 자체를 부정하는 듯이 보이는 형태로 자주 발현됩니다. 가장 단적인 예는 자연과학이 아닐까 싶습니다.

우리는 종교적 세계관을 부정할 때 종종 자연과학 세계관이나 합리성을 내세웁니다. 예를 들어 창세기의 내용은 현대 생물학이나 물리학 관점에서 보면 정말 말도 안 되는 거거든요. 프랑스 혁명 당시 이성숭배도 그런 케이스인데요. 계몽주의적 자연과학이나 합리주의는 종교를 부정하는데 이용되었습니다.

하지만 잘 생각해보면 자연과학이란 기독교 문화, 특히 프로테스탄티즘에서 시작된 것입니다. 우리들이 오늘날 자연과학이라 이해하고 있는 진리는 간단히 말해서 16세기부터 17세기에 서양에서 일어난 과학혁명 이후의 것이라고 보면 됩니다.

중세 철학자의 자연관과 자연학을 들어보면 어딘지 이상하다는 느낌이 드는데, 중세 시대에는 아리스토텔레스의 자연학이 절대적 권위를 갖고 있었습니다. 그는 굉장히 면밀하게 자연을 관찰하고 하나하나 끄집어서 설명했는데, 이는 현대를 살아가는 우리들이 봐도 놀라울 정도로 정확합니다. 그러나 근본 논리는 우리들의 합리성과 어울리지 않습니다. 예를 들어 위는 아래로 향하는 목적을 갖고 있기 때문에 땅을 많이 포함하고 있는 지면에 떨어진다는 등의 설명을 하죠. 이런 발상은 전제부터 완전히 잘못되었다고 생각합니다.

이에 반해 과학혁명 이후 지식은 현대 과학에서 봤을 때 잘못된 부분이 많다고 해도 근본 토대는 지금 우리들과 비슷한 방향성을 보입니다. 실제로 지금 고등학교나 중학교 과학 시간에 배우는 내용 대부분이 과학혁명 시기에 확립된 개념이죠. 그 중심에는 뉴턴의 물리학이 있습니다.

물론 미시적으로 보면 과학혁명 이전에 서양 밖의 지역에서 지식이나 기술이 발견되기도 했습니다. 중국은 세계 최초로 화약을 발명했고 일본의 화산(和算) 역시 서양과는 독립된 상당히 높은 수준의 수학이었습니다. 그러나 지식 시스템을 전반적으로 봤을 때 오늘날 주류가 된 것은 서양에서 발생한 자연과학입니다.

그리고 그 자연과학을 만든 과학혁명은 종교개혁과 시기적으로 상당히 겹칩니다. 그 때문에 과학혁명에서 큰 역할을 한 학자(요즘 말로 하면 과학자이지만 당시에는 이런 호칭이 없었으므로 철학자)는 신앙심이 깊었습니다. 지금은 종종 과학자들이 열심히 종교를 비판하지만 과학혁명을 주도한 학자들은 오히려 열렬한 기독교 신자에 프로테스탄트였던 겁니다.

그래서 지금은 기독교 세계관을 명백히 부정하는 근거인 진리야 말로 사실은 기독교에서 출발한 것이라는 이야기가 됩니다. 이슬람교나 불교에서는 찾아볼 수 없는 이야기죠. 이런 모순, 역사의 아이러니에 대해서 하시즈메 씨는 어떻게 생각하시나요?

하시즈메 자연과학은 왜 기독교, 특히 프로테스탄트에서 시작되었을까요? 아까 말씀하신 것처럼 인간의 이성에 대한 신뢰가 두터워졌기 때문입니다. 이 두 가지가 자연과학을 이끄는 바퀴가 된 거예요.

신이 세계를 창조하고, 물리 현상이나 화학 현상도 신이 만든 그 자체라면 신은 더 이상 그곳에 존재하지 않습니다. 신이 창조했다는 흔적만 있을 뿐입니다. 일본의 신도를 생각해보면 산에는 산의 신, 강에는 강의 신, 식물에는 식물의, 동물에는 동물의 신이 있습니다. 산을 파거나 자연을 실험, 관찰하려고 하면 신과 부딪치게 되는 겁니다. 신에게 제발 그것만은 멈춰 달라고 애원할 거예요. 일본에서는 공사를 하려면 반드시 땅의 신에게 제사를 지냈는데 아마 옛날이었다면 차라리 공사를 안 하겠다고 했을 겁니다.

오사와 일단 용서부터 빌 거예요. 제발 노하지 말아주세요 라고.

하시즈메 맞아요. 일신교의 신은 세계를 창조한 뒤 가버렸습니다. 이 세계에는 더 이상 어떤 신도 존재하지 않아 인간이 가장 대단한 존재가 된 것입니다. 인간이 신을 믿고 복종하는 것도 중요하지만 신이 만든 세계에서는 인간이 주권을 쥐는 것입니다. 사실은 신에게 주권이 있지만 인간에게 넘어간 것이죠. 신이 떠나 빈집이 되어버린 지구를 인간이 관리, 감독하는 겁니다. 그 권한에는 마치 놀이동산의 자유이용권 같은 것도 포함되어 있어 비계가 많은 고래를 잡아 양초를 만들어도 되고 석탄을 캐도 됩니다. 오직 기독교 신자만 할 수 있었습니다.

신이 세계를 만들었으나 그것은 그저 '물체'에 지나지 않습니다. 물체인 세계의 중심에서 인간이 이성을 갖고 사는 것입니다. 이런 인식에서 자연과학이 시작되는 것입니다. 사실 이런 인식 자체가 좀처럼 만들어지지 않습니다. 그래서 기독교 신자, 그 중에서도 특히 경건한 기독교 신자가 뛰어난 자연과학자가 되는 것입니다. 뛰어난 불교 신자나 뛰어난 유교 관료 등은 자연에 흥미를 가졌다고 해도 자연과학자가 되지 않습니다.

오사와 머리가 좋다고 다 과학자가 되는 게 아니니까요.

하시즈메 과학자가 되는 것과 머리가 좋은 건 별개죠.

오사와 삶의 방식이나 어떤 생각을 갖고 사는지가 중요하지요.

하시즈메 맞습니다.

오사와 좀 더 질문해도 될까요? 지금 일신교 세계관과 자연과학의 태도가 어떤 관계인지 설명하셨는데 일신교에는 유대교, 기독교, 이슬람교가 있습니다. 그럼 왜 유대교와 이슬람교에서는 체계적인 자연과학이 나오지 않았을까요? 방금도 잠깐 이야기했지만 중세 시대 이슬람 문화는 상당히 선진적이며 현대 자연과학과 관련 있는 연금술 같은 지식도 있었습니다. 이런 점에서 보면 유럽보다도 훨씬 앞섰기 때문에 상당히 흥미로운데요.

똑같은 기독교라고 해도 동방정교가 아닌 가톨릭에 저항하며 출현한 프로테스탄트에서 자연과학이라는 개념이 발생했는데, 프로테스탄트의 확산에 보조를 맞추며 자연과학은 폭발적인 탄생을 이루어냈습니다. 그럼 일신교 종교 사이에도 좀 더 차이를 둬야 하는 거 아닌가요?

하시즈메 기독교가 이슬람교, 유대교와 다른 점은 이 세상에 혼자 남겨졌다는 점입니다. 유대교와 이슬람교는 종교법(즉 세계 속 인간에 대한 신의 배려)이 있기 때문에 뛰어난 지식인들은 우선 이 종교법에 대한 해석과 발전을 생각합니다. 이에 반해 기독교는 종교법이 없기 때문에 어떻게 살아야 신의 뜻을 따르는 것인지 도무지 알 길이 없습니다. 그래서 매일 기도를 하거나 신학을 배우거나 철학, 자연과학을 배우는 등 창의적인 노력을 해야 하는 겁니다. 특히 종교개혁이 자연과학의 불씨를 당겼죠.

프로테스탄트는 신을 절대시합니다. 신을 절대시하면 물질세계를 앞에 두고 이성을 갖춘 스스로를 절대시 할 수 있습니다. 스스로 이성을 구사하기 때문에 신과 비슷하다고 할 수 있거든요. 이성을 통해서 신과 대화하는 방법 중 하나가 바로 자연과학입니다. 수학의 경우도 데카르트처럼 생각하거나 공리계에 따른 수학의 재구성이 시작됩니다. 정치의 경우 절대왕정이나 주권국가의 이념이 되고요. 이것들 모두 뿌리가 같습니다. 교회의 권위에 기대지 않고 자신의 이성에 의지한다는 점에서 가톨릭보다는 프로테스탄트 쪽이 성실하게 발전시켜 나가기 쉬운 겁니다.

오사와 그렇군요. 보충하자면 근대 자연과학의 세계관과 그 이전의 세계관을 비교할 때 누구나 금방 알 수 있는 뚜렷한 차이점은 진리의 기준입니다. 중세의 기준은 문서였습니다. 아리스토텔레스가 이렇게 말했다든가, 성서에 이렇게 적혀있다든가. 하지만 근대 자연과학에서는 문서가 기준이 될 수 없습니다. 그래서 경험과학이라는 것이 출현하게 된 거예요. 바꿔 말하면 신의 진정한 뜻이 성서 같은 문서에 있는지, 아니면 자연 그 자체에 있는지가 되는 겁니다.

계속 이야기했듯이 기독교의 경우 성서가 정확하지 않습니다. 신이 직접 만든 자연이 신의 뜻을 더 잘 알게 할 거라는 생각이 더욱 강해지는 것이죠. 실제로 갈릴레오 갈릴레이(과학혁명 초기에 지대한 역할을 했다고 볼 수 있는)가 그런 말을 한 적이 있습니다. '아리스토텔레스주의자들은 책에 진리가 있다고 하는데 자연이야 말로 정말 위대한 책입니다.'라고요. 한 마디로 자연은 성서를 뛰어 넘는 성서라는 겁니다.

13. 세속적 가치의 기원

오사와 아까 절반 정도만 대답한 것 같은데요, 자연과학 이야기부터 시작했지만 이제는 사회적, 정치적 개념에 대해서도 똑같이 대입할 수 있는지 궁금합니다. 예를 들어서 주권이나 인권, 근대 민주주의 등은 일반적으로 종교에서 독립된, 혹은 종교적 색채에서 벗어난 개념이라고 봅니다. 실제로 이슬람권의 어떤 나라가 이슬람교를 기반으로 한 제도나 정책을 취하면 서양을 비롯한 다른 국가들이 '그런 신권정치는 안 된다. 인권이나 자유, 민주주의라는 세속적 가치를 우선시해야 한다.'라고 비판합니다. 종교를 배척하기 위해서 이용하는 거죠.

그런데 이런 종교적 색채에서 벗어난 개념 그 자체가 사실은 기독교라는 종교의 산물이 아닌가요?

하시즈메 맞습니다. 지금 말씀하신 주권과 국가의 개념은 모두 신의 아날로지(유사, 유추)입니다. 예를 들어서 근대국가는 모두 입법권을 가지고 있는데요. 신의 아날로지이기 때문입니다. 기독교 신자는 기독교 법이라는 게 없고 지방색이 강한 세속법을 따랐습니다. 그 연장선이라고도 생각하는데 인권도 신이 자연법을 통해 사람들에게 부여한 권리라는 의미입니다. 신이 부여한 권리를 국가가 빼앗을 수 없으니 그 권리를 좀 더 명확히 하여 헌법에 인권 조례를 포함시킨 것입니다. 자연법은 천지창조와 동시에 만들어졌습니다. 그래서 자연(신이 만든 그 자체)법이라 불리는 것입니다. 기독교 신자들에게는 종교법이 없었기 때문에 일부러 자연법 등을 만들었습니다. 세속법에 모든 것을 맡기면 기독교 신자의 권리를 지킬 수 없을 지도 모른다고 생각했거든요.

기독교는 시장 메커니즘에도 독특한 의미를 부여합니다. 기독교는 처음에 시장 메커니즘에 대해서 회의적이어서 상품 가격도 자유롭게 정할 수 없었습니다. 중세 시대에 '정당 가격(Just Price)'이란 것이 있었는데 신발은 얼마고 빵은 얼마인지 전통적으로 정해져있었습니다. 그래서 모든 직업들이 보호를 받을 수 있었죠. 수요공급으로 가격을 정하면 악랄한 상인이 이득을 취하는 건 불 보듯 빤한 일이니까요. 그래서 아담 스미스가 수요공급을 통해 상품 가격이 결정되는 시장 메커니즘에 대해서 '보이지 않는 손'이 작용한다고 보고 이를 정당화시킨 것이 얼마나 혁명적이었는지 알 수 있습니다. 이로써 사람들에게 필요한 상품을 점점 저렴하게 생산하는 것과 성실하게 일해서 생산을 늘리는 것 모두 바람직한 일이 되었습니다. 이 논리가 없었다면 자본주의는 성립되지 않았을 거예요.

오사와 맞습니다. 기독교가 자본주의적 화폐경제나 시장을 성립시키는 원동력이 된 것도 가만히 생각해보면 신기한 역사적 사건입니다. 저는 종종 근대 자본주의가 왜 이슬람교에서 만들어지지 않았을까 생각합니다. 왜냐면 무함마드가 상인이었거든요. 이슬람교에서는 무함마드가 신의 목소리를 들었고 그게 코란이 되었다고 하지만, 사실 제3자 입장에서 읽어보면 코란에는 상인에게 유리한 표현들이 많이 나옵니다. 누구보다도 상인들이 코란을 받아들이기 쉬운 것이죠. 그래서 전 이슬람에서 자본주의가 탄생하는 게 더 용이하지 않았을까 생각해요. 역사는 그렇지 않았지만.

14. 기독교가 예술에 미친 영향

오사와 예술은 어땠나요? 예술적 창조와 일신교는 직접적인 관계가 없다고 생각하기 쉽잖아요. 예술은 우상숭배 쪽에 가까우니까요. 하지만 예술적인 면에서도 이 세계는 서양의 양식을 기본으로 삼고 있습니다. 물론 예술은 상당히 다양하고, 여러 지역과 문화가 각각의 독자적 전통 및 스타일을 가지고 있습니다. 서양의 예술도 결국 그 중 하나겠지만 크게 보면 음악이나 시각적 예술 역시 서양이 세계적인 기준이 되고 있습니다. 이런 예술과 기독교는 어떤 상관관계가 있다고 보시나요?

좀 더 자세히 말씀드리자면, 예를 들어서 기독교가 찬송가나 성서의 어느 장면을 표현한 그림, 조각 등에 영향을 끼친 건 우리들도 잘 알고 있습니다. 그러나 그런 예술 내용을 세계 표준이라 할 것 까진 없잖아요. 제가 궁금한 건 내용보다 형식, 양식입니다. 회화의 원근법이나 음악의 조성, 평균율 등은 직접적으로 종교적 가치를 갖고 있다고 할 수 없고, 기독교보다 좀 더 참신한 것입니다. 이것들은 서양에서 만들어지고 전 세계에서 이용되고 있습니다. 지금까지 자연과학과 자본주의, 인권 등 정치적 개념에 대해서 설명한 것처럼 설명해주실 수 있나요?

하시즈메 기독교의 신기한 점은 음악, 미술 등 예술에 지대한 영향을 끼쳤다는 점입니다. 문학에도 영향을 미치긴 했지만 예술만큼 직접적인 건 아니에요. 우선 음악은 기독교의 경우 금지된 건 아니었습니다. 이슬람에서는 종교 음악이 없어요. 금지되어 있습니다. 그래서 아잔(이슬람교식 예배)도, 코란의 낭독도 우리들이 듣기에는 음악 같아도 절대 음악이라고 하지 않습니다. 세속 음악이 있을 뿐 종교는 음악에 어떤 영향도 미치지 않습니다.

그런데 기독교는 그 점이 모호합니다. 교회에서 음악을 사용해도 그만, 아니어도 그만입니다. 미사 때 딱히 할 게 없으니 시간 때우기 식으로 노래를 부르기로 한 거예요. 그래서 그레고리오 성가가 생긴 건데 사실 유대교의 구약성서를 낭독할 때 쓰던 곡조를 따라한 것입니다. 가사를 라틴어로 바꿨고 그 중 오르간 같은 악기가 교회에 들어오면서 다양한 악곡이 교회 음악으로 사용된 것입니다. 유니즌이나 그레고리오 성가를 폴리포니 화성 음악으로 변화시켰습니다. 세속 음악도 폭발적으로 발전했는데 바흐나 모차르트까지는 종교적 악곡과 세속 음악을 모두 만들었습니다. 베토벤 이후 시민들을 위해 콘서트홀에서 심포니를 연주하기도 했습니다. 서유럽 음악은 이렇게 교회 음악이 중심이 되어 만들어졌습니다.

이어서 회화에 대해서 알아볼게요. 우상숭배를 금지하던 기독교에 종교화(宗敎畵)가 있는 건 참 이상한 일입니다. 그림으로밖에 보여줄 수 없으니 이콘이나 성인상, 예수 크리스트 상이 엄청 만들어졌는데 프레스코화로 교회당을 꾸미기도 했습니다. 제단화도 많이 만들어졌고요. 르네상스가 시작되자 풍부한 자본을 바탕으로 가톨릭교회가 하나 둘 주문하여 다빈치, 라파엘로, 미켈란젤로 같은 종교 미술의 황금시대를 맞이하게 됩니다.

프로테스탄트는 종교 음악을 간소화하고 회화나 쓸데없는 장식을 하지 않아 교회당을 텅 비게 만들었습니다. 그래서 어쩔 수 없이 프로테스탄트의 화가들은 정물화나 풍경화를 그렸습니다. 일본에서는 인상파 다음으로 세속화가 인기인데요. 고흐, 루오, 달리, 샤갈도 성서를 주제로 한 작품을 남겼습니다. 이처럼 서구 회화의 주류는 어디까지나 종교화입니다.

오사와 말씀하신대로 서양에서는 일정 시기까지 그림이란 기본적으로 종교화를 의미했습니다. 아니면 종교화가 다른 그림보다 격이 훨씬 높다고 여겨졌습니다. 종교화에는 없는 회화, 즉 풍경화나 세속화, 정물화가 종교화보다 격이 떨어지는 회화 장르로 여겨진 것 역시 16세기경입니다. 미셸 푸코가 '말과 사물'이라는 저서의 문두에서 벨라스케스의 작품 '시녀들'을 분석했는데 이 또한 종교와는 전혀 상관없는 그림이었습니다.

음악가들도 오랜 시간 교회나 궁정에 고용되어 활동했는데 모차르트는 교회와 궁정에서 독립하여 활동한 거의 최초의 음악가입니다. 베토벤은 좀 더 독립성이 두드러진 편이었고요.

15. 근대 철학자 칸트에게서 볼 수 있는 기독교 색채

오사와 제가 같은 것에 대해 계속 질문하고 있는데요. 기독교에서 벗어난 것이야 말로 기독교의 영향을 받은 것이잖아요. 저는 이런 역설이 기독교의 신기한 점이라고 생각합니다. 그런 역설이 드러나는 예를 한 가지 들어볼게요. 바로 칸트인데요. 칸트는 18세기부터 19세기에 살았던 인물로 19세기 초반에 사망했기 때문에 철학자로서 활발히 활동했던 건 18세기 말이라고 볼 수 있습니다. 프랑스 혁명이 일어난 시대에 살던 사람으로 전형적인 근대 철학가라고 할 수 있죠.

최초의 근대 철학가로 데카르트를 꼽는 사람도 많은데 데카르트는 과학혁명 시대의 철학자입니다. 그래서 데카르트에서 칸트로 이동하는 시기가 근대 철학의 탄생과 성장 과정이라고 할 수 있습니다. 칸트 바로 다음에는 헤겔이 등장하는데 개인적으로 헤겔은 상당히 중요한 철학자라고 생각하지만 상당히 난해하고 해석도 이해하기 힘들어서 일단 칸트를 근대 철학을 성숙시킨 예로 들고자 합니다. 칸트도 어려운 건 마찬가지인데 그래도 헤겔에 비하면 명쾌한 편입니다.

칸트는 상당히 엄격한 프로테스탄트였습니다. 나고 자란 집안 분위기도 엄격한 프로테스탄트였죠. 하지만 칸트의 철학은 신이나 기독교를 전제로 하지 않았는데 이 점이 중세 철학자와 칸트의 분명한 차이점이라고 할 수 있습니다. 예를 들어 토마스 아퀴나스나 마이스터 에크하르트의 논리는 신을 전제로 하지 않으면 이해하기 힘들고 타당성을 찾기도 어렵습니다. 그러나 칸트는 그렇지 않습니다. 칸트의 철학, 그의 인식론이나 도덕론의 타당성을 판단할 때 신의 존재를 완전히 무시해도 상관없습니다. 칸트 본인은 기독교 신자겠지만 칸트의 철학을 받아들일지 말지, 그것이 올바른 것인지 평가할 때 독자는 기독교 신자일 필요가 없습니다. 이 점이 칸트가 근대적이라고 평가받는 이유입니다.

칸트는 신의 존재를 괄호에 넣고 자신의 생각을 전개합니다. 그럼에도 불구하고 한편으로는 칸트의 철학이 전체적으로 상당히 기독교적이라고 생각합니다. 예를 들어서 칸트의 윤리학에 정언명법이라는 중요한 개념이 있습니다. 정언명법이란 언제 어떤 상황에서도 절대적으로 따라야만 하는 윤리적 명령을 의미합니다. 정언명법을 어떻게 도출할 것이냐는 물음에 중세 철학자나 신학자는 성서에 적혀있다든지 예수가 그렇게 말했다든지 해서 윤리적 명령을 정당화 할 수 있었지만 칸트는 그렇지 않았습니다.

칸트는 우선 개개인이 스스로 이렇게 행동하겠다는 원칙을 지녔다고 생각했습니다. 이를 '의지의 격률(준칙)'이라고 하는데 그 의지의 격률을 보편화하면 어떻게 될지 상상했습니다. 모든 사람이 같은 의지의 격률을 가졌다고 치면 제대로 돌아갈지 생각한 거죠. 예를 들어 제가 '내가 하고 싶을 때 하고 싶은 말을 한다.'라는 의지의 격률을 갖고 있다고 칩시다. 이것을 보편화 시킬 수 있을까요? 모두들 하고 싶을 때 하고 싶은 것을 마음대로 해도 된다면 어떻게 될까요? 이 세상은 엄청난 혼란에 빠질 것이고 원만하게 흘러가지 않겠죠. 자기 마음대로 하고 싶은 말을 막 한다면 대화도 안 될 겁니다. 그래서 '하고 싶을 때 하고 싶은 말을 한다.'라는 격률은 정언명법이 될 수 없습니다. 즉 '보편화'에 어울리는 격률만이 정언명법이 될 수 있다는 것이 칸트의 논리입니다.

이런 윤리학설이 정의의 이론으로 타당한지 생각해볼 때 기독교든 다른 종교든 신앙을 전제로 삼지 않아도 됩니다. 기독교 신자가 아니더라도 판단할 수 있으니까요. 동시에 이 정언명법이라는 논리는 칸트식 이웃 사랑이라고 생각합니다. 예수가 설명한 이웃 사랑을 칸트 스타일 철학으로 정당화시켰다고 이해할 수 있습니다. 의지의 격률을 보편화시키는 것은 모든 사람을 인격으로 존중한다는 것과 마찬가지입니다. 칸트는 타인을 자신의 도구나 수단으로(만) 취급하는 것을 상당히 악한 것이라 간주했습니다. 상대가 어떤 사람이든, 즉 나쁜 녀석이든 죄가 많은 녀석이든 독립적인 인격으로서 존중해야 한다고 생각했습니다. 이것이 바로 정언명법의 핵심입니다. 이렇게 생각하면 정언명법은 기독교의 이웃 사랑을 칸트식으로 재해석한 것이라는 걸 알 수 있습니다.

제가 말하고 싶은 건 칸트는 철학을 주장할 때 종교를 완전히 괄호에 넣어버린다는 점입니다. 신의 존재에 대한 비판을 멈추지만 그가 내린 결론은 매우 기독교적이라는 거죠. 그러니 여기에서 기독교적 특징이 드러나는 것입니다. 기독교에서 벗어난 것처럼 보이지만 사실은 상당히 강한 영향력이 도사리고 있다는 역설입니다. 일반적으로 세속화라고 하면 종교에서 벗어난다고 하지만 기독교는 세속화에 가장 큰 영향을 끼친다는 이야기죠. 다른 종교에는 이런 게 없지 않나요?

하시즈메 가만히 이야기를 듣다 보니 정말 흥미진진하네요. 오사와 씨 말씀대로 칸트는 그런 면이 있습니다. 한편 헤겔의 변증법은 좀 더 기독교 논리를 차용하고 있습니다. 삼위일체설을 깔고 들어가니까요. 독일어에는 재귀동사라는 것이 있는데요. '스스로를 ○○한다.'처럼 자동사도 타동사도 아닌 제3의 동사인데, 이 동사의 용법은 변증법 논리와 일치합니다. 루터의 독일어 번역서가 이 조합을 만들었다고 치면 헤겔도, 마르크스도 그 영향 속에서 활동했다고 할 수 있습니다.

마르크스주의를 움직이는 것이 바로 이 변증법입니다. 마르크스주의는 유물론을 표방하기 때문에 언뜻 보면 기독교와 전혀 관계가 없어 보이지만 제가 봤을 땐 신이 없을 뿐 기독교와 똑같습니다. 교회 대신 공산당이 나오는데 이 공산당은 가톨릭교회처럼 하나만 있어야 합니다. 이는 전 세계가 역사법칙으로 받아들이는 부분입니다. 이윽고 도래한 세계 혁명은 종말과 상당히 비슷합니다. 프롤레타리아와 부르주아라는 이분법도 구제를 받는 사람과 그렇지 못한 사람으로 볼 수 있고요. 이미 전반적으로 기독교적 장치가 만들어진 것입니다. 이런 식으로 마르크스주의를 만들어낸 것은 기독교의 중요한 성질 중 하나라고 생각합니다.

오사와 저도 그렇게 생각합니다.

하시즈메 일본인들은 그다지 기독교를 수용하지 않는다, 일본인들은 그

다짓 마르크스주의를 수용하지 않는다. 머릿수로 보면 양쪽 모두 비슷하다고 생각합니다.

오사와 마르크스주의자는 기독교 신자만큼이나 파악하기가 어렵죠. 하하하.

하시즈메 하지만 일본공산당이나 혁마르(革Mar)[36]파, 중핵파[37] 등 추산할 수 있는 집단도 있어요. 그리고 동조자라고 해야 하나, 세례를 받은 건 아니지만 교회를 가는 것처럼 당원이 아니더라도 데모에는 참여하는 사람도 있습니다. 하지만 일반인들에게 퍼지는 건 한정적이지요. 이 점도 기독교와 비슷하네요.

일본인들은 마르크스주의를 받아들이지 않았지만 중국인들은 받아들였습니다. 일본보다 사람도 훨씬 많고요. 최근에는 기독교를 대대적으로 받아들이고 있어서 도시, 농촌 가릴 것 없이 가정교회가 확산되고 있습니다. 한반도는 절반만 마르크스주의를 받아들이고 나머지 절반, 즉 남쪽은 기독교를 받아들였습니다. 마르크스주의와 기독교를 함께 생각하면 일본인들은 어느 쪽도 수용하지 않았다는 특징이 있습니다.

오사와 마르크스주의는 기독교에서 말하는 종말론과 비슷하고 어딘지 모르게 신학적인 구성을 갖고 있습니다. 사람들은 마르크스가 '종교는 아편이다.'라고 말해서 마르크스주의와 종교가 적대적 관계가 되었다고 생각하는데, 사실 마르크스주의 그 자체가 종

---

36) 혁명적 마르크스주의파라는 의미로 일본 학생운동 세력 중 하나. 중핵파와 경쟁 관계에 놓여있다.

37) 1963년 학생운동 단체 '혁명적 공산주의자 동맹'에서 분리된 극좌파 세력으로 테러 실행 그룹을 만들어 폭탄설치 및 방화 등을 계획하기도 했다.

교였다는 부분도 한 몫 한다고 봐요. 소련 시대에 동방정교는 상당한 피해를 입었는데 마르크스주의가 있었기 때문에 마침 잘된 일일지도 모르겠네요. 정교가 사라진 자리에 전혀 다른 게 아닌 똑같은 게 들어왔다고 생각할 수도 있고요. 헤겔에 대해서 말씀드리면 헤겔은 원래 신학자였기 때문에 신학 논리를 추상화시켜나가면 변증법이 만들어집니다.

16. 무신론자는 정말 무신론자인가

오사와 이런 생각을 하다 보면 과연 무신론이란 무엇일까 생각하게 됩니다. '당신은 신을 믿습니까?'라는 질문에 '저는 믿지 않습니다.'라고 대답한다고 해서 그 사람을 무신론자라고 볼 수 있을까요?

지금 보셨듯이 칸트의 정언명법은 신에 대해서 한 마디도 언급하지 않지만 상당히 기독교적입니다. 마르크스주의는 큰 소리로 무신론이라 주장하지만 마르크스주의의 세계관이나 역사관 구석구석 기독교의 종말론과 닮아 있습니다. 그래서 스스로가 무신론자라고 생각하는 것과 실제로 무신론인 것은 차이가 있지 않을까 싶은데요. 그렇게 생각하면 무신론이란 무엇인지 어렵게 느껴집니다.

하시즈메 씨는 종교사회학에 대해서 책을 쓰시면서 종교란 무엇인지 추상적인 정의를 내리셨습니다. 종교란 행동에 있어서 그 이상의 근거를 갖지 않는 것을 전제로 합니다. 이렇게 독특하고 증명되지 않은 것을 행동의 전제로 삼는데, 이렇게 폭 넓게 종교를 이해하면 진정한 종교나 무신론은 거의 존재하지 않는 거 아닌가요?

예를 들어 대부분의 일본인들은 일신교의 신을 삶의 전제로 삼지 않는다고 하지만 어떤 의미에서 보면 행동의 전제로 삼기도 합니다. 야마모토 시치헤이 씨는 이를 두고 '일본교'라는 표현을 사용하기도 했습니다.

하시즈메 일본인이 생각하는 무신론은 신에게 지배받고 싶지 않다는 감정을 뜻합니다. '종교에 빠지면 무섭다.'라는 생각이 대부분일 겁니다. 이는 대다수 사람들의 공통된 생각으로 이를 무신론이라고 지칭한다면 일본인들은 무신론을 매우 반길 거예요.

하지만 '종교에 빠지면 무섭다.'라는 개념은 일신교에서 말하는 무신론과는 상당히 다릅니다. 일본인이 신에게 지배받고 싶지 않다는 건 그만큼 자신의 주체성을 뺏기고 싶지 않다는 이야기가 됩니다. 일본인들은 주체성을 좋아하기 때문에 노력하는 것을 즐기고 그런 노력을 통해 더 좋은 결과를 실현시키고자 합니다. 그래서 노력을 하지 않는 게으른 사람들을 매우 싫어하고 신에게 모든 것을 맡기는 것도 싫어합니다. 일본에 신이 많은 것도 이런 이유인데 신이 많으면 많을수록 신이 맡아야 할 책임이 어느 정도 분산됩니다. 그러니 인간의 주체성이 발휘되기 쉬운 거예요.

오사와 일본 사회는 일신교적 관점에서 보면 우상 밖에 없다고 생각할 수 있는데 그런 의미에서 일본인들은 무신론자일 수도 있겠네요.

하시즈메 일본의 신도(神道)가 우상을 만들지 않았다는 점은 기독교 입장에서 봤을 때 흥미롭게 느껴질 겁니다. 신도가 우상을 만들지 않은 이유는 우상이 있으면 숭배해야하기 때문입니다. 그래서 신의 우상이 없는 거예요. 불교는 불상을 만들었죠? 하지만 이 상한 게 아닙니다. 오히려 이제 중국에서는 불상이 없으면 말이 되지 않습니다. 그래도 불교의 가르침을 잘 들어보면 불상은 그 렇게 중요한 게 아닙니다. 깨달음이 더 중요하지. 그걸로 됐다, 안심해라, 모시고 있는 것 같지만 사실 모시고 있지 않다⋯⋯.

오사와 일신교에서는 정말 신을 잘 모시고 싶어서, 진짜 신만을 따르기 위해서, 가짜를 따르지 않기 위해서 우상을 금지했습니다. 하지 만 신도는 숭배하고 따르는 것이 싫어 우상을 만들지 않았습니 다. 일신교 사람들과 일본의 신도가 서로 전혀 다른 이유에서 우 상을 만들지 않았다니 정말 재미있네요. 진심으로 신을 따르기 위해 우상을 만들지 않은 사람들과 가능한 한 신을 따르지 않기 위해 우상을 만들지 않은 사람들이라⋯⋯.

17. 기독교 문명의 행방

오사와 지금까지 근대 사회의 가장 바탕이 되는 제도, 발상, 태도가 언 뜻 기독교에서 벗어난 것 같아 보이지만 사실 얼마나 깊게 기독 교라는 전제 속에서 만들어졌는지 확인해봤습니다.

우리들이 평소에 자각하고 있는 지와는 별개로 기독교 세계관 이 깊이 침투한 사회에서 살고 있는 것입니다. 마지막으로 기독 교 영향을 받은 이 사회가 어떻게 흘러갈지 듣고 싶군요. 지구

촌 시대에서 기독교 전통을 기반으로 하는 서양 문명과 다른 배경에 놓인 문명, 예를 들어서 이슬람이나 중국, 문명이라 할 수 있을지 모르겠지만 일본(헌팅턴의 '문명의 충돌'에서는 일본을 일단 하나의 문명이라고 여겼습니다) 등 서로 다른 문명들과의 충돌이 문제가 될 수 있습니다.

이런 상황 속에서 기독교에서 유래된 근대 문명은 앞으로 어떻게 될까요? 기독교 논리를 더욱 발전시켜 관철해나갈 것인지, 아니면 다른 문명과의 만남, 혹은 충돌을 통해서 상대화 되면서 뿌리를 바꿔나갈 것인지. 하시즈메 씨는 어떻게 생각하시나요?

하시즈메 기독교 세계와 또 다른 세계가 몇 개 있는데, 크게 이슬람 세계, 힌두 세계, 중국 세계를 꼽을 수 있습니다. 각각 고유의 논리를 가지고 있고 자신들만의 에이스가 있기 때문에 간단히 바꿀 수 없습니다. 단 유럽과 미국의 연합(기독교 문명)이 사실상 표준(de facto standard)이기 때문에 지금은 다들 이에 맞춰 살고 있습니다.

그 결과 중국과 인도도 최근에는 자본주의 모드에 돌입하였고, 중국은 상당한 성공을 이뤄냈습니다. 인도도 나름대로 성공을 맛보았고요. 뒤처지고 있는 건 이슬람인데 이슬람은 제조업이 형편없지만, 딱히 힘을 쏟고 있지 않습니다. 그게 바로 제조업이 형편없는 이유죠. 반면 일본은 제조업에 엄청 공을 들이고 있습니다.

하시즈메??? 이슬람 쪽은 상업에 뛰어난 재능이 있잖아요.

오사와??? 그거야 말로 우상숭배 금지와 관련이 있지 않을까요?

하시즈메 일본인들이 제조업을 이어올 수 있었던 건 애니미즘과도 관계가 있어서 로봇에도 전혀 거부감이 없는 거예요. 물건에도 영혼 같은 게 있다고 생각해서 로봇에 '모모에'라는 이름을 붙이고 공존하려 합니다. 중국이나 인도는 이렇게까지 제조업에 힘을 쏟지 않거든요. 물건을 만드는 사람보다도 무엇인가 생각하는 사람들이 더 대접받는 나라이기에 물건을 만드는 사람의 사회적 지위가 그렇게 높지 않습니다. 그래도 제조업 자체를 싫어하거나 그런 건 아니고요.

그에 반해 이슬람의 제조업은 기술이 매우 부족하고 사람들 인식도 그리 좋지 않다고 생각합니다. 정확한 이유는 모르겠지만 코란이 문학적으로 너무 완벽하기 때문에 코란의 정신세계가 매력적으로 느껴진 게 아닌가 싶어요. 그래서 코란에서 촉발된 문학 등은 상당히 우수합니다. 또한 코란에 기초한 법학도 완성도가 높고요. 정치, 비즈니스, 상업도 우수합니다. 하지만 제조업은 아닙니다. 코란은 철저한 일신교 세계를 묘사하고 있으니 물건에 영혼이 있다고 생각할 여지가 없는 것이지요.

오사와 일본의 제조업이 뛰어난 이유는 하시즈메 씨가 말씀하신대로라고 생각합니다. 완벽한 물건을 만들려고 하는 일본의 장인 정신은 정말 대단하죠. 물건에 영혼이 있고, 물건 그 이상의 것이라 여기며 기술을 발전시켜온 느낌입니다. 제조업에 대한 뜨거운 열정으로 상당한 기술력을 이뤄낸 일본인을 이해하는 건 일본을 이해하는 것과 어느 정도 관련이 있는 것 같습니다.

이슬람 또한 우상숭배 금지의 영향이 있었던 것 같은데요. 좋은 물건, 즉 상(像)을 만들 수 있어서 다행이라고 생각하는 것 자체가 일신교 입장에서 보면 신을 모독하는 행위로 간주될 수 있습니다. 그래서 제조업에 열을 올리는 건 이슬람 정신을 벗어난 것이 됩니다. 힌두교와 유교는 그렇게까지 생각하지 않지만 말씀하신대로 무언가 만드는 것보다 생각하는 쪽이 더 대단하다고 여기는 경향이 있습니다.

하시즈메 근대화를 위해서는 무엇보다 법률을 제정하는 것이 필요한데 일본인들은 이에 큰 저항이 없었습니다. 서로 의견을 나누고 규칙이라는 결과를 만드는 전통이 있어서 뭐든지 법, 규칙을 만들려고 했습니다. 하지만 일본은 일신교와 상관없이 인간의 입장을 우선시 합니다.

서로 의견을 나누는 것을 상당히 중요시하여 이 과정이 없으면 반발심이 생깁니다. 일본인은 자신들이 동의하지 않은 법을 따를 필요가 없다고 생각합니다. 물론 헌법은 인정합니다. 국회는 법을 만드는 게 일이니 새로운 법을 만드는 것을 막을 수 없지만 국회를 제외한 다른 기관이나 기업들은 되도록 자기들에게 피해가 가는 법을 만들지 말아줬으면 하는 겁니다. 이는 행정기관도 마찬가지인데요. 가스미가세키[38]는 가스미가세키대로 국회와 별개로 자기 나름대로의 규칙을 만들고 싶다는 생각을 하게 됩니다. 자기들끼리 규칙(법률이라 하지 않고 조령, 조례 등의 이름을 붙입니다)을 만드는 걸 방해하지 말고 가만히 맡겨주길 바란다는 거예요. 그러니 현장에서는 주제넘게 행동하지 말았으면 하는 의견도 나오는 거고요. 이런 식으로 일본은 규칙으로 가득 차 있습니다. 끊임없이 새로 생기고 없어지고 하는 거예요.

---

38) 도쿄도 지요다구 남부에 위치한 지역으로 후생노동성, 문부과학성, 경제산업성, 환경성, 법무성, 총무성, 국토교통성, 외무성, 국세청 등 거의 모든 일본의 중앙행정기관 및 부속기관이 들어서 있다.

법의 지배와는 상당히 다른 개념인데요. 법의 지배에 반대한다는 의미가 아니라 법의 지배를 잘 못 느낀다는 겁니다. 이렇게 법이 장악할 수 없는 것이 바로 일본의 특징입니다.

중국인도 규칙을 만드는 것에 전혀 반발심이 없습니다. 예전부터 법을 만들어왔기 때문이죠. 개혁·개방이나 자본주의가 어느 정도 들어오면서 적극적으로 많은 법률을 만들었는데 이때 일본과 비슷한 문제가 생깁니다. 뭐든지 중앙부처에서 결정하는 걸 반기지 않는 지방주권 현상이 일어난 겁니다. 하지만 큰 문제는 아니었습니다. 이와 마찬가지로 인도 또한 의회도 있고 민주주의도 비교적 잘 정착하여 자유롭게 법을 만들 수 있습니다.

법률 제정에 반발심을 느끼는 건 이슬람입니다. 왜냐하면 이슬람법이 너무 뛰어나기 때문입니다. 그래서 이슬람법에 저촉하는 법을 만들기 위해서는 변명 아닌 변명을 해야 하고, 이슬람권 국가 중에는 의회가 있는 나라도, 없는 나라도 있습니다. 사우디아라비아처럼 처음부터 민주주의가 아닌 나라도 있고요. 이슬람법과 근대화에 필요한 의회와 입법행위가 제대로 정리되지 않은 것입니다.

근대화의 원동력 중 하나인 시장경제는 어떨까요? 시장은 자본과 노동 등의 자원을 가장 효율적이고 빠르게 필요한 부분에 배치하는 메커니즘입니다. 근대화에서 시장을 빼놓고 생각할 수 없죠. 이슬람은 비교적 시장경제에 어울리는 편입니다. 무함마드가 상인이었거든요. 문제는 이슬람법이 이자를 금지하는지라 이런 이슬람법을 따르자는 원칙주의자들이 있어서 페르시아 만 연안 쪽 나라는 이슬람 무이자 은행을 많이 만들었습니다.

인도는 카스트제도가 있어 노동력 시장이 완전히 개방된 편이 아닙니다. 노동력 시장이 개방되지 않으면 제조업을 발전시키려고 해도 제조업에 종사하는 사람이 없어서 문제가 됩니다. IT 업계는 노동력에 관한 문제가 별로 없기 때문에 포스트공업화 시대에 접어들면서 인도는 계속해서 발전하고 있습니다.

중국은 시장 자체는 괜찮지만 아직 정치가 개방되어 있지 않아 정치와 시장경제가 완전히 분리되지 않았습니다. 그래서 엄청난 수의 농민들이 호적에 따라서 이동의 자유를 제한당하고 대등한 입장에서 시장경제에 참여할 수 없습니다. 이런 문제들의 해결하기 위해 앞으로 수십 년이 걸리기 때문에 그동안은 완전한 시장경제라고 할 수 없습니다. '사회주의 시장경제'라는 중국공산당이 관리하는 매우 독특한 시장경제입니다. 중국공산당이 관리하니 사적소유권을 승인할 수 없는데, 소유권이 없으면 사실상 시장경제라고 할 수 없는 거죠. 이런 시스템으로 글로벌 경제에 참여하여 압도적인 존재감을 나타내고 있습니다.

이런 식으로 글로벌 경제는 흘러가게 되었고 '유럽+미국' 연합은 받아들일 수밖에 없었습니다. 받아들인다는 것은 결국 중국의 영향을 받는다는 이야기가 되는데 기독교 문명이 비기독교 문명의 규칙을 승인하고 영향을 받게 되었다는 말입니다. 19세기 식민지 시대와는 전혀 다른 상황입니다. 식민지 시대에는 '기독교 문명이 세계 기준이다, 뭐 불만 있냐?' 이런 식으로 밀어붙였습니다. 그리고 식민지 정책에 지장을 주지 않으면 '너희들만의 규칙을 만든 거 자체는 신경 쓰지 않는다. 그런데 그만큼 근대화가 늦어질 수도 있어.'라는 태도를 취합니다. 이중기준이라는 거죠.

이제 이런 이중기준의 경계가 모호해지면서 진짜 승부가 펼쳐지게 된 겁니다. 중국 기업이 IBM의 컴퓨터 부문을 매수하거나, 미국의 국채 혹은 유럽의 재정 파탄국의 국채를 대량으로 사들입니다. 앞으로 일본이나 미국의 기업들이 점점 중국 기업에 매수될 거라 봅니다. 정신 차리고 보니 어느새 중국인 상사를 모시게 되는 거죠. 이렇게 되면 중국인 사상에 기독교 신자들이 영향을 받는 것입니다. 21세기에는 이런 국면이 기본이 될 것입니다.

오사와 그렇군요. 이야기를 듣고서 여러 면에서 이슬람이 뒤쳐진다는 생각을 했습니다. 하지만 생각해보면 이슬람은 기독교와 가장 가깝잖아요. 중국이나 인도에 비하면 훨씬요.

하시즈메 그런데 상대적으로 뒤처졌죠.

오사와 네. 기독교와 가까운 만큼 이건 아니다 싶은데요.

하시즈메 이슬람교 국가의 과학기술자들이 모인 국제회의에 참석한 적이 있습니다. 거기에서 세계 주요 국가가 과학기술의 연구개발 (R&D)에 얼마나 투자하는지 수치화한 것을 본 적이 있는데 이슬람 국가가 가장 낮았어요. 이공계 대학도 상당히 적고요. 이공계 대학을 나와도 취업할 곳이 별로 없다더군요. 제조업이 활발하지 않아서.

오사와 기술자나 제조업과 관련된 계층의 '위신'이 별로 높지 않나 보네요.

하시즈메 그 대신 미국의 전투기 같은 걸 사들인다고 해요. 이웃 나라가 공격해오면 큰일이니 최신형보다 조금 이전에 나온 모델로 구입하는 겁니다. 장기적인 국가 수립 계획 같은 건 없어 보이더라고요.

오사와 이슬람권에서는 석유가 나오잖아요. 자기네들이 그 석유를 사용해서 무엇인가 만들면 좋을 텐데 무슨 이유에서인지 석유를 수출하기로 한 겁니다.

하시즈메 오일 머니가 쌓이잖아요? 일본이었으면 그 오일 머니로 자국 산업을 성장시킬 생각을 할 텐데 이슬람에는 '자국'이라는 개념이 없는 거예요. 자국이라기보다 왕 일족뿐인 거예요. 그래서 사치도 하고 아이들을 외국으로 유학 보내고 스위스 은행에 저금을 하고 남은 돈은 미국에 투자하는 겁니다. 우상숭배를 긍정적으로 보지 않으니 영화 산업에 투자하지 않는 것 같고 그 외에는 그래도 투자를 하는 편입니다.

오사와 조금 아깝다는 생각도 드는 걸요? 어쨌든 이렇게 세계 각지 시민들이나 민족들의 행동양식, 태도를 엿보는 것만으로도 다양한 종교, 특히 세계종교의 영향이 상당하다는 것을 알 수 있습니다. 세계화란 지금까지 우리들이 다룬 기독교에서 출발한 서양문명이 전혀 다른 종교적 전통을 이어온 문명·문화와 종래와는 다른 수준의 교류, 융합을 이뤄낸 것입니다.

사실 서양, 혹은 그 외의 문명권에서 서양을 수용해 온 사람들조차 서양에서 유래한 근대에 한계점이나 문제가 있다는 사실을 자각하지 못했다고 생각합니다. 환경 문제나 에너지 문제, 민족과 종교 사이의 심각한 분쟁, 자본주의가 만들어낸 격차 등 서양은 근대의 한계점을 시사하고 있습니다. 그래서 '포스트모더니즘'이라는 개념도 생긴 것입니다.

이런 가운데 기독교가 뒷받침 해온 문명이 어떻게 변해갈 것인지, 혹은 어떻게 문제점들을 극복할 것인지가 이 다음 주제입니다. 긴 시간 우리의 도전적인 질의응답에 함께 해주셔서 정말 감사합니다. 3회에 걸쳐서 여러 이야기를 나눴기 때문에 이 책만 읽어도 기독교에 대해서 많은 부분을 이해할 수 있지 않을까 싶습니다. 적어도 당연히 아는 줄 알았는데 사실은 잘 몰랐다는 걸 깨달을 수 있을 거예요.

기독교가 좋은 영향을 미쳤는지 나쁜 영향을 미쳤는지 판단하는 건 차치하더라도 얼마나 큰 영향을 끼쳤는지, 그리고 기독교의 논리가 시간이 흐를수록 얼마나 왜곡되었는지 이 책을 통해 알게 된다면 정말 기쁠 것 같습니다.

주기도문

하늘에 계신 아버지
온 세상이 아버지를 하느님으로 받들게 하시며
아버지의 나라가 오게 하시며
아버지의 뜻이 하늘에서와 같이 땅에서도 이루어지게 하소서
오늘 우리에게 필요한 양식을 주시고
우리가 우리에게 잘못한 이를 용서하듯이
우리의 잘못을 용서하시고
우리를 유혹에 빠지지 않게 하시고 악에서 구하소서
나라와 권세와 영광이 영원토록 아버지의 것입니다. 아멘.

The Lord's Prayer
Our Father which art in heaven.
Hallowed be thy name.
Thy kingdom come.
Thy will be done in earth, as it is in heaven.
Give us this day our daily bread.
And forgive us our debts, as we forgive our debtors.
And lead us not into temptation, but deliver us from evil:
For thine is the kingdom,
and the power, and the glory, for ever. Amen.
(King James Version Matthew 6:9-13)

※ 주기도문은 복음서(마태오 6장, 루카 11장)에서 예수가 이렇게 기도하라고 알려준 방법
  으로 기독교 신자에게 공통된 기도입니다. 교회, 교파마다 표현의 차이는 있을 수 있습니
  다. 여기에 실린 것은 공동번역 성서에 나온 것으로 마지막 줄은 복음서에 없는 부분입니
  다. '잘못'이란 원죄가 아니라 허물과 과오를 의미합니다.

사도신경

전능하사 천지를 만드신 하나님 아버지를 내가 믿사오며
그 외아들 우리 주 예수 그리스도를 믿사오니
이는 성령으로 잉태하사 동정녀 마리아에게 나시고
'본디오 빌라도'에게 고난을 받으사 십자가에 못박혀 죽으시고
장사한지 사흘만에 죽은 자 가운데서 다시 살아나시며
하늘에 오르사 전능하신 하나님 우편에 앉아 계시다가
저리로서 산 자와 죽은 자를 심판하러 오시리라.
성령을 믿사오며, 거룩한 공회와, 성도가 서로 교통하는 것과,
죄를 사하여 주시는 것과, 몸이 다시 사는 것과,
영원히 사는 것을 믿사옵나이다.
아멘.

Apostles' Creed
I believe in God, the Father Almighty,
maker of heaven and earth.
And in Jesus Christ, his only Son, our Lord,
who was conceived by the Holy Spirit,
and born of the virgin Mary,
suffered under Pontius Pilate,
was crucified, dead, and buried.
He descended into hell.
On the third day He rose again from the dead.
He descended into heaven
and sits at the right hand of God the Father Almighty.
From thence He will come to judge the living and the dead.
I believe in the Holy Spirit,
the holy Christian Church,
the communion of Saints,

the forgiveness of sins,
the resurrection of the body,
and the life everlasting. Amen.
(Lutheran Service Book)

※ 사도신경은 가톨릭, 프로테스탄트에 공통하는 신앙서약(삼위일체설을 간단하게 정리한
   것)입니다. 대중적으로 사용되는 번역을 골랐습니다.

에필로그

왜 일본인들은 기독교를 이해해야 할까. 기독교를 이해하면 어떤 일이 일어날까.

이런 느낌 아닐까요?

아주 오랜 옛날 어떤 마을에 가족 일곱 명이 살고 있었습니다.

부모와 다섯 형제는 '전후일본'이라는 문패를 달고 살았습니다.

오형제의 이름은 '일본국헌법', '민주주의', '시장경제', '과학기술', '문화예술'으로 매우 착한 아이들이었습니다.

그러나 어느 날 다섯 명 모두 양자라는 사실이 밝혀졌습니다. '기독교'라는 이웃집에서 데려온 아이들이었던 거예요.

어쩐지 자기들도 이상하다는 생각을 가끔 했었어요. 그래서 형제들은 서로 이야기를 나눈 뒤 '기독교' 집에 찾아가기로 했어요. 진짜 부모님을 만나서 자신들이 어떻게 태어났는지, 그리고 어떻게 자랐는지 들었어요. 잊고 지냈던 자신들의 뿌리를 알게 되면 좀 더 착실하게 살 수 있을 것 같았거든요.

오사와 마사치 씨는 저와 마찬가지로 사회학자이지만 철학에도 조예가 상당하신 분입니다. 유럽 근현대사상의 본질을 파악하고 이를 바탕으로 현대 사회를 분석합니다. 그런 오사와 씨가 '역시 기독교야'라고 합니다. 기독교에 대한 지식이 없으면 유럽 근현대사상의 본질을 알 수 없습니다. 현대 사회도 알 수 없고요. 저는 일본인들이 우선 공부해야 하는 것은 기독교가 아닐까? 라는 생각을 했습니다.

서점에 가면 기독교 입문서는 쉽게 찾아볼 수 있습니다. 하지만 별로 도움이 안 되죠. 신앙은 뒤로 숨긴 채 어쩐지 강요하는 듯 아무렇지 않게 이야기를 풀어나갑니다. 아니면 '이 정도는 쉽지?'라며 성서학 수준의 지식을 설명합니다. 사람들이 가장 알고 싶어 하는 중요한 핵심은 없는 채 말이에요. 근본적인 의문은 싹 빼는 거예요.

오사와 씨와 이런 이야기를 하면서 대담을 실현시킬 수 있었습니다. 서로 이야기를 주고받으며 평범한 기독교 신자라면 감히 말할 수 없었던 화제도 끌어냈습니다. 신앙을 존중하면서도 자유롭게 들락거리며 사회학적인 이야기를 나눴습니다. 분명 재미있는 책이 될 거라고 확신합니다. 왜냐면 저희들이 정말 재미있게 대담을 나눴거든요.

이번 대담의 녹취록을 책으로 편집하셨던 가와지 호세이 담당자님께 정말 많은 신세를 졌습니다. 진행이 늦어져서 여러 모로 심려 끼쳐 드렸습니다. 항상 저희를 서포트해주신 겐다이신쇼(現代新書) 오카모토 히로치카 출판부장님께도 감사의 말씀 드립니다.

이 책으로 인해 일본에 살고 있는 사람들이 기독교와 보다 좋은 관계를 만들 수 있다면 그것보다 행복한 일은 없을 겁니다.

2011년 4월 24일 부활절에

하시즈메 다이사부로

참고문헌

- 聖書 新共同訳(旧約聖書続編つき・引照つき)』(日本聖書協会)
- 旧約聖書翻訳委員会『旧約聖書 I〜XV』(岩波書店 1997〜2004. 普及版 I〜IV도 있음)
- 新約聖書翻訳委員会『新約聖書 I〜V』(岩波書店 1995〜96)
- 山我哲雄『聖書時代史 旧約篇』(岩波現代文庫 2002)
- 佐藤研『聖書時代史 新約篇』(岩波現代文庫 2003)
- 半田元夫・今野國雄・森安達也『キリスト教史 I〜III』(山川出版社 1977〜78)
- ジャン・ダニエル_他『キリスト教史 1〜11』(上智大学中世思想研究所編訳 / 監修 平凡社ライブラリ_ 1996〜97)
- 山形孝夫『レバノンの白い山 – 古代地中海の神々』(復刊版 未来社 2001)
- マックス・ヴェ_バ_『古代ユダヤ教』(内田芳明訳 上中下 岩波文庫 1996)
- マックス・ヴェ_バ_『プロテスタンティズムの倫理と資本主義の精神』(大塚久雄訳 岩波文庫 1989)
- 田川建三『イエスという男』(増補改訂版 作品社 2004)
- 田川建三『書物としての新約聖書』(勁草書房 1997)
- ジョルジョ・アガンベン『残りの時 パウロ講義』(上村忠男訳 岩波書店 2005)
- アラン・バディウ『聖パウロ』(長原豊・松本潤一郎訳 河出書房新社 2004)
- 八木雄二『天使はなぜ堕落するのか』(春秋社 2009)
- 久米あつみ『人類の知的遺産28 カルヴァン』(講談社 1980)
- 荒井献『トマスによる福音書』(講談社学術文庫 1994)
- ロドルフ・カッセル他編『原典 ユダの福音書』(日経ナショナルジオグラフィック社 2006)
- 柳父章『「ゴッド」は神か帝か』(岩波現代文庫 2001)
- 何恭上・町田俊之『ア_トバイブル』(日本聖書協会 2003)